공감을 배우는
토론학교 문학

문학토론연구모임 엮음

우리학교

토론학교에 오신 것을 환영합니다

준비물은 잘 챙겨오셨나요?

시계와 연필, 메모지, 그리고 꼭 이기겠다는 마음을 가져왔다고요?

그런데 가장 중요한 것이 빠져있네요. 바로 '여러분의 입장'입니다.

토론은 세상에 던져진 커다란 질문에 답하는 과정입니다.

무엇이 옳고 그른지 질문을 던지고, 그 타당성을 따져가는 과정입니다.

어디선가 들었던 말, 막연하게 알고 있던 생각만으론 어렵습니다.

참고서의 정답과 해설을 외우는 것도 별 도움이 되지 않습니다.

내 생각이 맞을까 틀릴까 걱정하지 마세요.

다른 사람이 어떻게 생각하나 눈치 보지 마세요.

여기 토론학교의 안내를 따라 찬성의 숲과 반대의 숲을 통과한 다음

스스로의 힘으로 결론을 내려 나만의 입장을 찾아봅시다.

내가 생각하는 사람다움은 어떤 것일까?

내가 생각하는 좋은 세상이란 어떤 모습일까?

그리고 내가 찾아낸 내 입장이 이런 내 생각과 꼭 맞아떨어지는가?

내 입장이 정해지면 다른 사람의 입장도 이해할 수 있습니다.

자기 생각이 없을 때 우리는 무조건 방어하고 공격하게 됩니다.

논리적으로 내 입장을 세울 수 있게 되면

다른 사람의 생각에도 진심으로 공감할 수 있습니다.

이기려고만 하는 토론, 갈등의 골이 더 깊어지는 토론이 아니라

상대를 배려하고 존중하는 토론, 문제를 함께 해결해나가는 토론이 시작됩니다.

토론을 통해 우리는

다른 사람들의 의견도 만나고 새로운 사실도 깨닫게 될 것입니다.

내가 몰랐던 다른 생각과 세상의 모습에

자꾸만 더 새로운 질문이 쏟아져 나올 것입니다.

그동안 가만히 듣고, 조용히 읽고, 묵묵히 받아쓰기만 했다면

이제 토론학교에서 내 힘으로 생각하는 법, 내 목소리로 말하는 방법을 배워봅시다

정답을 찾는 공부가 아니라 질문을 던지는 공부를 시작합시다.

틀려도 괜찮습니다.

여러분의 생각을 당당하게 말해 보세요.

『토론학교_문학』을 펴내며

    문학 작품을 읽는다는 것은 '사람을 만나는 일'이기도 합니다. 작품 속 인물의 이야기에 귀를 기울이고, 그 사람의 삶을 들여다보고, 낯선 모습들을 이해하기 위해 노력하는 사이 그 대상과 더불어 어느새 스스로의 경계를 훌쩍 넘어 새로워진 나와 만나게 되는 행복한 '만남'이지요. 그 만남은 단지 작품 속의 인물을 이해하는 데 그치는 것이 아니라 복잡다단한 세상을 건너게 해 주는 튼실한 가로장이 됩니다.

    그런데 문학 작품을 읽기만 하면 누구나 이런 만남이 가능할까요? 같은 문학 작품을 읽는다고 해서 읽은 사람 모두가 이처럼 행복한 만남을 경험하는 것은 아닙니다. 수박 겉핥기식으로 읽거나 작품의 의도를 이해하지 못한 채 엉뚱한 길로 빠지기도 하지요. 그래서 학교에서는 대체로 줄거리를 요약하고 인물, 사건, 배경을 분석하고 주제를 파악하는 방식으로 문학 작품을 감상합니다. 구조 분석을 통해서 작품의 의미를 찾아가는 것이지요. 하지만 이런 방법으로 작품 감상 능력이 키워지는 것은 아닙니다. 훌륭한 레시피를 외우고 있다고 해서 누구나 맛있는 음식을 만들 수는 없는 것처럼 말이지요.

    그럼 문학 작품을 잘 읽어내기 위해서는 어떻게 해야 할까요? 이 책은 문학 작품을 제대로 읽어내기 위한 방법으로 '토론'을 제안합니다.

    대부분의 사람들은 작품을 보는 동안 마음속에 떠올랐던 느낌과 생각거리를 가까운 사람에게 이야기합니다. 서로 이야기를 주고받는 사이 작품에 대한 느낌과 생각은 자연스레 더 깊어지고 정밀해지기 마련입니다. '문학 작품'과 '이야기'의 만남이 일으키는 일단의 화학 작용인 셈이지요. 이 책은 바로 그런 '문학 작품'과 '이야기'의 만남을 문학 토론으로 흥미롭게 펼쳐 보이고 있습니다. 문학으로 토론하기, 토론으로 문학 읽기. 자칫 어렵고 딱딱하게 느껴지던 토론은 문학의 향기를 입고 여러분 곁으로 친근하게 다가올 것입니다. 한편 각자 읽고 느끼면 그만일 뿐이라 여겨지기도 했던 문학은 토론을 통해 우리들 모두의 이야깃거리가 되어 '공감'의 울림을 선사할 것입니다.

여러분이 읽게 될 작품 안에 두드러지는 쟁점은, 작가가 독자들에게 드러내려한 문제의식과 맞닿아 있습니다. 그렇기에 쟁점에 대해 고민하면서 읽다보면 작품에 대한 이해가 한층 깊어질 것입니다. 물론 쟁점에 대한 나의 생각은 친구의 생각과 다를 수 있습니다. 그렇다고 불편해하거나 어려워할 필요는 없습니다. 작품 속 인물을 바라보는 시각은 저마다 다를 수 있고 또 달라야 하거든요. 나와 다른 관점을 가진 친구는, 내가 보지 못하는 것을 볼 수 있는 사람이며 그런 친구들과의 토론이야말로 자신의 생각을 더욱 정교하고 풍요롭게 다듬을 수 있는 좋은 기회가 된다는 것을 기억하세요.

이제 여러분은 토론거리가 가득한 흥미로운 문학 작품의 세계로 초대되었습니다. 작품을 읽고 나면, 작품 속 인물을 바라보는 서로 상반된 견해와 마주하게 될 것입니다. 서로 맞부딪치는 물음들 속에서 자신의 생각을 펼쳐 보면서, 문학과 인간과 삶을 바라보는 안목을 키워 보세요.

자, 그럼 이제 문학 토론, 그 달콤쌉싸름한 만남을 시작해 볼까요?

2010년 가을
문학토론연구모임 숨은그림

일러두기

■ 논제설명

이 책에 실린 문학 작품은 쟁점이 분명한 것들로 인물에 대한 평가가 엇갈릴 수 있습니다. "B사감은 이중인격자이다 vs B사감은 자신의 역할에 충실했을 뿐이다" "백성수의 광기는 반사회적 범죄이다 vs 백성수는 광기는 천재적 예술혼이다" "꺼삐딴 리는 파렴치한 기회주의자이다 vs 꺼삐딴 리는 유능한 현실주의자이다" 등으로 인물에 대한 상반된 평가가 가능하니 작품을 읽기 전에 '논제설명'을 먼저 읽고, 쟁점을 염두에 둔 후 작품을 읽어 보세요.

■ 작품읽기

인물의 행동이나 태도를 어떻게 볼 것인지 판단하면서 읽어 보세요. 문제가 될 만한 인물의 행동이나 태도를 찾아보고, 그런 행동이나 태도가 이해가 되는지 아니면 비난받아 마땅한지 판단해 보세요. 그리고 그렇게 판단한 이유를 작품 속에서 찾아보세요.

■ 입장정하기

제시된 문제에 대해 답을 하면서 자신의 입장을 정해 보세요. 근거는 일차적으로 작품 속 등장인물의 말이나 행동에서 가져 오도록 하고, 더 나아가 작가에 대해 조사하거나 작품의 역사적 배경을 조사하여 쟁점에 대한 근거를 보강하는 것도 좋습니다.

■ 토론맛보기

맛보기로 제시된 토론을 읽으면서 두 사람이 어떤 근거로 주장을 펼치는지 살펴보세요. 제시된 토론이 논리적으로 전개되었는지, 나라면 어떻게 반박을 하겠는지 생각해 본 후 친구들과 직접 토론을 해 보세요. 토론을 할 때에는 무엇보다 상대방의 말을 잘 듣는 데 유의하세요. 상대방의 말을 잘 들으면 자연스럽게 그 속에서 반론거리를 찾아낼 수 있고 자신의 논리를 어떻게 세워야 할지 알 수 있게 됩니다.

■ 더읽어보기

'더읽어보기'에 제시된 글을 읽으면서 토론에서 다룬 주제를 좀 더 깊이 고민해 보도록 하세요. '더읽어보기'를 다 읽고 난 후에는 비평 글을 써 보는 것도 좋습니다. 작품을 읽고 토론을 거친 후에 쓰는 글은 단순한 감상문이 아닌 작품을 전체적으로 파악한 훌륭한 비평문이 될 수 있답니다.

차 례

B사감은
이중인격자일까?

자아의 두 얼굴

B사감과 러브 레터

현진건

"학교에서의 나와 집에서의 난 좀 달라!"

여러분이 많이 듣는 말인가요? 언뜻 들으면 이런 말을 한 사람은 상황에 따라 행동이 달라지는, 겉과 속이 너무나 다른 사람같이 느껴집니다. 한편으로는 '나 역시 학교에서와 집에서의 모습이 다르잖아?'하는 생각도 들고요.

B사감은 1920년대 신식 여학교의 선생님 겸 사감입니다. 주근깨투성이 얼굴에 딱장대요 독신주의자로 알려진 그녀는 러브 레터를 유달리 싫어합니다. 어쩌다 학교로 러브 레터가 배달되면 그 학생은 B사감에게 곤욕을 치러야 하지요. 그런데 그렇게 딱딱하고 고지식한 B사감이 한밤중 러브 레터를 읽으며 사랑하는 연인들을 상상합니다. 학생들에게 연애는 해서는 안 되는 일이라며 심하게 다그쳤던 B사감이기에 1인 2역의 연기를 하며 러브 레터를 읽어가는 모습은 더욱 충격적입니다. '어떻게 저럴 수가 있지?' 하며 표리부동한 모습에 놀라고 이중인격자가 아닌가 생각하게 됩니다.

그런데 B사감의 처지를 고려해 본다면 B사감은 남녀유별 등 봉건적인 사고방식이 여전한 시대에 엄격하고 도덕적인 사감의 역할에 그저 충실했던 것은 아닐까요? B사감은 사랑하고 사랑받고 싶은 한 사람의 여성으로서의 감정을 겉으로는 꾹 참아야 했을지도 모릅니다.

B사감은 호감을 주지 못 하는 외모 때문인지, 시대적인 걸림돌 때문인지 연애나 결혼을 할 기회를 얻지 못한 듯합니다. 낮 동안에는 학생들에게 남자를 멀리하라고 매서운 훈계를 늘어놓다가 한밤중에 학생들에게 온 러브 레터를 혼자 읽으며 상상으로 밤을 새는 모습은 어이없기도 하고 가엾기도 합니다.

학교와 집, 직장과 가정, 여러 사람과 함께 있을 때와 혼자 있을 때, 우리들의 모습은 사뭇 달라집니다. 다른 사람들 앞에서 긴장된 시간을 보내야 할 때는 주어진 사회적 역할에 맞추어야 하고, 하고 싶은 것도 마음대로 하지 못하고 참게 되지요. 살아가면서 갖게 되는 사회적 역할에 따른 나의 모습과 본래의 자연스럽고 솔직한 나의 모습, 이 두 가지 모습이 조화를 이루는 방법은 없을까요? B사감과 함께 자신을 돌아보는 계기를 만들어 봅시다.

C 여학교에서 교원 겸 기숙사 사감 노릇을 하는 B여사라면 딱장대[*]요 독신주의자요, 찰진 야소꾼[*]으로 유명하다. 사십에 가까운 노처녀인 그는 주근깨투성이 얼굴이, 처녀다운 맛이란 약에 쓰려도 찾을 수 없을 뿐인가, 시들고 거칠고 마르고 누렇게 뜬 품이 곰팡 슨 굴비를 생각나게 한다.

여러 겹 주름이 잡힌 훨렁 벗어진 이마라든지 숱이 적어서 법대로 쪽 찌거나 틀어 올리지를 못하고 엉성하게 그냥 빗겨 넘긴 머리, 꼬리가 뒤통수에 염소 똥만 하게 붙은 것이라든지, 벌써 늙어가는 자취를 감출 길이 없었다. 뾰족한 입을 앙다물고 돋보기 너머로 쌀쌀한 눈이 노릴 때엔 기숙생들이 오싹하고 몸서리를 치리만큼 그는 엄격하고 매서웠다.

이 B여사가 질겁을 하다시피 싫어하고 미워하는 것은 소위 '러브 레터'였다. 여학교 기숙사라면 의례히 그런 편지가 많이 오는 것이지만 학교로도 유명하고 또 아름다운 여학생이 많은 탓인지 모르되 하루에도 몇 장씩 죽느니 사느니 하는 사랑 타령이 날아들어 왔다. 기숙생에게 오는 사신[*]을 일일이 검사하는 터이니까 그따위 편지도 물론 B여사의 손에 떨어진다. 달착지근한 사연을 보는 족족 그는 더할 수 없이 흥분되어서 얼굴이 붉으락푸르락 편지 든 손이 발발 떨리도록 성을 낸다.

아무 까닭 없이 그런 편지를 받은 학생이야말로 큰 재변이었다. 하학하기가 무섭게 그 학생은 사감실로 불리어 간다. 분해서 못 견디겠다는 사람 모양으로 씨근씨근하며 방 안을 왔다 갔다 하던 그는, 들어오는 학생을 잡아먹을 듯이 노리면서 한 걸음 두 걸음 코가 맞닿을 만큼 바싹 다가들어서 딱 마주 선다. 웬 영문인지 알지 못 하면서도 선생의 기색을 살피고 겁부터 집어먹은 학생은 한동안 어쩔 줄 모르다가 간신히 모기만 한 소리로,

"저를 부르셨어요?"

■ **딱장대** 성질이 사납고 굳센 사람.
■ **야소꾼** 예수쟁이. 기독교인을 낮잡아 부르는 말.
■ **사신(私信)** 개인의 사사로운 편지.

하고 묻는다.

"그래 불렀다. 왜!"

팍 무는 듯이 한마디 하고 나서 매우 못마땅한 것처럼 교의*를 우당퉁탕 당겨서 철썩 주저앉았다가 학생이 그저 서 있는 걸 보면,

"장승이냐? 왜 앉지를 못해!"

하고 또 소리를 빽 지르는 법이었다.

스승과 제자는 조그마한 책상 하나를 새에 두고 마주 앉는다. 앉은 뒤에도,

"네 죄상을 네가 알지!"

하는 것처럼 아무 말 없이 눈살을 쏘기만 하다가 한참만에야 그 편지를 끄집어내어 학생의 코앞에 동댕이를 치며,

"이건 누구한테 오는 거냐?"

하고 문초를 시작한다. 앞장에 제 이름이 쓰였는지라,

"저한테 온 것이야요."

하고 대답 않을 수 없다. 그러면 발신인이 누구인 것을 채쳐 묻는다.

그런 편지의 항용으로 발신인의 성명이 똑똑치 않기 때문에 주저주저하다가 자세히 알 수 없다고 내대일 양이면,

"너한테 오는 것을 네가 모른단 말이냐?"

고 불호령을 내린 뒤에 또 사연을 읽어 보라 하여 무심한 학생이 나직나직하나마 꿀 같은 구절을 입술에 올리면 B여사의 역정은 더욱 심해져서 어느 놈의 소위*인 것을 기어이 알려 한다. 기실 보도 듣도 못한 남성의 한 노릇이요 자기에게는 아무 죄도 없는 것을 변명변명하여도 곧이듣지를 않는다. 바른대로 아뢰어야 망정이지 그렇지 않으면 퇴학을 시킨다는 둥, 제 이름도 모르는 여자에게 편지할 리가 만무하다는 둥, 필연 행실이 부정한 일이 있었으리라는 둥……. 하다못

■ 교의(交椅) 의자(椅子). 사람이 걸터앉는 데 쓰이는 기구.
■ 소위(所爲) 하는 일. 소행(所行).

해 어디서 한번 만나기라도 하였을 테니 어찌해서 남자와 접촉을 하게 되었느냐는 둥. 자칫 잘못하여 학교에서 주최한 음악회나 '바자'에서 '혹' 보았는지 모른다고 졸리다 못해 주워댈 것 같으면 사내의 보는 눈이 어떻더냐, 표정이 어떻더냐, 무슨 말을 건네더냐, 미주알고주알 캐고 파며 으르고 볶아서 넉넉히 십년감수는 시킨다.

두 시간이 넘도록 문초를 한 끝에는 사내란 믿지 못할 것, 우리 여성을 잡아먹으려는 마귀인 것, 연애가 자유이니 신성이니 하는 것도 모두 악마의 지어낸 소리인 것을 입에 침이 없이 열에 띠어서 한참 설법을 하다가 닦지도 않은 방바닥(침대를 쓰기 때문에 방이라 해도 마룻바닥이다.)에 그대로 무릎을 꿇고 기도를 올린다. 눈에 눈물까지 글썽거리면서 말끝마다 하느님 아버지를 찾아서 악마의 유혹에 떨어지려는 어린 양을 구해달라고 뒤삶고 곱삶는 법이었다.

그리고 둘째로 그의 싫어하는 것은 기숙생을 남자가 면회하러 오는 일이었다. 무슨 핑계를 하든지 기어이 못 보게 하고 만다. 친부모, 친동기간이라도 규칙이 어떠니 상학 중이니 무슨 핑계를 하든지 따돌려 보내기가 일쑤다. 이로 말미암아 학생이 동맹 휴학을 하였고 교장의 설유까지 들었건만 그래도 그 버릇은 고치려 들지 않았다.

이 B사감이 감독하는 그 기숙사에 금년 가을 들어서 괴상한 일이 생겼다. 아니 괴상한 일이 '생겼다'느니보다 '발각되었다'는 것이 마땅할는지 모르리라. 왜 그런고 하면 그 괴상한 일이 언제 '시작된' 것은 귀신밖에 모르니까.

그것은 다른 일이 아니라 밤이 깊어서 새로 한 점이 되어 모든 기숙생들이 달고 곤한 잠에 떨어졌을 제 난데없는 깔깔대는 웃음과 속살속살하는 말낱이 새어 흐르는 일이었다. 하룻밤이 아니고 이틀 밤이 아닌 다음에야, 그런 소리가 잠귀 밝은 기숙생의 귀에 들리기도 하였지만 자던 잠결이라, 뒷동산에 구르는 마

■ 상학(上學) 학교에서 그날의 공부를 시작함.
■ 점 시(時)를 나타내는 옛말. 한 점은 1시를 말한다.
■ 말낱 몇 마디의 말.

른 잎의 노래로나, 달빛에 날개를 번뜩이며 울고 가는 기러기의 소리로나 흘려 들었다. 그렇지 않으면 도깨비의 장난이나 아닌가 하여 무시무시한 증이 들어서 동무를 깨웠다가 좀처럼 동무는 깨지 않고 제 생각이 너무도 어림없고 어이없음을 깨달으면, 밤소리 멀리 들린다고 학교 이웃집에서 이야기를 하거나 또는 딴 방에 자는 제 동무들의 잠꼬대로만 여겨서 스스로 안심하고 그대로 자 버리기도 하였다.

그러나 이 수수께끼가 풀릴 때는 왔다. 어쩨 공교롭게 한방에 자던 학생 셋이 한꺼번에 잠을 깨었다. 첫째 처녀가 소변을 보려 일어났다가 그 소리를 듣고, 둘째 처녀와 셋째 처녀를 깨우고 만 것이다.

"저 소리를 들어 보아요. 아닌 밤중에 저게 무슨 소리야?"

하고, 첫째 처녀는 호동그래진 눈에 무서워하는 빛을 띤다.

"어젯밤에 나도 저 소리에 놀랬어. 도깨비가 났단 말인가?"

하고 둘째 처녀도 잠 오는 눈을 비비며 수상해 한다. 그중에 제일 나이가 많을 뿐더러(많았자 열여덟밖에 아니 되지만) 장난 잘 치고 짓궂은 짓 잘하기로 유명한 셋째 처녀는 동무 말을 못 믿겠다는 듯이 이윽히▪ 귀를 기울이다가,

"딴은 수상한걸. 나도 언젠가 한번 들어 본 법도 하구먼. 뭘 잠 아니 오는 애들이 이야기를 하는 게지."

이때에 그 괴상한 소리는 땍때굴 웃었다. 세 처녀는 으쓱하며 귀를 소스라쳤다. 적적한 밤 가운데 다른 파동 없는 공기는 그 수상한 말낱을 곁에서나 나는 듯이 또렷또렷이 전해 주었다.

"오, 태훈 씨! 그러면 작히▪ 좋을까요?"

간드러진 여자의 목소리다.

"경숙 씨가 좋으시다면 내야 얼마나 기쁘겠습니까? 아아, 오직 경숙 씨에게 바

▪ **이윽히** 지난 시간이 얼마간 오래도록. '이슥하다'의 평안 방언.
▪ **작히** '어찌 조금만큼만', '얼마나'의 뜻으로 희망이나 추측을 나타내는 말. 주로 혼자 느끼거나 묻는 말에 쓰인다.

친 나의 타는 듯한 가슴을 인제야 아셨습니까?"

정열에 띤 사내의 목청이 분명하다.

한동안 침묵…….

"인제 고만 놓아요. '키스'가 너무 길지 않아요? 행여 남이 보면 어떡해요?"

아양 떠는 여자 말씨.

"길수록 더욱 좋지 않아요? 나는 내 목숨이 끊어질 때까지 키스를 하여도 길다고는 못 하겠습니다. 그래도 짧은 것을 한하겠습니다."

사내의 피를 뿜은 듯한 이 말끝은 계집의 자지러진 웃음으로 묻혀 버렸다.

그것은 묻지 않아도 사랑에 겨운 남녀의 흐무러진 수작이다. 간검*이 지독한 이 기숙사에 이런 일이 생길 줄이야! 세 처녀는 얼굴을 마주 보았다. 그들의 얼굴은 놀랍고 무서운 빛이 없지 않았으되 점점 호기심에 번쩍이기 시작하였다. 그들의 머릿속에는 한결같이 '로맨틱'한 생각이 떠올랐다. 이 안에 있는 여자 애인을 보려고 학교 근처를 뒤돌고 곰돌던 사내 애인이 타는 듯한 가슴을 걷잡다 못하여 밤이 이슥하기를 기다려 담을 뛰어 넘은지 모르리라.

모든 불이 다 꺼지고 오직 밝은 달빛이 은가루처럼 서린 창문이 소리 없이 열리며 여자 애인이 흰 수건을 흔들어 사내 애인을 부른지도 모르리라. 활동사진에 보는 것처럼 기나긴 피륙*을 내리어서 하나는 위에서 당기고 하나는 밑에 매달려 디룽디룽하면서 올라가는 정경이 있었는지 모르리라. 그래서 두 애인은 만나가지고 저와 같이 사랑의 속살거림에 잦아졌는지 모르리라…….

꿈결 같은 감정이 안개 모양으로 흐릿하게 무지개 모양으로 부시게 세 처녀의 몸과 마음을 휩싸 돌았다. 그들의 뺨은 후끈후끈 달았다. 괴상한 소리는 또 일어났다.

"난 싫어요, 난 싫어요. 당신 같은 사내는 난 싫어요."

■ 간검(看儉) 두루 살피어 검사함.
■ 피륙 아직 끊지 아니한 베. 무명, 비단 따위의 천을 통틀어 이르는 말.

이번에는 매몰스럽게 내어대는 모양.

"나의 천사, 나의 하늘, 나의 여왕, 나의 목숨, 나의 사랑, 나를 살려 주어요. 나를 구해 주어요."

사내의 애를 졸이는 간청…….

"우리 구경 가 볼까?"

짓궂은 셋째 처녀는 몸을 일으키며 이런 제의를 하였다. 다른 처녀들도 그 말에 찬성한다는 듯이 따라 일어섰으되 의아와 공구와 호기심이 뒤섞인 얼굴을 서로 교환하면서 얼마쯤 망설이다가 마침내 가만히 문을 열고 나왔다. 쌀벌레 같은 그들의 발가락은 가장 조심성 많게 소리 나는 곳을 향해서 곰실곰실 기어간다. 컴컴한 복도에 자다가 일어난 세 처녀의 흰 모양은 그림자처럼 소리 없이 움직였다.

소리 나는 방은 어렵지 않게 찾을 수 있었다. 찾고는 나무로 깎아 세운 듯이 주춤 걸음을 멈출 만큼 그들은 놀랐다. 그런 소리의 출처야말로 자기네 방에서 몇 걸음 안 되는 사감실일 줄이야! 그렇듯이 사내라면 못 먹어하고, 침이라도 뱉을 듯하던 B여사의 방일 줄이야!

그 방에선 여전히 사내의 비대발괄*하는 푸념이 되풀이하고 있다 —

"나의 천사, 나의 하늘, 나의 여왕, 나의 목숨, 나의 사랑, 나의 애를 말려 죽이실 테요? 나의 가슴을 뜯어 죽이실 테요? 내 생명을 맡으신 당신의 입술로……."

셋째 처녀는 대담스럽게 그 방문을 빠끔히 열었다. 그 틈으로 여섯 눈이 방 안을 향해 쏘았다. 이 어쩐 기괴한 광경이냐! 전등불은 아직 *끄지* 않았는데 침대 위에는 기숙생에게 온 소위 '러브 레터'의 봉투가 너저분하게 흩어졌고 그 알맹이도 여기저기 두서없이 펼쳐진 가운데 B여사 혼자 — 아무도 없이 제 혼자 일어나 앉았다. 누구를 끌어당길 듯이 두 팔을 벌리고 안경 벗은 근시안으로 잔뜩 한 곳을 노리며 그 굴비쪽 같은 얼굴에 말할 수 없이 애원하는 표정을 짓고는

■ 비대발괄 억울한 사정을 하소연하면서 간절히 청하여 빎.

18

'키스'를 기다리는 것같이 입을 쭝긋이 내어 민 채 사내의 목청을 내어가면서 아까 말을 중얼거린다. 그러다가 그 넋두리가 끝날 겨를도 없이 급작스레 앵돌아지는 시늉을 내며 누구를 뿌리치는 듯이 연해 손짓을 하며 이번에는 톡톡 쏘는 계집의 음성을 지어,

"난 싫어요, 난 싫어요. 당신 같은 사내는 난 싫어요."

하다가 제물에 자지러지게 웃는다. 그러더니 문득 편지 한 장을(물론 기숙생에게 온 '러브 레터'의 하나) 집어 들어 얼굴에 문지르며,

"정 말씀이야요? 나를 그렇게 사랑하셔요? 당신의 목숨같이 나를 사랑하셔요? 나를, 이 나를."

하고 몸을 추스르는데 그 음성은 분명히 울음의 가락을 띠었다.

"에그머니, 저게 웬일이야?"

첫째 처녀가 소곤거렸다.

"아마 미쳤나 보아. 밤중에 혼자 일어나서 왜 저러고 있을꾸?"

둘째 처녀가 맞방망이를 친다.

"에그 불쌍해!"

하고 셋째 처녀는 손으로 고인 때 모르는 눈물을 씻었다…….

"B사감은 이중인격자일까?"

1. 다음 인물의 행동과 태도에 대하여 자신의 의견을 말하고 그렇게 생각한 까닭을 이야기해 봅시다.

- B사감은 러브 레터를 받은 학생을 불러 편지를 받게 된 사연을 미주알고주알 캐묻는다.

  의견1 : 정당하다고 생각한다.

  근거 : 남녀유별의 전통적 사고방식이 아직 남아 있던 1920년대에 남녀 간의 자유연애는 허락되지 않는 일이었다. 여학교 기숙사의 사감인 주인공으로서는 그럴 수 있다고 생각한다.

  의견2 : 하지 않았어야 할 일이라고 생각한다.

  근거 : 기숙사 사감으로서 학생들을 통제할 수는 있지만 원칙과 규범을 통해서 해야 한다. 사감이라고 해서 개인적인 편지를 마음대로 열어 보는 것은 권력 남용이며 있을 수 없는 일이다.

- B사감은 친부모, 친동기라 하더라도 남자가 기숙생을 면회하는 것을 일절 허락하지 않는다.

  의견 :

  근거 :

- B사감은 한밤중에 학생들에게 온 러브 레터를 읽으며 혼자서 연애 장면을 연출한다.

  의견 :

  근거 :

2. 다음 쟁점에 대하여 자신의 입장을 정하고 근거를 제시해 봅시다.

쟁점1 B사감이 여학생들을 대하는 태도는 비판 받아 마땅하다.

입장	그렇다	아니다
근거		

쟁점2 B사감은 콤플렉스로 가득 찬 인물이다.

입장	그렇다	아니다
근거		

쟁점3 B사감은 겉과 속이 다른 이중인격자이다.

입장	그렇다	아니다
근거		

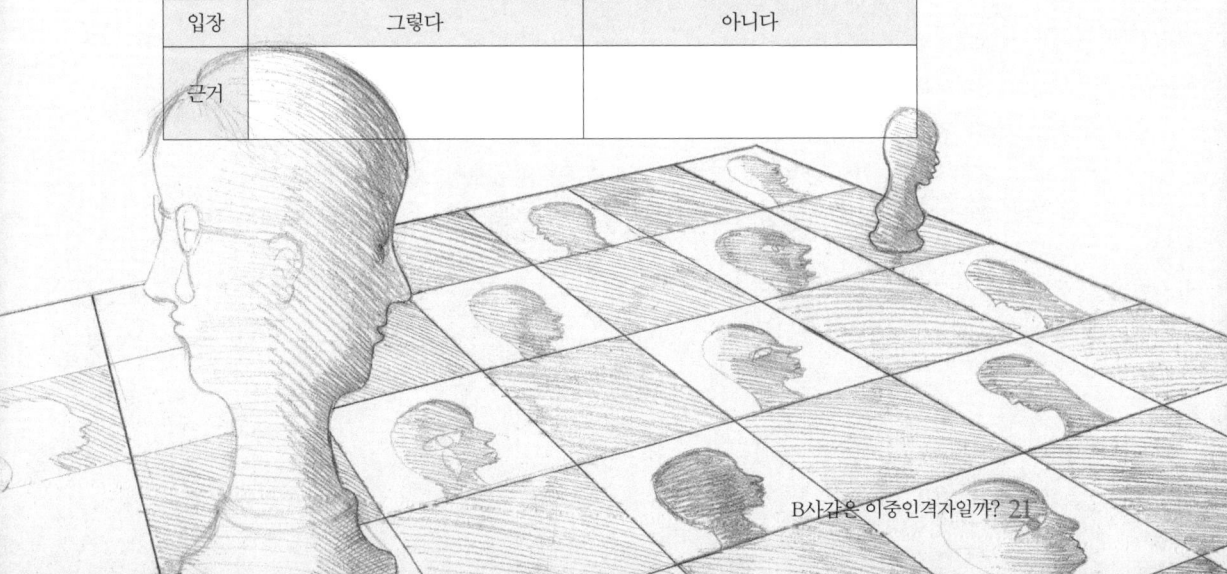

B사감은 이중인격자임에 틀림없어. 러브 레터를 가지고 그렇게 학생들을 괴롭혔으면서 정작 자기는 그걸 읽으며 연애 장면을 연출하다니, 어떻게 그렇게 연애하고 싶은 속마음을 감추고 학생들에게 남자는 마귀라고 이야기할 수가 있지? 겉과 속이 달라도 너무 달라.

사감으로서 학생들 앞에서 애정을 갈구하는 모습을 감추는 것은 당연해. 연애를 하고 싶은 속마음을 학생들에게 그대로 보인다면 사감으로서 역할을 제대로 할 수 없었을 거야. 한밤의 러브 레터 읽기는 그저 B사감의 취미생활 정도로 볼 수 있지 않을까? 그걸 가지고 이중 인격자로 몰아세울 수는 없다고 봐.

B사감은 사십에 가까운 노처녀로 독신주의자로 알려져 있어. 실제론 자기도 낭만적인 연애를 하고 싶지만 외모나 나이 때문에 불가능하니까 겉으로 독신주의자로 포장한 것이라고 생각해. 마음속으로는 남자의 사랑을 받고 싶어 안달하면서 독신주의를 내세우는 것도 스스로가 이중 인격자임을 증명하는 것 아니겠어?

자기 스스로 남자와의 연애가 어렵다고 생각했기 때문에 독신주의자라고 내세웠을 거야. 그런 점은 비난할 일이 아니라 오히려 동정해야 할 일 아니야? 그리고 아무리 신식 학교라지만 이 소설의 배경인 1920년대는 남녀유별이라는 전통적인 사고방식이 지배하던 때야. 그런 때에 여학생들에게 무조건 자유연애를 허락할 수는 없어. 선생님으로서, 사감으로서 학생들의 이성 교제를 막을 수밖에 없었을 거야.

 아무리 시대적인 상황을 고려한다 하더라도 B사감의 행동은 지나쳐. 원칙을 가지고 엄격하게 학생들을 지도하는 것과 꼬투리를 잡는 신경질적인 태도는 분명히 구분되어야 해. B사감은 정당한 이유를 말해 주지도 않고 "네 죄를 네가 알렷다."는 식으로 학생들을 대하고 있어. 그런 신경질적인 태도는 B사감이 콤플렉스로 가득 차 있기 때문이야. 남자 앞에서 자신이 없는 자기의 콤플렉스를 감추려고 러브 레터를 받은 학생들을 닦달하고 남자가 기숙사를 방문하지 못 하도록 하는 것이지.

B사감에게 콤플렉스가 있다고 해도, 그런 콤플렉스를 가지게 된 것이 B사감만의 탓일까? 어리고 아리따운 학생들을 보면서 노처녀에 대한 사회의 시선을 의식하면서 자신의 처지를 더욱 비관하게 되었을 테고 그러다보니 콤플렉스가 많아졌을 거야. 그렇지만 B사감의  행동을 모두 콤플렉스 때문으로 몰아가는 것은 적절치 않다고 생각해. B사감은 나름대로 자기 역할에 충실하려고 했던 거니까. 그것이 콤플렉스 때문에 다소 지나치게 강화된 측면은 있을 수 있겠지만 말야.

 자기 역할에 충실한 사람이라면 학생들이 보지 않는 곳에서도 자기 역할을 잊지 말아야 하는 것 아냐? 학생들 앞에서는 남자를 멀리 하라고 열변을 토하면서 학생들이 모두 잠든 밤중에는 남자와의 연애를 상상하면서 일인극을 하는 모습은 이율배반이고 위선이야.

인간은 누구나 마음속에 본능을 감추고 있어. 또 사회적 자아와 개인적 자아의 모습은 조금씩 달라. 그 두 모습이 다르다고 해서 이중인격자이고 위선자라  고 몰아갈 수는 없어. 정도의 차이가 있을 뿐 우리 모두는 이성으로 감정과 욕망을 억누르며 살아가고 있잖아.

1. 〈B사감은 러브 레터를 읽지 않는다〉는 B사감을 현대에 맞게 재해석한 연극입니다. 연극의 줄거리를 살펴보고 연극의 B사감과 소설 「B사감과 러브 레터」의 B사감은 어떤 공통점과 차이점이 있는지 말해 봅시다.

수현은 학원 국어 강사로 깐깐한 성격에 주변 사람들과 융화하지 못하고 외톨이로 지내는 30대 여성이다. 직장 내에서도 피곤한 성격으로 젊고 적극적인 수학 강사 태희와 항상 부딪힌다. 그러나 남자친구인 진수에게만은 애교 많고 다정다감한 여자이다.

어느 날 학원에 재원이라는 남자가 새로운 영어 강사로 오게 되는데 그는 타고난 사교성과 매력

으로 수현에게 가까이 다가온다. 태희 역시 적극적으로 재원에게 관심을 표현하고 둘 사이 묘한 기류를 느낀 수현은 태희를 더욱 질투하며 모방하게 된다.

그러면서 오랜 남자 친구 진수에게도 짜증이 심해진다. 갈수록 진수와의 싸움은 잦아지고 사소한 일로 학원 선생들과의 마찰도 커진다.

오해를 풀기 위해 모인 학원 동료들과의 술자리에서 수현은 과음을 하게 되고 진수를 부르자는 선생님들의 의견에 수현은 극구 반대하다가 그 자리에서 쓰러진다. 수현을 바래다주기 위해 수현의 집으로 오게 된 동료들은 수현의 남자 친구인 진수가 수현의 상상에서 만들어 낸 허상이라는 사실을 알게된다.

불편함은 안쓰러움으로 바뀌고 수현은 지난날을 회상하게 된다. 대학 시절 좋아하던 선배였던 진수는 수현을 태우고 가다 오토바이 사고로 죽게 되고 그 죄책감과 후회로 수현은 진수의 허상을 붙잡고 살고 있었던 것이다.

수현은 진수에게 이별을 고하고 홀로서기를 결심한다.

2. 다음 두 글을 읽고 B사감을 '페르소나'라는 개념을 통해 설명해 봅시다.

　　페르소나는 원래 연극에서 배우가 쓰는 가면이라는 뜻이었다. 여기서 점차 의미가 확대되어 연극의 등장인물과 성격까지 아우르게 되었고 나중에는 인격이나 사람까지 뜻하게 되었다.

　　가면이라는 뜻에서 나왔으니 페르소나는 자칫 가짜 인격을 말하는 것처럼 오해하기 쉽다. 페르소나는 남에게 내보이기 위한 자신의 면모이므로 주로 직업이나 신분, 사회적 관계와 밀접한 연관을 가진다. 예를 들어 보험 설계사라면 처음 만나는 사람에게도 친절하고 부드러운 이미지를 주는 페르소나를 가지고 있을 테고, 경호업체의 직원이라면 다른 사람들에게 위압감을 줄 수 있는 페르소나를 가지고 있을 것이다. 그러나 퇴근해서 집에 돌아가면 보험 설계사도 식구들에게 짜증을 내고, 경호원도 자기 어머니 앞에서는 어리광을 부린다.

　　그렇다면 페르소나는 순전히 사회적 관계를 유지하기 위한, 말 그대로 가면에 불과한 걸까? 심리학자 융은 우리의 정신이 분열을 속성으로 가지고 있다고 말한다. "진정한 성격, 진정한 인격이란 무엇일까? 정상적인 사람에게서도 성격 분열은 결코 불가능한 것이 아니다."(융, 『심리적 유형』) 그래서 융은 페르소나를 부정적으로 보지 않고 긍정적 역할을 부여한다. 융에 따르면 페르소나는 거짓된 모습이 아니라 살아가는 데 반드시 필요한 수단이다.

　　하지만 페르소나와 자신을 완전히 동일시하는 것은 문제가 된다. 군대의 장교에게 리더십과 카리스마는 반드시 필요한 자질이지만 그렇다고 그 페르소나를 가정이나 사회에까지 끌고 갈 경우에는 '왕따'가 되거나 '마초'로 보이기 십상이다.

　　자신이 생각하는 자신의 모습과 남에게 내보이는 자신의 모습은 서로 다를 수 있고, 또 다른 게 정상이다. 중요한 것은 어느 것이 진정한 나의 모습이라고 억지로 규정하기보다 양자의 조화와 균형을 유지하는 일이다.

『개념어 사전』(남경태, 들녘, 2006) 중에서

주인공 '남자'는
사기꾼일까?

소유와 무소유

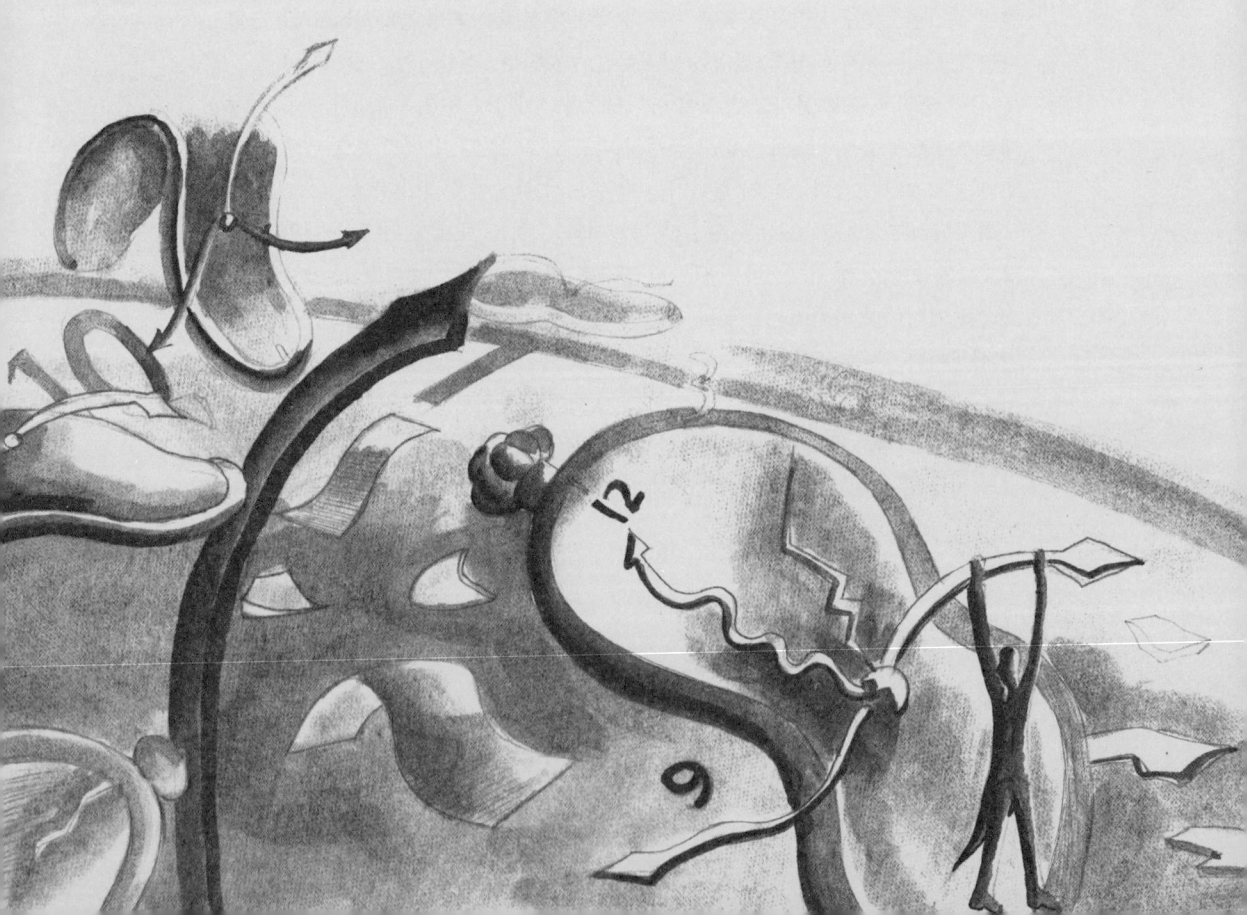

결혼
이강백

　사람들은 무엇인가를 소유하고 싶은 욕망에서 벗어나기가 힘들다고 합니다. 소유욕이 지나치면 집착이 되기도 하고 다른 사람과 마찰이 생겨나기도 하지요. '사랑'은 이런 '소유'의 문제들로부터 자유로울 수 있을까요?

　여기 사랑을 갈구하는 한 남자가 있습니다. 이 남자는 부자의 집과 물건들을 잠깐 동안 빌릴 수 있는 기회를 얻어 결혼 상대가 될 여자를 집으로 초대합니다. 남자는 여자의 마음을 사려고 노력하지만 시간이 지날수록 빌린 물건을 빼앗기면서 빈털터리가 되어갑니다.

　남자는 말합니다. 우리가 가진 모든 것은 원래 '빌린 것'이라고. 여자가 말합니다. 자신은 세상에 잠시 나온 '덤'이라고. 이들의 말처럼 세상엔 영원한 자기 것은 없으므로 사랑하는 사람도 '내 것'이 될 수는 없는 듯합니다. 빌린 것은 함부로 쓰지 않으니 사랑의 상대 또한 빌린 것으로 생각해야 더 아끼고 사랑하게 되겠지요.

　하지만 또 한편으로 생각하면 소유하지 않는 사랑을 진정한 사랑이라 할 수 있을까요? '사랑'은 인간의 소유하고 싶은 욕망의 결정체이도 합니다. 사람들은 '나의 것', '나의 사랑'이기 때문에 사랑에 더 많은 의미를 부여하고 가치를 두게 되죠. 사랑하는 상대방이 바로 '나의 것'이기에 더욱 귀하게 여기고 언제까지나 책임지려는 마음이 생겨나는 것입니다.

　사랑에서 '소유'는 어떤 의미일까요? 참된 사랑은 소유와 무소유 어디쯤에 있는 것인지 작품을 읽고 토론해 봅시다.

등장인물 남자, 여자, 하인

작가 노트

이 작품은 응접실 또는 아담한 소극장 같은 곳, 그런 실내에서 공연하기 알맞도록 썼다. 음악으로 비교한다면 실내악 같은 것이다.

무대를 따로 만들 필요도 있지 않고 별다른 조명이나 효과의 도움을 받지 않아도 된다. 그러나 절대적으로 필요한 것은 그 장소에 모인 사람들이다. 이 연극의 등장인물, 하인은 그들로부터 잠시 모자라든가 구두, 넥타이 등을 빌려야 한다. 이 빌린 물건들을 단순히 소도구로 응용하기 위해서만이 아니다.

이 작품을 검토하면 알겠으나, 이 잠시 빌렸다가 되돌려 준다는 것엔 더 깊은 의미가 있고 이 연극에 있어 중대한 역할을 차지하게 된다.

하인, 그는 빌린 물건들로 한 남자를 치장한다. 구색이 맞지 않고 엉뚱한 다른 물건들로 남자는 좀 우스꽝스럽기는 하지만 그럭저럭 부자처럼 보이게 된다.

남자, 그는 의자에 앉아 얼굴을 다 가리는 커다란 이야기책을 읽기 시작한다.

하인은 그 남자의 곁에 부동자세로 선다. 그의 손엔 거의 쟁반만큼이나 커다란 회중시계가 들려져 있는데 실제로 하인은 가끔 그것을 쟁반으로 사용하기도 한다. 몹시 꼼꼼하게 시간을 재는 그의 모습은 무뚝뚝하고 건장하다.

남자 (이야기책을 낭독한다.) 옛날에, 옛날에, 한 사기꾼이 살고 있었습니다. 그는 젊고 잘생겼으나 땡전 한 닢 없는 빈털터리였습니다. 어느 날 그는 외로워졌으므로 결혼하고 싶어졌습니다. 누구나 젊음의 한 시기엔 외로워지기 마련입니다. 그래서 그런지 누구나 결혼한다고들 합니다. 하지만 그 사기꾼에겐 엄청난 고민이 있었습니다. 그 고민은 이렇습니다. 이 세상의 어떤 처녀가, 자기 같은 빈털터리 남자와 결혼해 줄 리 있겠습니까? 없습니다. 아무도 없다고 생각했습니다. 그래서 그런지 그는 몹시 절망적인 기분이 들었습니다. 그런 기분은 좋지 않습니다. 저절로 한숨이 나오고 정신에도 몸에도 해롭습니다. 빨리 심호흡을 해서 그런 기분은 몰아내야 합니다. 그래서 그런지 그 젊은 사기꾼도 심호흡을 했습니다. 그리고는 벌떡 일어섰습니다.

한탄하지 말자!
근심 걱정도 말고!
곤란하면 운명에 맡겨 버리자!
지금의 한때 푸짐히 즐기되
지나간 옛날은 생각지 말자.
슬프게 보여도 무슨 일이나
그대의 행복이 되거늘
모든 건 신의 뜻
신의 뜻을 따라 해 보자!

그는 온종일 돌아다녔습니다. 정원을 갖춘 집과 훌륭한 옷과 그리고 그 밖에 부자로 보일 수 있는 여러 가지 물건들을 빌리러 다닌 것입니다.

젊은이의 아름다움에 행운이 있어라!
신께서 정하신 바에 행운 있어라!

마침내 그 젊은 사기꾼의 소망이 이루어졌습니다. 정원이 있는 최고급 저택, 모자와 넥타이, 호사스런 의복, 그리고 이 건장한 하인까지 빌렸던 것입니다. 단, 조건이 있었습니다. 이 저택은 사십오 분 동안만 그가 주인이며 다음엔 되돌려 줘야 합니다. 넥타이는 이십팔 분. 모자는 십구 분 오십 초, 그 밖에 다른 물건에

■ 인용된 시는 '아라비안 나이트'에서 가져온 것임.

도 제각기 정해진 시간이 있었습니다. 그러나 젊은 사기꾼은 매우 만족했습니다. 그래서 즉시 여성 잡지를 뒤져 사교란에 주소를 낸 여자에게 전보를 쳤습니다. 여자로부터 즉각 답신이 왔습니다. 맞선을 볼 의향이 있다는 것입니다. 바로 그것은 이쪽이 바라는 바이기도 했습니다. (혼잣말처럼) 왜 아직 안 온담?

(다시 책을 낭독한다.) 오겠다 약속한 시간이 벌써 지났습니다. (하인, 시계를 본채 손가락 다섯 개를 펼친다.) 딱 오 분 지났습니다. 그는 초조해졌습니다. 책을 읽어 마음을 달래 보려 하였으나 초조해지기만 했습니다.

하인, 아무 말 없이 책을 빼앗아 버린다. 감정이 전혀 나타나지 않는 사무적인 동작이다. 남자가 항의하려하자 하인은 무뚝뚝하게 자기의 회중시계를 내밀어 보일 뿐이다. 그리고는 남자가 미처 수긍하기도 전에 돌아서더니 빼앗은 물건을 가지고 나간다. 잠시 후, 하인은 돌아와서 남자 곁에 서서 부동자세를 취한다.

남자 여봐, 자네는 인정사정도 없긴가?
하인 (묵묵부답)
남자 그래? 아, 참 자넨 말을 않는다며? 자네 주인께서도 그러시더군. '빌려는 드리지요. 하지만 아무것도 묻지는 마십시오. 이 하인은 절대 대답하지 않습니다.' 난 그걸 잊을 뻔했네. 그러나 저러나 웬일이야? (하인이 회중시계를 들여다본다.) 이제 십 분째 지나가고 있어. 황금 같은 내 인생이 이 꼴로 그냥 허무하게 지나가다니 안타깝지 뭔가?

남자, 어떻게 했으면 좋을지 모르겠다는 듯 낭패한 표정으로 관객석 사이를 어슬렁거리며 왔다갔다한다. 그는 한 여성 관객에게 말을 건다. 언뜻 무슨 생각이 떠오르는 듯 미소를 짓고 있다.

남자 하긴…… 그럴지도 몰라요. 여자란 그렇다면서요? 이쁘게 보이려고, 일부러 약속 시간보다 오 분쯤은 늦는다죠? 하지만 이건 너무 심합니다. 굉장한 미인인가? 그러니까 두 곱이나 시간을 낭비하는 것 아니겠어요? 만약 온다는 그 여자가 당신처럼 어여쁘시다면야 이야긴 퍽 달라지죠. 십 분 아니라 난 이십 분도 기다릴 수 있다 이겁니다.

남자, 다시 자기 의자에 돌아와 앉는다. 초조해서 옷을 매만지고 모자를 썼다 벗었다한다. 결국 그는 모자를 벗어 탁상 위에 놓고 벌떡 일어선다. 힐끔 하인의 시계를 본다. 마른 침을 꿀꺽 삼킨다. 그는 남자 관객에게 다가간다.

남자 이거 초조해서 원, 담배 한 대 주시겠어요? 거저 달라는 건 아닙니다. 다만 빌려 달라는 거죠. 네, 고맙습니다. 아, '은하수'군요. (다른 남자 관객에게) '청자'를 가지고 계신가요? 그러시다면 한 대 빌립시다. (그는 호주머니에서 납작하게 눌린 빈 담뱃갑을 꺼내 남자 관객으로부터 받은 담배를 차곡차곡 집어넣는다.) 누구 '샘' 없으세요. '샘'? 요즘 나온 담배론 '샘'이 괜찮더군요. 물론 '한산도'도 좋긴 좋죠. 어느 분 '파고다' 있으시면 그것도 한 개비 빌립시다. 꼭 담배를 콜렉션하는 것 같습니다만 초조할 때 이러는 게 내 버릇이라서요. (담배에 불을 붙인다.) 라이터, 이거 최고품이죠. 쓸데없이 금으로 만들고 진주를 붙였습니다. (하인에게) 이거 정해진 시간이 얼마지? (하인, 오른손의 손가락 하나, 왼손이 손가락 네 개를 펴 보인다.) 알았네, 알았어. 십 분 정도가 지났으니까, 앞으로 사 분 후엔……. 그러나 아직은 완전히 내 겁니다. 내 라이터다 이거지요. 그건 그렇고, 담배는 고맙습니다. 다아 이럴 땐 상부상조해야죠. 안 그래요? 그런 의미로 한 대만 더 빌려 가도 좋겠지요?

문 두드리는 소리가 들린다.

남자 들었지?

하인 (묵묵부답)

남자 여봐, 누가 문 두드리잖나?

하인 (쳐다보려고도 않는다.)

남자 어서 문 좀 열어 드리게.

하인 (침묵)

남자 할 수 없군, 내가 여는 도리밖엔.

남자, 문을 연다.

여자, 들어온다.

남자 하인은 저쪽입니다. 난 주인이고요.

여자, 하인 쪽으로 달려가 인사를 한다.

남자 주인은 이쪽이에요, 이쪽.

여자, 당황해서 남자 쪽으로 되돌아온다. 미술품을 감상하듯이 남자는 여자를 주시하며 그 둘레를 두어 바퀴 돈다.

남자 그러실 줄은 미리 짐작했었습니다.

여자 ……짐작하시다니요?

남자 네. 아름다우시리라, 그걸 말입니다. 다 아는 수가 있죠. 기다리는 시간을 많이 낭비할수록 오시는 님은 아름답다. 그렇지요, 시간이란 그런 점에선 매우 정확한 측량 도구입니다. 물론 결과가 나쁠 때는 아무 쓸모없는 도구이긴 합니다만. 저어, 담배 피워도 괜찮겠지요?

남자, 담배를 입에 물고 라이터를 꺼내 든다. 슬그머니 자랑하고 싶은 기분이 든다. 그는 라이터를 공기놀이 하듯 허공에 던졌다가 받곤 한다.

남자 라이터, 최고품입니다. 금제, 그리고 진주가 박힌.

하인 (허공에 올라간 라이터를 톡 채어 간다.)

남자 이리 줘.

하인 (자기의 시계를 가리킨다.)

남자 그렇게 됐나? 벌써 사 분마저 지났어? 시간 하나 빨리 간다. (여자에게) 어디 두셨습니까?

여자 네?

남자 내 라이터.

여자 라이터?

남자 아, 아니고, 날개 말입니다.

여자 날개……?

남자 네. 날개. 물론 집에 두고 나오셨겠지요. 요즈음의 천사들이란 겸손하셔서 그 우아한 날개를 살짝 집에 두고 나오는 걸 유행으로 삼고 있다더군요. 당신도 역시 그러시겠지요!

여자가 무어라고 하기 전에 재빨리 말을 잇는다.

남자 당신은 날개만 없다 뿐이지 천사시다 이겁니다. 더욱 나아가서는 소유권 문제인데 나의 천사시다, 내 것이다, 이런 겁니다.

여자 벌써 그런 결론이 나왔어요?

남자 (단호하게) 네. 방금 들으셨듯이.

여자 너무 빨라요.

남자 왜요? 내 결론이 혹시 마음에 안 드시기라도?

여자 아뇨. 하지만요, 우린 아직 인사도 않은걸요. 처음 뵙겠어요.

남자 (더 재빠르게) 더 처음 뵙겠습니다.

여자 안녕하세요?

남자 더 안녕하십니까?

여자 제 이름은…….

남자 아, 우리 소갠 나중에 하십시다. 요즈음의 인간관계는 결론이 시작이 되고 서로의 인물 소개는 맨 끝으로 돌리는 걸 새로운 관습으로 삼고 있으니까요.

여자 그런 관습도 새로 생겼군요!

남자 네. 그건 별로 자랑거리가 없는 남자가 첫눈에 반할 만한 여자를 만났을 때 응용하는 방법입니다. 왜냐하면 그 남자가 별 신통찮은 자길 소개할 경우 상대편 여자는 몹시 실망하게 됩니다. 그럼 두 사람의 관계는 뭐가 되겠습니까? 그 즉시 끝장입니다. 우리는 이런 유감스런 사태를 피하자는 겁니다. 우리 둘 사이를 풍부하게 한 다음 소개는 그때 가서 하십시다. 좋겠지요, 그게?

여자 (엉겁결에) 네, 좋아요.

두 남녀는 의자에 앉는다. 동시에 남자가 청혼을 한다.

남자 결혼하십시다.

여자 결혼? 누가 누구하고요?

남자 그야 내가 당신하고지요.

여자 만난 지 몇 분 됐다고 그러시죠?

남자 시간을 따진다면야 나도 할 말이 많죠. 내가 얼마나 오래 기다렸는지 아십니까? 짐작이 안 가시면 여기 계신 분들께 물어보십시오. 내 인생의 황금 같은 시간을 그 삼분지 일이나 덧없이 보내고서야…….

하인, 느닷없이 덤벼들어서 남자의 구두를 벗겨 간다. 여자는 몹시 당황한다. 남자는 만류하지만 하인은 자기 행동의 정당성을 과시하려는 듯 시계를 가리킨다. 남자는 구두를 빼앗기고 하인은 벗겨 낸 구두를 가져간다.

남자 내 하인의 무례함을 용서하십시오.

여자 뭐죠?

남자 구두가 내 발에서 떠나갔습니다. 시간이 지났기 때문입니다.

여자 전 뭐가 뭔지 모르겠어요.

남자 어찌 아시겠습니까? 인생이 그런 거리라곤…….

여자 인생이 그런 거라뇨?

남자 아, 아니오. 제발 알려고는 마십시오. 여자는 그걸 모르기 때문에 남자를 사랑하게 되고, 남자는 그걸 알기 때문에 여자를 사랑하게 되는 겁니다.

여자 (현기증이 나서) 뭐가 뭔지…….

남자 부디 모르십시오.

여자 물 한 잔 주시겠어요?

남자 그럽시다. (하인에게) 자네 물 한 잔만 주게.

하인 (부동자세)

남자 그럼 물 한 잔만 빌려 주게.

하인, 물 한 잔을 가져온다.

남자 그냥 달라고 할 땐 꼼짝도 않더니 빌려 달라고 하니까 가져오는군. (여자에게) 드십시오.

여자 고마워요.

남자 뭘요. 빌린 건데요.

여자, 물을 마신다.

남자 정신 좀 드십니까?

여자 여전해요.

남자 (미소를 짓고) 익숙해지면 좀 나을 겁니다.

여자 저는요, 솔직히 말씀드려서…… 당신이 이렇게 부자리라곤 꿈도 못 꿨죠. 전보에 알려 주신 대로 찾아왔더니…… 이건 너무 어마어마한 저택이잖겠어요? 문 앞에서 저는요, 한참이나 망설였어요.

남자 어려워 마시고 그냥 들어오실 걸.

여자 아뇨. 황홀해서 망설였던 거예요.

남자 (미소를 짓고) 아, 그랬어요?

여자 네. 당신의 전보를 받았을 때요, 저의 어머닌 말씀하셨답니다. 애야, 어서 가 봐라. 가 봐서 빈털터리 같거든 아예 되돌아오고 부자거든 꼭 붙들어야 한다.

남자 그래, 당신은 뭐라 했습니까?

여자 알았어요, 어머니. 오른손을 들고서 그렇게 대답했죠.

남자 내 원 참! 오른손을 들다, 그러니까 맹세를 하셨군요?

여자 그렇죠!

남자 그 잔에 물 좀 남았습니까?

여자 아뇨, 다 마셨는데요.

남자 유감입니다. 내 몫을 남기시지 않고서.

하인, 또다시 남자에게 달려들어서 넥타이를 풀어낸다. 남자는 빼앗기지 않으려 힘껏 저항하지만 하인의 억센 힘을 당해 내지 못한다. 결국은 빼앗기고 하인은 기계적인 동작으로 넥타이를 가지고 나간다. 여자는 두 남자의 다툼에 놀란다.

여자 왜들 그러시죠?

남자 (씩씩거리면서 웃고 있다.) 이번엔 넥타이가 내 목에서 떠나갔습니다.

여자 (이해하지 못 하겠다는 듯이) 네에?

남자 뭐, 놀랄 게 못 됩니다. 그저 시간이 지난 것뿐이니까요. 안심하십쇼. 만약 내 목이 떠나가고 넥타이만 남았다면……. (이해 못 하겠다는 듯 바라보고 있는 여자의 관심을 돌리려고) 그건 그렇고요, 당신 어머니는 퍽 재미난 분이시군요. 나는 깊은 관심을 갖게 됐어요, 당신의 어머니에 대해서. 그 맹세를 시키셨다는 어머니, 어떤 분인지 더 듣고 싶습니다. 어떠신가요? 어머니 성품이 너그러우시다든가……. 왜 그렇게 쳐다만 보십니까?

여자 넥타이를…….

남자 그것엔 관심 없습니다.

여자 왜 빼앗기셨죠? (옆에 와 부동자세로 서 있는 하인을 훔쳐보며) 그것도 난폭하게.

남자 그렇지요. 난폭하게 주인을 덮치는 그런 하인에겐 난 전혀 관심 없어요. 오히려 당신 어머니의 성품이 너그러우신지…….

여자 하지만요, 저는……. (입을 다물어 버린다.)

남자 알았어요. 문제는 빼앗긴 물건인가 본데, 그야 되돌려 받기 어렵지는 않습니다. (하인에게 큰소리로) 여봐, 가져 와! (묵묵부답인 하인에게 다가가서 그의 귀에 속삭인다.) 여봐! 그 가져간 것 오 분만 더 빌려 주게.

하인 (대답이 없다.)

남자 딱 오 분만 더. 사정해도 안 되겠나, 응?

하인 (반응이 없다.)

남자 좋아, 좋다고.

여자 뭐래요, 하인이?

남자 네, 날더러 잘 해 보라고 그럽니다.

남자, 관객석을 투덕투덕 걸어 다니다가 넥타이를 맨 남성 관객 앞에 앉는다.

남자 물론 그래요. (속상하다는 듯 담배를 피워 물고, 상대방에게도 권하며) 저

인정사정도 없는 하인이 날더러 잘 해 보라고 그런 말 한마디 하진 않았어요. 하지만 말입니다, 나도 그래요, 기죽을 필요야 없는 겁니다. 그렇잖아요? 도대체 지가 뭐라고 겨우 심부름이나 하는 주제에⋯⋯. 속 좀 상합니다만, 그야 뭐 그건 당신에게도 마찬가지니까 말해 보나마나겠고⋯⋯. 저어, 당신 넥타이 참 좋습니다. 정말 좋아요. 아름다운 색깔, 기막히게 멋진 무늬, 딱 오 분만 빌립시다. 정확하게 오 분만. 더 이상은 어기지 않겠습니다. 빌려 주시렵니까? (남성 관객으로부터 넥타이를 빌려 착용하며)고맙습니다. 빌린 동안에는 소중히 다룰 겁니다. 사실 이건 내 것이 아니라 당신 것인데⋯⋯. 혹시 모르긴 하지요, 당신도 누구에게서 빌려온 건지는. 아무튼 잘 사용하고 돌려 드리겠어요. 자아, 그럼 당신은 시간을 재고, 난 이만.

남자, 급한 걸음으로 여자에게 돌아간다.

남자 어때요, 이젠?

여자 네, 당신은 멋진 분이셔요.

남자 (웃으며) 뭘요.

여자 아니, 정말 그래요.

남자 (넥타이를 빌려 준 남성 관객을 향하여) 이 영광을 당신에게 돌려 드립니다. (여자에게) 그건 그렇고요, 우리 하다 만 이야기, 그것 좀 계속해 봅시다.

여자 어디까지 이야길 했었죠, 우리?

남자 당신의 어머니에 대해서, 아직은 거기까지입니다.

여자 (작게 한숨을 쉬고) 그럼 저 자신에 대한 건 아직 멀었군요.

남자 그렇죠. 나도 직접 당신의 이야길 듣고 싶습니다만, 어머니 다음 딸, 이런 순서니까 계속 진행해 봅시다. 의무적으로 묻겠습니다. 당신 어머니의 성품은 어떻습니까? 난폭하십니까? 상냥하십니까?

여자 글쎄요⋯⋯.

남자 정확히 대답하십시오.

여자 (잠시, 생각하더니) 난폭에다 상냥을 겸하신 분이에요.

남자 (자기 이마에다 손을 얹는다.)

여자 왜 그러시죠?

남자 뭐, 별 건 아닙니다. 벽에 부딪쳤다고나 할까요. 뭔가 복잡하고 어려워서요. 하긴 당신을 얻는다는 것이 그렇게 쉽지는 않겠지요. 첫눈에 반한 사람들도 결혼에 이르기까진 험난한 과정을 겪는다고들 합니다만, 그런데 우리는, 겨우 처음에서 서성거리고 있는 것 같거든요. 아직 이야기도 당신의 어머니에게서 머물고 있고…….

여자 용기를 내셔야 해요.

남자 네, 어디 힘 좀 내보겠습니다.

여자 갑자기 이런 말을 하면 놀라시겠지만요…….

남자 말해 봐요, 뭐든지.

여자 저는 이 세상에 태어났어요.

남자 놀랐습니다, 갑자기.

여자 네, 태어난다는 건 언제나 갑자기죠. 그래서요, 저는 태어날 때 제 기분이 어떠했는지 그걸 모르겠어요. 아무튼 그냥 그렇게 이 세상에 나온 거죠. 그리고, 어렸을 때 제 별명이 뭔지 아시겠어요? 덤이에요, 덤.

남자 덤?

여자 네. 왜 조금 더 주는 것 있잖아요. 그거래요, 제가. 아버진 어머니에게 사랑을 주고, 그리고 또 덤으로 저를 어머니에게 주었죠. 그러니까 덤 아니겠어요? 덤, 이 말 속엔 뭔가 그리운 게 있어요. 덤, 덤, 덤……. 아버진 덤이 태어나자 달아나셨대요. 말하잠 뺑소닐 치신 거죠. 나중에 알고 보니 사기꾼이었고 어머니에게 보여 줬던 그 많은 재산은 모두 다 잠시 빌렸던 거래요.

남자 덤, 덤, 덤.

여자 하지만요, 저는 아버질 미워 안 해요. 그분에겐 뭔가 덤이라는 옛 이름처럼 그리운 데가 있어요. 덤, 혹시 그분도 그렇게 이 세상에 태어나셨던 건 아닐지……. 안 그래요?

남자　덤, 덤, 덤…….

여자　어머니에겐 안됐지만요, 덤이라는 그 점이 저에겐 좋아요. 왠지 홀가분하더군요. 이런 말을 하면 어머닌 화를 내시곤 한답니다. 하긴 그렇죠. 고생 많으셨어요. 홀로 덤을 낳아 키운다는 건……. 그만둘까요, 제 이야기?

남자　덤, 더해 주세요.

여자　그래서 어머니는요, 단단히 벼르시는 거예요. 이 덤을 키워서는 결코 사기꾼에겐 주지 않겠다고요. 전 어머니 말을 이해해요.

남자　나도 알 만합니다.

여자　고마워요.

남자　뭘요, 고맙기는요.

여자　사실 이런 덤 이야긴 처음인걸요. 아무에게도 말하지 않았답니다. 그냥 가슴속에 덮어 두었었죠. 그러고 보면 당신은 참 친절하신 분이에요.

남자　덤.

여자　네?

남자　아, 아뇨. 그저 불러 본 겁니다.

여자　그 목소린 그저 불러 본 건 아닌데요?

남자　저어, 아닙니다.

남자는 일어나 넥타이를 풀어 그것을 빌렸던 남성 관객에게 가서 되돌려 준다. 그의 눈은 물기에 젖어 있다.

남자　빌린 걸 되돌려 드립니다. 시간은 정확하게 지켰습니다. 그런데 왠지 모르게 슬퍼지는 건 무슨 까닭일까요? (관객석을 거닐며 그는 자기에게 들려주듯 중얼거린다.) 덤, 덤, 덤, 난 당신을 사랑해. 덤, 덤, 난 당신을 사랑해…….

여자 거기서 뭘 하시죠?

남자 (계속 혼잣말처럼) 덤, 난 당신을 사랑해…….

여자, 남자에게 다가온다.

여자 뭘 하고 계세요?

남자 덤……. 저어, 내 재산이 얼마쯤 될까, 그걸 생각하고 있었습니다.

여자 하필 이럴 때 그런 걸 생각하셔요?

남자 부자의 인색한 버릇입니다. 그런데 난 재산이 너무 많아서 차라리 생각지
도 말자, 그렇게 마음먹었습니다. 이젠 됐습니까?

여자, 남자의 어깨에 기댄다. 사이.

하인, 위압적으로 한 걸음씩 남자에게 다가온다.

두려워지는 남자, 그 꼴을 여자에겐 보이고 싶지 않다.

남자 눈을 감아요.

여자 감고 있는 걸요, 이미.

남자 난 지금 행복합니다.

여자 저도 행복해요.

하인, 남자에게 덤벼든다. 호주머니를 뒤져서 소지품들을 몽땅 떨어간다.

남자 이번엔 자질구레한 여러 가지 것들이 떠나가고 있습니다. 그런데 난 자꾸
만 행복해집니다.

여자 (눈을 감은 채 미소를 짓고 있다.)

남자 그렇습니다, 덤. 여러 가지 것들, 헤아릴 수 없이 많은 그것들이 떠나갔습

니다. 뭐, 놀랄 건 못 되지요. 그저 시간이 지난 것뿐이니까요. 어떤 나무는요, 가을이 되자 수천 개의 이파리들을 몽땅 되돌려 주고도 아무 소리 없습니다. 덤, 나는 고양이 한 마리를 길러 봤습니다. 고양이는 차츰 늙어지고, 그래서 시간이 다 지나가자 그 생명을 돌려주고도 태연했습니다. 덤, 덤, 덤……. 난 뭔가 진실한 걸 안 것 같습니다. 덤, 덤. 그래요. 난 이제 자랑거리 하나가 생겼습니다. 그런 진실을 알았다는 것, 나에게는 그게 유일한 자랑이 될 겁니다.

여자 너무 겸손하신 자랑이에요.

남자 뭘요. 그런데 덤, 당신에겐 뭐 자랑거리가 없으십니까?

여자 있고말고요. 보시겠어요?

남자 봅시다, 어디.

여자, 남자와 함께 의자로 돌아간다. 의자 위에 놓여 있던 핸드백을 열고 그 속에서 얼굴만을 커다랗게 찍은 사진 석 장을 꺼낸다.

하인, 시계를 보더니 탁상 위에 놓였던 남자의 모자를 냉큼 집어 간다.

남자 이번엔 모자가 의자에서 떠나갔습니다. 여간 다행이군요. 모자는 작습니다. 의자는 크고요. 만약 의자가 모자에게서 떠나갔더라면 얼마나 큰 손실이겠습니까?

여자 이걸 좀 보세요.

남자 뭔데요, 그게?

여자 할머니, 어머니, 그리고 제 사진이에요. 저희 집 가문의 여인들은 대대로 미인이라는 걸 증명하는 거죠.

남자, 사진들을 바라본다.

하인, 모자를 가져가다가 멈춰 선다. 그의 시선이 아래로 움직여서 사진을 들여다본다.

남자, 하인을 밀어낸다.

남자 뭘 봐? (여자에게) 당신이 가장 아름답습니다.

여자 제일 젊으니까 그렇죠.

남자, 사진 중에서 여자 본인의 것을 들어 여자의 얼굴에 대고 한참 동안 바라본다.

남자 그러니까 이게 지금의 당신이군요?

여자 네.

남자 몇 살인가요, 실례지만?

여자 스물 둘이에요.

남자 스물 두울, 꽃다운 처녀시군요.

남자, 다음엔 여자 어머니의 사진을 얼굴에 대어 준다.

남자 시간이 좀 지났습니다. 그럼 어떻게 될까요?

여자 조금 늙지 어떻게 돼요?

남자 이젠 이 얼굴이 당신입니다. 몇 살이십니까?

여자 (조금 쉰 소리로) 마흔 다섯이에요.

남자 마흔 다섯. 중년 부인이시군요.

남자, 할머니의 사진을 여자의 얼굴에 대어 준다.

남자 시간이 더욱 지났습니다. 이젠 이 얼굴이 당신입니다. 몇 살이시죠?

여자 (푹 쉰 목소리로) 일흔 살이 넘었어요.

남자 일흔 살이 넘으셨다. 늙으셨군요.

남자, 얼굴에 대었던 사진들을 탁상 위에 내려놓는다.

남자 재미난 놀이를 해 봤지요?

여자 네, 재미있었어요.

남자 짐작하셨겠지만, 이 놀이의 재미는 시간이 지나간다는 데 있습니다.

여자 (사진들을 가리키며) 그래두요. 이렇게 곱잖아요? 늙어서도 어여뻐야 정말 미인이래요.

남자 그렇지요. 잘 말씀했습니다. 정말 재미라는 거는요. 시간을 초월하는 데 있습니다. 시간, 흥, 지나가라지요. 우리는 그저 재미있음 그만입니다. 아, 덤! 당신은 어여쁘고, 거기에다 또 참된 재미가 뭔지 그걸 아십니다! 덤, 난 완전히 당신에게 매혹되었습니다. 아, 지금 나는 내 정신이 아닙니다.

여자 저도 그래요!

남자 난 너무 황홀합니다!

여자 그렇다니까요, 저도!

남자 바로 이겁니다! 행복이란 이런 거예요! 그런데 덤, 만약 이 순간에 (곁에서 시간을 재고 있는 하인을 가리키며) 이 억센 하인이 내 옷을 벗겨 간다면…….

여자 왜 벗겨 가요?

남자 만약입니다, 만약에…….

여자 그래도 옷을 벗겨 가선 안 돼요.

남자 그러니까 만약입니다. 만약에, 내 옷을 벗겨 간다면 당신은 어찌 하시겠습니까? 지금 가지고 있는 그 참된 재미를, 그 행복을, 그 황홀을 따악 깨셔야 하겠습니까?

여자 (어리둥절해하며) ……글쎄요.

남자 참된 건 영원하다지요?

여자 ……글쎄요.

남자 어디 그럼 시험해 봅시다.

남자는 이미 저고리를 하인에게 빼앗기고 있다. 당황한 여자는 '……글쎄요.'만 연발

하고 있다.

하인, 벗겨 낸 저고리를 들고 나간다.

남자 얼마나 다행입니까? 아직 바지가 남았습니다.

여자 바지가…….

남자 네, 비록 맨발에다 윗저고리는 안 입었습니다만 당신을 사랑하기에 전혀
부끄럽지 않은 모습입니다. 정식으로 청혼하겠습니다. 결혼해 주시겠습니까?

여자 왜 난폭한 하인을 그냥 두시죠? 당장 해고하세요.

남자 하인은 아무 잘못도 없습니다.

여자 그냥 두시니까 자꾸 빼앗기잖아요.

남자 빼앗기는 건 아닙니다. 내가 되돌려 주는 겁니다.

여자 당신은 너무 착하셔요.

남자 글쎄요, 내가 착한지 어쩐지는 잘 모르겠습니다만, 내 태도 하나만은 분명
히 좋다고 봅니다. 이렇게 하나 둘씩 되돌려 주면서도 당신에 대한 사랑은 줄어
들지 않았습니다. 아니, 줄기는커녕 오히려 불어나고 있습니다. 아, 나의 천사님,
아니 덤이여! 구두와 넥타이와 모자와 자질구레한 소지품과 그리고 옷에 대해서
내 사랑은 분산되어 있었습니다. 그런데 지금은 어떤지 아십니까? 오로지 당신
하나에로만 모아지고 있는 겁니다! 내 청혼을 받아 주지 않으시겠습니까?

하인, 돌아와서 두 남녀에게 우뚝 선다.

여자 어마, 또 왔어요!

남자 염려 마십시오. 나도 이젠 그의 의무를 방해하지 않겠습니다.

여자 그의 의무? 의무가 뭐죠?

남자 내가 빌린 물건들을 이 하인은 주인에게 가져다주는 겁니다.

하인, 남자에게 봉투를 하나 내민다.

남자는 봉투에서 쪽지를 꺼내 읽더니 아무 말 없이 여자에게 건네준다.

여자 '나가라!' 나가라가 뭐예요?

남자 네. 주인으로부터 온 경고문입니다. 시간이 다 지났으니 나가라는 거지요.

여자 나가라……. 그럼 당신 것이 아니었어요?

남자 내 것이라곤 없습니다.

여자 (충격을 받는다.)

남자 모두 빌린 것들뿐이었지요. 저기 두둥실 떠 있는 달님도, 저 은빛의 구름
도, 이 하늬바람도, 그리고 어쩌면 여기 있는 나마저도, 또 당신마저도……. (미
소를 짓고) 잠시 빌린 겁니다.

여자 잠시 빌렸다고요?

남자 네. 그렇습니다.

하인, 엄청나게 큰 구두 한 짝을 가져오더니 주저앉아 자기 발에 신는다. 그 구둣발로
차낼 듯한 험악한 분위기가 조성된다.

남자 결혼해 주십시오. 당신을 빌린 동안에 오직 사랑만을 하겠습니다.

여자 ……아, 어쩌면 좋아?

하인, 구두를 거의 다 신는다.

여자 맹세는요, 맹세는 어떻게 하죠? 어머니께 오른손을 든…….

남자 글쎄 그건……. (탁상 위의 사진을 쓸어 모아 여자에게 주면서) 이것을 보
여 드립시다. 시간이 가고 남자에게 남는 건 사랑이라면 여자에게 남는 것은 무
엇이겠습니까? 그건 사진 석 장입니다. 젊을 때 한 장, 그다음에 한 장, 늙고 나서

한 장. 당신 어머니도 이해할 겁니다.

여자 이해 못 하실 걸요, 어머닌. (천천히 슬프고 낙담해서 사진들을 핸드백 속에 담는다.) 오늘 즐거웠어요. 정말이에요……. 그럼, 안녕히 계세요.

여자, 작별 인사를 하고 문전까지 걸어 나간다.

남자 잠깐만요, 덤…….

여자 (멈칫 선다. 그러나 얼굴은 남자를 외면한다.)

남자 가시는 겁니까, 나를 두고서?

여자 (침묵)

남자 덤으로 내 말을 조금 더 들어 봐요.

여자 (악의적인 느낌이 없이) 당신은 사기꾼이에요.

남자 그래요, 난 사기꾼입니다. 이 세상 것을 잠시 빌렸었죠. 그리고 시간이 되니까 하나 둘씩 되돌려 줘야 했습니다. 이제 난 본색이 드러나고 이렇게 빈털터리입니다. 그러나 덤, 여기 있는 사람들에게 물어봐요. 누구 하나 자신 있게 이건 내 것이다, 말할 수 있는가를. 아무도 없을 겁니다. 없다니까요. 모두들 덤으로 빌렸지요. 눈동자, 코, 입술, 그 어느 것 하나 자기 것이 아니고 잠시 빌려 가진 거예요. (누구든 관객석의 사람을 붙들고 그가 가지고 있는 물건을 가리키며) 이게 당신 겁니까? 정해진 시간이 얼마지요? 잘 아꼈다가 그 시간이 되면 꼭 돌려주십시오. 덤, 이젠 알겠어요?

여자, 얼굴을 외면한 채 걸어 나간다.

하인, 서서히 그 무거운 구둣발을 이끌고 남자에게 다가온다. 남자는 뒷걸음질 친다. 그는 마지막으로 절규하듯이 여자에게 말한다.

남자 덤, 난 가진 것 하나 없습니다. 모두 빌렸던 겁니다. 그런데 덤, 당신은 어떻습니까? 당신이 가진 건 뭡니까? 무엇이 정말 당신 겁니까? (넥타이를 빌렸었던 남성 관객에게) 내 말을 들어 보시오. 그럼 당신은 나를 이해할 거요. 내가 당신에게서 넥타이를 빌렸을 때, 그때 내가 당신 물건을 어떻게 다뤘었소? 마구 험하게 했었소? 어딜 망가뜨렸소? 아니오, 그렇진 않았습니다. 오히려 빌렸던 것이니까 소중하게 아꼈다간 되돌려 드렸지요. 덤, 당신은 내 말을 들었어요? 여기 증인이 있습니다. 이 증인 앞에서 약속하지만, 내가 이 세상에서 덤, 당신을 빌리는 동안에 아끼고, 사랑하고, 그랬다가 언젠가 그 시간이 되면 공손하게 되돌려 줄 테요. 덤! 내 인생에서 당신은 나의 소중한 덤입니다. 덤! 덤! 덤!

남자, 하인의 구둣발에 걸어챈다.
여자, 더 이상 참을 수 없다는 듯 다급하게 되돌아와서 남자를 부축해 일으키고 포옹한다.

여자 그만해요!
남자 이제야 날 사랑합니까?
여자 그래요! 당신 아니고 또 누굴 사랑하겠어요!
남자 어서 결혼하러 갑시다. 구둣발에 차이기 전에!
여자 이래서요, 어머니도 말짱한 사기꾼과 결혼했었다던데…….
남자 자아, 빨리 갑시다!
여자 네, 어서 가요!

- 막 -

" 주인공 '남자'는 사기꾼일까? "

1. 다음 인물의 행동과 태도에 대하여 자신의 의견을 말하고 그렇게 생각한 까닭을 이야기해 봅시다.

- '남자'는 온갖 빌린 물건들로 치장하여 결혼을 하려 했다.

  의견1 : 충분히 이해할 수 있다.

  근거 : 짧은 시간 동안 상대에게 자신의 참모습을 보여줄 수 없으므로 빌린 물건들로 자신을 치장한 것은 결혼을 하기 위한 일종의 좋은 전략이었다고 생각한다. 만약 처음부터 남자가 빈털터리의 모습으로 여자에게 다가갔다면 자신의 마음을 표현하고 여자의 마음을 얻을 기회조차 없었을 것이다.

  의견2 : 잘못된 행동이었다.

  근거 : 자신이 처한 그대로를 보여 주고 사랑을 구하려 해야지 거짓된 모습으로 환심을 사려 하는 것은 그릇된 행동이다. 거짓된 모습에 상대가 넘어온다면 그 사랑 또한 거짓임에 틀림없다.

- '남자'는 '여자'를 보자마자 '나의 천사'라고 하더니 결혼하자고 한다.

  의견 :

  근거 :

- '남자'는 마지막에 모든 것을 빌렸다고 고백한 후에도 '여자'에게 결혼하자고 한다.

  의견 :

  근거 :

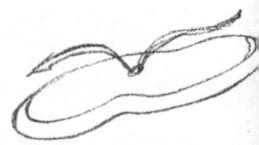

2. 다음 쟁점에 대하여 자신의 입장을 정하고 근거를 제시해 봅시다.

쟁점1 '남자'는 '사기꾼'이라 할 수 없다.

입장	그렇다	아니다
근거		

쟁점2 '여자'가 결국 '남자'와 결혼하기로 선택한 것은 잘한 결정이다.

입장	그렇다	아니다
근거		

쟁점3 내 것이 아니기에 더 아끼고 사랑하게 된다는 '남자'의 말은 옳다.

입장	그렇다	아니다
근거		

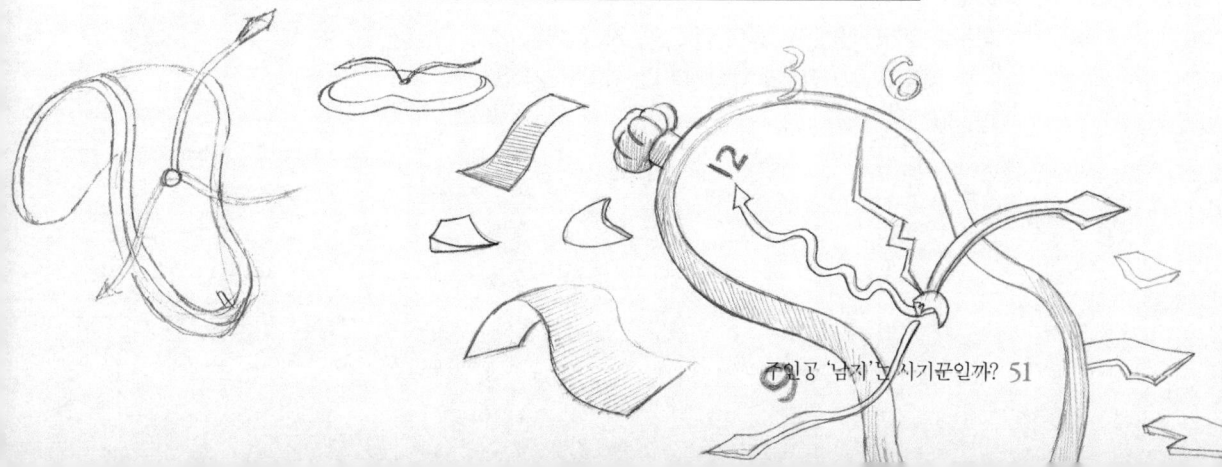

남자는 여자를 속이기는 했지만 '사기꾼'이라고 할 수는 없어. 끝까지 여자를 속인 것이 아니라 마지막에 자신이 빈털터리라는 것을 솔직하게 고백했고, 여자에 대한 자신의 진심을 드러냈으니까 말이야.

솔직하게 고백을 했다고 해서 남자가 여자를 속인 것이 용서될 수 있을까? 처음부터 거짓된 모습을 보이면서 여자의 환심을 사려 했고 끝에 가서는 여자에게 당신이 가진 것도 모두 당신 것이 아니라는 궤변으로 자기가 여자를 속인 일은 슬쩍 덮어 버리잖아. 아주 교묘하게 사람 마음을 혼란스럽게 하면서 자기의 잘못을 감추고 있으니 결국 '사기꾼'인 거지. 그 말에 넘어가 결혼을 결심하는 여자도 참 어리석고. 분명 후회할 결정일 텐데.

남자가 자신이 부유한 것처럼 치장하고 맞선을 보려 한 것은 분명 잘못된 행동이지만 빈털터리인 남자로서는 그렇게 해야 겨우 여자와 맞선을 볼 수 있었을 테니 어느 정도 이해할 수 있다고 생각해. 그리고 여자는 남자의 진심을 알아차렸기 때문에 결혼을 결심한 것이지 사기 행각에 넘어간 것은 아니야. 여자는 자기의 별명인 '덤'을 부끄러워하지 않았고 자기를 '덤'으로 만든 아버지를 원망하지 않았어. 자신이 이 세상에 '덤'으로 태어났다고 생각하기에 남자가 '빌린 것이니 소중하게 아끼고 사랑하겠다.'고 한 말을 누구보다 잘 이해할 수 있었던 것이지.

내 것이 아니기 때문에 더욱 아끼고 사랑할 수 있다는 남자의 말은 억지야. 과연 빌린 것을 소중히 다룰 수 있을까? 주변을 봐 봐. 오히려 남에게 빌린 것들을 함부로 망가뜨리는 사람들이 더 많아. 자기 것이 아니니 애착도 없고 함부로 대하게 되는 것이지. 사랑도 마찬가지야.

 상대를 소유하려는 것이 진정한 사랑일까? 그건 욕심이나 집착에 불과한 것 아니야? 잠시 빌렸다는 생각은 상대에 집착하지 않고 참된 사랑을 할 수 있는 전제라고 생각해. 사랑을 자꾸 소유라고 생각하다 보면 물질을 소유하려고 하는 것처럼 상대방도 내 것으로 착각하면서 조종하려고 하게 돼. 상대를 소유하지 않으려는 성숙한 사랑이야말로 참된 사랑이야.

소유하려고 하는 마음이 반드시 집착을 의미하지는 않아. 소유를 부정하려는 마음은 오히려 사랑에 무책임하거나 방관적인 태도로 빠질 수 있어. 내가 사랑하는 사람이 '이 세상에 단 하나밖에 없는 소중한 사람'인 까닭은 그 사람이 바로 '나'의 사랑, '나'의 사람이기  때문이잖아. '나'의 사랑이 아니라 그저 어디선가 '빌린' 사람이라면 나 아닌 다른 누군가와 맺어져도 아무런 상관이 없을 거 아냐? 내가 사랑하는 사람을 어떤 다른 사람에게도 뺏기고 싶지 않은 마음, 그러니까 그 사람을 '내 것'으로 만들고 싶은 마음, 그게 바로 '사랑' 아닐까?

 소유하려는 마음을 버린다고 해서 상대를 소중하게 여기지 않고, 다른 사람에게 떠나 보내주어도 아무렇지 않게 되는 것은 아니야. 사랑을 '소유'로 보지 않는다는 것은 상대를 있는 그대로 인정하고 받아들여야 한다는 뜻이지 두 사람 사이의 소중하고 애틋한 마음을 부정하는 것은 아니잖아. 사람들이 사랑을 '소유'로 잘못 생각하기 때문에 오히려 사람 그 자체가 아닌 외적인 것에 마음을 빼앗기곤 해. 이 작품에서 '여자'가 처음에 그랬던 것처럼 상대가 어떤 사람인가에 관심을 가지기 보다는 무엇을 가졌는가에 더 초점을 맞추게 되어 상대의 진정한 내면을 볼 수 없게 되는 거지.

외적인 배경으로만 상대를 평가하려고 하는 것은 분명 잘못된 것이지만, 상대가 소유하고 있는 것들은 상대를 이해할 수 있는 한 부분이 되기도 해. 사실 따지고 보면 외적인 배경과 상대의 내면적 부분을 분리하는 것 자체가 반쪽짜리 사랑이 아닌가?

1. 다음은 생텍쥐페리의 『어린 왕자』에 나오는 내용입니다. 이 글을 읽고 '남자'의 입장에서 아래 사업가에게 어떤 조언을 해줄 수 있을지 생각해 봅시다.

네 번째 별에는 사업가가 살고 있었다. 그 사람은 어찌나 바쁜지 어린 왕자에게 아는 척도 하지 않았다.

"안녕하세요? 담뱃불이 꺼졌네요."

어린 왕자가 말했다.

"셋에다 둘을 더하면 다섯, 다섯에다 일곱을 더하면 열둘. 열둘에다 셋을 더하면 열다섯. 안녕! 열다섯에다 일곱을 더하면 스물둘, 스물둘에다 여섯을 더하면 스물여덟, 너무 바빠서 불을 붙일 시간도 없어. 스물여섯에 다섯을 더하면 서른하나. 휴우! 그러니깐 5억 162만 2,721이로구나."

"뭐가 5억이에요?"

어린 왕자가 놀란 목소리로 물었다.

"응? 너 여태 거기에 있었니? 5억 1백……, 그다음이 뭐였더라. 모르겠네. 난 할 일이 너무 많아! 일이 많거든. 나는 허튼소리 하며 시간 낭비하는 걸 좋아하지 않는다. 둘에다 다섯을 더하면 일곱……."

"뭐가 5억 1백만이에요?"

한번 물으면 결코 그냥 지나가는 일이 없는 어린 왕자가 다시 물었다.

그러자 사업가가 고개를 들었다.

"이 별에 산지도 벌써 54년이나 되었다. 하지만 내가 일하다가 방해를 받은 건 단 세 번밖에 없었어. 첫 번째는 22년 전이었는데, 어디서 날아왔는지 알 수 없는 풍뎅이 한 마리가 내가 일하는 걸 방해했지. 어찌나 시끄러운 소리를 내던지 계산이 네 군데나 틀렸어. 두 번째는 11년 전이었는데, 신경통이 심해졌기 때문이지. 난 운동을 안 하거든. 산책할 시간이 없어. 난 늘 성실하게 일하니까 말야. 세 번째는 바로 지금 너 때문이야. 그러니까, 5억 1백만이라고 했지……."

"뭐가 5억 1백만이라는 거예요?"

사업가는 자꾸 일을 방해하는 어린 왕자가 못마땅했다.

"그건 이따금씩 하늘에 보이는 저 작은 것들의 숫자다."

"파리요?"

"아니, 반짝반짝 빛나는 조그만 것들 말이야."

"꿀벌요?"

"아니야. 게으른 사람들을 공상에 빠지게 하는, 금빛으로 반짝이는 작은 거 말야. 그런데 난 성실한 사람이라 공상에 잠길 시간이 없지."

"아, 별 말인가요?"

"그래, 맞았어."

"그런데 아저씨는 5억 개나 되는 별들을 가지고 뭘 하는데요?"

"별들은 5억 162만 2,731개야. 나는 성실하고 정확하게 일하는 사람이지."

"그 별을 가지고 뭘 하는데요?"

"뭘 하느냐고?"

"그래요."

"아무것도 하는 건 없어. 그것들을 갖고 있는 거지."

"별들을 갖고 있다고요?"

"그래."

"하지만 나는 전에 별을 지배하는 왕을 만났는데, 그럼 그분은 뭔가요?"

"왕은 차지하는 게 아니라 다스리는 거지. 그건 아주 다른 얘기야."

"그럼 아저씨는 왜 많은 별을 갖고 있는 거죠?"

"부자가 되니까."

"부자가 돼서 뭐 하게요?"

"다른 별을 발견하면 그 별을 사지."

2. 다음은 에리히 프롬의 『소유냐 존재냐』에 나오는 내용입니다. 이 글을 읽고 사랑과 소유의 관계에 대해 생각해 봅시다.

비슷한 내용의 시 두 편을 여기에 인용한다. 한 편은 일본 시인 마쓰오 바쇼가 지은 하이쿠이며, 다른 한 편은 영국 시인 테니슨의 시이다. 두 시인 모두 동일한 체험, 즉 산책 길에서 본 꽃에 대한 그들의 반응을 묘사하고 있다. 테니슨의 시는 다음과 같다.

갈라진 벽 틈새에 핀 꽃이여,
나는 너를 그 틈새에서 뽑아내어,
지금 뿌리째로 손 안에 들고 있다.
작은 꽃이여, ― 그러나 만약 내가
뿌리째 너를, 너의 모든 것을 알 수 있다면,
신과 인간이 무엇인지도 알 수 있으련만.

그리고 바쇼의 하이쿠는 다음과 같다.

눈여겨 살펴보니
울타리 곁에 냉이 꽃이 피어 있는 것이 보이누나!

두 편의 시가 지닌 차이는 눈에 띌 정도로 현격하다. 꽃을 본 테니슨의 반응은 그것을 소유하려는 욕망이다. 그는 꽃을 "뿌리째로" 뽑아든다. 꽃에 대한 그의 관심은 꽃의 생명을 단절시키는 결과로 이어진다. 그 꽃이 신과 인간의 본성을 파악하는 데에 도움을 줄 수도 있으리라는 지적 사색으로 끝을 맺으면서 말이다. 이 시에서의 테니슨은 생명체를 해부하면서 진실을 추구하는 서구 과학자들에게 비견될 수 있을 것이다.

그러나 꽃에 대한 바쇼의 반응은 판이하다. 그는 꽃을 꺾으려고 하지 않는다. 그것을 건드려 보려고도 하지 않는다. 그는 "알아보기" 위해서 다만 "눈여겨 살펴볼" 뿐이다. 아마도 바쇼는 시골 길을 따라 걷다가 울타리 곁에서 희미

한 무엇인가를 보았을 것이다. 그리도 가까이 다가가서 자세히 살펴보고 나서, 그것이 무심히 지나치는 사람들 눈에는 띄지도 않는 하찮은 야생초에 불과하다는 것을 알아본 것이다. 이것이 이 시 안에 그려진 단순한 사실이다.

테니슨은 사람과 자연을 이해하기 위해서 필히 꽃을 손에 쥘 필요가 있었고, 꽃은 그의 소유가 됨으로써 파괴된다. 바쇼는 다만 바라보기를 원한다. 또한 꽃을 그냥 관조하는 데에 그치지 않고 꽃과 일체가 되기를, 꽃과 결합하기를 원한다. 그러면서 꽃의 생명을 건드리지는 않는다.

테니슨과 바쇼의 차이는 괴테의 다음 한 편의 시에 명시되어 있다.

나 홀로
숲 속을 거닐었지.
아무것도
찾을 뜻은 없었네.

그런데 그늘 속에 피어 있는
작은 꽃 한 송이 보았지.
별처럼 반짝이고
눈망울처럼 예쁜 꽃을.

그 꽃을 꺾고 싶었는데,
꽃이 애처롭게 말했네.
내가 꺾여서
시들어 버려야 되겠어요?

하여, 꽃을 고스란히
뿌리째로 캐어
예쁜 집 뜨락으로
옮겨 왔지.

조용한 자리에 다시 심어 놓으니,
이제 늘상 가지치고
꽃 피어 시들 줄 모르네.

이인국은
기회주의자일까?

지식인의 역할

꺼삐딴 리

전광용

이 작품은 일제 강점기에서 미 군정기에 이르는 혼란스런 시대를 배경으로 살아가는 한 의사의 이야기입니다.

주인공 이인국은 일제 시대 제국대학 의학부를 수석으로 졸업하고 일본 관리들을 주로 상대하면서 친일파로 성공합니다. 그러다 해방 이후 민족과 조국을 배반했다는 이유로 감옥에 갇히게 되고, 러시아어를 배우며 소련 고문관을 치료할 기회를 잡아 위기에서 벗어납니다. 그 후 미군이 득세할 때에는 미 대사관에 출입하면서 미국에 갈 기회를 엿봅니다. 일제 시대에는 집 안에서도 일본어만 쓰고, 소련이 진주했을 때는 러시아어를 배우고, 남하해서는 영어를 능통하게 구사하는 등 그때그때 시대 흐름에 따라 변신을 꾀하는 인물이지요.

이 소설에서 작가는 이인국의 삶에 대해 어떤 평가를 내리지 않고 그의 삶의 모습을 자세히 묘사해서 보여 줄 뿐입니다. 우리는 이 소설을 읽고 이인국을 비판할 수도 있고 변호할 수도 있습니다.

주인공 이인국은 당시로 보면 지식인이자 최상류층에 속하는 인물입니다. 이인국을 어떻게 볼 것인가의 문제는 지식인이란 무엇인가, 지식인이란 어떤 역할을 해야 하는가의 문제와 맞닿아 있습니다.

우리는 대개 공부를 왜 하느냐는 질문에 "좀 더 넉넉한 삶을 살기 위해서"라고 답합니다. 공부를 많이 한 사람에게 사회가 더 많은 혜택을 주기 때문에 공부를 많이 해서 그 혜택을 얻으려는 것이지요. 그러나 공부한 사람에게 사회가 더 많은 혜택을 주는 까닭에 대해서는 진지하게 고민해 보지 않습니다.

이인국의 행동을 평가하면서 지식인이란 어떤 존재인지, 지식인의 사회적 역할은 무엇인지, 그리고 개인의 행복과 사회적 책무는 양립할 수 있는 것인지 생각해 보도록 합시다.

수술실에서 나온 이인국 박사는 응접실 소파에 파묻히듯이 깊숙이 기대어 앉았다.

그는 백금 무테안경을 벗어 들고 이마의 땀을 닦았다. 등골에 축축이 밴 땀이 잦아들어감에 따라 피로가 스며 왔다. 두 시간 이십 분의 집도. 위장 속의 균종 적출. 환자는 아직 혼수상태에서 깨지 못하고 있다.

수술을 끝낸 찰나 스쳐 가는 육감 그것은 성공 여부의 적중률을 암시하는 계시 같은 것이다. 그러나 오늘은 웬일인지 뒷맛이 꺼림칙하다.

그는 항생질 의약품이 그다지 발달되지 않았던 일제 시대부터 개복▪ 수술에 최단 시간의 기록을 세웠던 것을 회상해 본다. 맹장염이나 포경수술, 그 정도의 것은 약과다. 젊은 의사들에게 맡겨 버리면 그만이다. 대수술의 경우에는 그렇게 방임할 수만은 없다. 환자 측에서도 대개 원장의 직접 집도를 조건부로 입원시킨다. 그는 그것을 자랑으로 삼아 왔고 스스로 집도하는 쾌감마저 느꼈었다.

그의 병원 부근은 거의 한 집 건너 병원이랄 수 있을 정도로 밀집한 지대다. 이름 없는 신설 병원 같은 것은 숫제 비 장날 시골 전방처럼 한산한 속에 찾아오는 손님을 기다리고 있는 형편이다.

그러나 이인국 박사는 일류 대학 병원에까지 손을 쓰지 못하여 밀려오는 급환자들 틈에 끼여 환자의 감별에는 각별한 신경을 쓰고 있다.

그것은 마치 여관 보이가 현관으로 들어서는 손님의 옷차림을 훑어보고 그 등급에 맞는 방을 순간적으로 결정하거나 즉석에서 서슴지 않고 거절하는 경우와 흡사한 것이라고나 할까.

이인국 박사의 병원은 두 가지의 전통적인 특징을 가지고 있다. 병원 안이 먼지 하나도 없이 정결하다는 것과, 치료비가 여느 병원의 갑절이나 비싸다는 점이다.

▪ 꺼삐딴 영어의 'captain'에 해당하는 러시아어. 8·15 직후 소련군이 북한에 진주하자 '까삐딴'이 '우두머리'니 '최고'라는 뜻으로 많이 쓰였는데, 그 발음이 와전되어 '꺼삐딴'으로 통용되었다.
▪ 개복(開腹) 수술을 하려고 배를 갈라서 엶.

그는 새로운 환자의 초진에서는 병에 앞서 우선 그 부담 능력을 감정하는 데서부터 시작한다. 신통치 않다고 느껴지는 경우에는 무슨 핑계를 대든, 그것도 자기가 직접 나서는 것이 아니라 간호원더러 따돌리게 하는 것이다.

그렇게 중환자가 아닌 한 대부분의 경우, 예진*은 젊은 의사들이 했다. 원장은 다만 기록된 진찰 카드에 따라 환자의 증세와 아울러 경제 정도를 판정하는 최종 진단을 내리면 된다.

상대가 지기*나 거물급이 아닌 한 외상이라는 명목은 붙을 수가 없었다. 설령, 있다 해도 이 양면 진단은 한 푼의 미수나 결손도 없게 한, 그의 인생을 통한 의술 생활의 신조요 비결이었다.

그러기에 그의 고객은, 왜정 시대는 주로 일본인이었고, 현재는 권력층이 아니면 재벌의 셈속에 드는 측들이어야만 했다.

그의 일과는 아침에 진찰실에 나오자 손가락 끝으로 창틀이나 탁자 위를 훑어 무테안경 속 움푹한 눈으로 응시하는 일에서 출발한다. 이때 손가락 끝에 먼지만 묻으면 불호령이 터지고, 간호원은 하루 종일 원장의 신경질에 부대껴야만 한다. 아무튼 그의 단골 고객들은 그의 정결한 결백성에 감탄과 경의를 표해 마지않는다.

1.4 후퇴 시 청진기가 든 손가방 하나를 들고 월남한 이인국 박사다. 그는 수복되자 재빨리 셋방 하나를 얻어 병원을 차렸다. 그러나 이제는 평당 오십만 환을 호가하는 도심지에 타일을 바른 이층 양옥을 소유하게 되었다. 그는 자기 전문인 외과 외에 내과, 소아과, 산부인과 등 개인 병원을 집결시켰다. 운영은 각자의 호주머니 셈속이었지만, 종합병원의 원장 자리는 의젓이 자기가 차지하고 있다.

……(중략)

■ **예진(豫診)** 환자의 병을 자세하게 진찰하기 전에 미리 간단하게 진찰하는 일. 또는 그렇게 하는 진찰.
■ **지기(知己)** 자기의 속마음을 참되게 알아주는 친구.

아무리 생각해도 그것은 분명 기적임에 틀림없는 일이었다. 간헐적으로 반복되어 공포와 감격을 함께 휘몰아치는 착잡한 추억. 늘 어제 일마냥 생생하기만 하다.

1945년 8월 하순.

아직 해방의 감격이 온 누리를 뒤덮어 소용돌이칠 때였다.

말복도 지난 날씨언만 여전히 무더웠다. 이인국 박사는 이 며칠 동안 불안과 초조에 휘둘려 잠도 제대로 자지 못했다. 무엇인가 닥쳐올 사태를 오들오들 떨면서 대기하는 상태였다.

그렇게 붐비던 환자도 얼씬하지 않고 쉴 사이 없던 전화도 뜸하여졌다. 입원실은 최후의 복막염 환자였던 도청의 일본인 과장이 끌려간 후 텅 비었다.

조수와 약제사는 궁금증이 나서 고향에 다녀오겠다고 떠나갔고 서울 태생인 간호원 혜숙만이 남아 빈집 같은 병원을 지키고 있었다.

이층 십 조 다다미방에 훈도시˙와 유카다˙ 바람에 뒹굴고 있던 이인국 박사는 견디다 못해 부채를 내던지고 일어났다.

그는 목욕탕으로 갔다. 찬물을 퍼서 대야째로 머리에서부터 몇 번이고 내리부었다. 등줄기가 시리고 몸이 가벼워졌다.

그러나 수건으로 몸을 닦으면서도 무엇인가 짓눌려 있는 것 같은 가슴속의 갑갑증을 가셔 낼 수는 없었다.

그는 창문으로 기웃이 한길 가를 내려다보았다. 우글거리는 군중들은 아직도 소음 속으로 밀려가고 있다.

굳게 닫혀 있는 은행 철문에 붙은 벽보가 한길을 건너 하얀 윤곽만이 두드러져 보인다.

아니 그곳에 씌어 있는 구절.

■ 훈도시(ふんどし) 일본에서 남자의 아랫도리를 가리는 폭이 좁고 긴 천.
■ 유카다(ゆかた) 일본에서 아래위에 걸쳐서 입는, 두루마기 모양의 긴 무명 홑옷.

'친일파 민족반역자를 타도하자.'

옆에 붉은 동그라미를 두 겹으로 친 글자가 그대로 눈앞에 선명하게 보이는 것만 같다.

어제 저물녘에 그것을 처음 보았을 때의 전율이 되살아왔다.

순간 이인국 박사는 방 쪽으로 머리를 획 돌렸다.

'나야 원 괜찮겠지…….'

혼자 뇌까리면서 그는 다시 부채를 들었다. 그러나 벽보를 들여다보고 있을 때 자기와 눈이 마주치는 순간, 일그러지는 얼굴에 경멸인지 통쾌인지 모를 웃음을 비죽거리면서 아래위로 훑어보던 그 춘석이 녀석의 모습이 자꾸만 머릿속으로 엄습하여 어두운 밤에 거미줄을 뒤집어쓴 것처럼 꺼림텁텁하기만 했다.

그깟 놈 하고 머리에서 씻어 버리려도 거머리처럼 자꾸만 감아붙는 것만 같았다.

벌써 육 개월 전의 일이다.

형무소에서 병보석으로 가출옥되었다는 중환자가 업혀서 왔다.

휑뎅그런 눈에 앙상하게 뼈만 남은 몸을 제대로 가누지도 못 하는 환자, 그는 간호원의 부축으로 겨우 진찰을 받았다.

청진기의 상아 꼭지를 환자의 가슴에서 등으로 옮겨 두 줄기의 고무줄에서 감득되는 숨소리를 감별하면서도, 이인국 박사의 머릿속은 최후 판정의 분기점을 방황하고 있었다.

입원시킬 것인가, 거절할 것인가…….

환자의 몰골이나 업고 온 사람의 옷매무새로 보아 경제 정도는 뻔한 일이라 생각되었다.

그러나 그것보다도 더 마음에 켕기는 것이 있었다. 일본인 간부급들이 자기 집처럼 들락날락하는 이 병원에 이런 사상범을 입원시킨다는 것은 관선 시의원이라는 체면에서도 떳떳지 못할뿐더러, 자타가 공인하는 모범적인 황국 신민[*]의 공든 탑이 하루아침에 무너지는 결과를 가져오는 것이라는 생각이 들었다.

순간 그는 이런 경우의 가부 결정에 일도양단하는 자기 식으로 찰나적인 단안을 내렸다.

그는 응급 치료만 하여 주고 입원실이 없다는 가장 떳떳하고도 정당한 구실로 애걸하는 환자를 돌려보냈다.

환자의 집이 병원에서 멀지 않은 건너편 골목 안에 있다는 것은 후에 간호원에게서 들었다. 그러나 그쯤은 예사로운 일이었기에 그는 그대로 아무렇지도 않게 흘려버렸다.

그런데 며칠 전 시민 대회 끝에 있은 해방 경축 시가행진을 자기도 흥분에 차 구경하느라고 혜숙이와 함께 대문 앞에 나갔다가, 자위대 완장을 두르고 대열에 끼인 젊은이와 눈이 마주쳤다.

이쪽을 노려보는 청년의 눈에서 불똥이 튀는 것 같은 살기를 느꼈다.

무슨 영문인지 모르고 어리벙벙하던 이인국 박사는, 그것이 언젠가 입원을 거절당한 사상범 환자 춘석이라는 것을 혜숙에게서 듣고야 슬금슬금 주위의 눈치를 살피며 집으로 기어들어 왔다.

그 후 그는 될 수 있는 대로 거리로 나가는 것을 피하였지마는 공교롭게도 어제 저녁에 그 벽보 앞에서 마주쳤었다.

갑자기 밖이 와자지껄 떠들어 대었다. 머리에 깍지를 끼고 비스듬히 누워서 갈피를 잡을 수 없는 생각에 골몰하던 이인국 박사는 일어나 앉아 한길 쪽에 귀를 기울였다. 들끓는 소리는 더 커 갔다. 궁금증에 견디다 못해 그는 엉거주춤 꾸부린 자세로 밖을 내다보았다. 포도[*]에 뒤끓는 사람들은 손에 손에 태극기와 적

■ 황국 신민(皇國臣民) 일제 강점기에. 천황이 다스리는 나라의 신하 된 백성이라 하여 일본이 자국민을 이르던 말.
■ 포도(鋪道) 포장도로.

기를 들고 환성을 올리고 있었다.

'무엇일까?'

그는 고개를 갸웃하며 다시 자리에 주저앉았다.

계단을 구르며 급히 올라오는 발자국 소리가 들려 왔다. 혜숙이다.

"아마 소련군이 들어오나 봐요. 모두들 야단법석이에요……."

숨을 헐떡이며 이야기하는 혜숙이의 말에 이인국 박사는 아무 대꾸도 없이 눈만 껌벅이며 도로 앉았다. 여러 날째 라디오에서 오늘 입성 예정이라고 했으니 인제 정말 오는가 보다 싶었다.

혜숙이 내려간 뒤에도 이인국 박사는 한참 동안 아무 거동도 못 하고 바깥쪽을 내다보고만 있었다.

무엇을 생각했던지 그는 움찔 자리에서 일어났다. 그러고는 벽장문을 열었다. 안쪽에 손을 뻗쳐 액자 틀을 끄집어내었다.

'국어상용國語常用의 가家'■

해방되던 날 떼어서 집어넣어 둔 것을 그동안 깜박 잊고 있었다. 그는 액자의 뒤를 열어 음식점 면허장 같은 두터운 모조지를 빼내어 글자 한 자도 제대로 남지 않게 손끝에 힘을 주어 꼼꼼히 찢었다.

이 종잇장 하나만 해도 일본인과의 교제에 있어서 얼마나 떳떳한 구실을 할 수 있었던 것인가. 야릇한 미련 같은 것이 섬광처럼 머릿속을 스쳐 갔다.

환자도 일본말 모르는 축은 거의 오는 일이 없었지만 대외 관계는 물론 집 안에서도 일체 일본말만을 써 왔다. 해방 뒤 부득이 써 오는 제 나라 말이 오히려 의사 표현에 어색함을 느낄 만큼 그에게는 거리가 먼 것이었다.

마누라의 솔선수범하는 내조지공도 컸지만 애들까지도 곧잘 지켜 주었기에

■ 여기서의 '국어'는 일제 시대의 일어를 뜻한다.

이 종잇장을 탄 것이 아니던가. 그것을 탄 날은 온 집안이 무슨 큰 경사나 난 것처럼 기뻐들 했었다.

"잠꼬대까지 국어로 할 정도가 아니면 이 영예로운 기회야 얻을 수 있겠소."

하던 국민총력연맹 지부장의 웃음 띤 치하 소리가 떠올랐다.

그 순간, 자기 자신은 아이들을 소학교부터 일본 학교에 보낸 것을 얼마나 다행으로 여겼던 것인가.

그는 후 한숨을 내뿜었다. 그리고는 저금통장의 잔액을 깡그리 내주던 은행 지점장의 호의에 새삼 고마움을 느끼는 것이었다.

그것마저 없었더라면……. 등골에 오싹하는 한기가 느껴왔다.

무슨 정치가 오든 그것만 있으면 시내 사람의 절반 이상이 굶어 죽기 전에야 우리 집 차례는 아니겠지. 그는 손금고가 들어 있는 안방 단스를 생각하면서 혼자 중얼거렸다.

이인국 박사는 무슨 일이 일어나도 꼭 자기만은 살아남을 것 같은 막연한 기대를 곱씹고 있다.

주위가 어두워 왔다.

지축이 흔들리는 것 같은 동요와 소름이 가까워졌다. 군중들의 환호성이 터져 나왔다. 만세 소리가 연방 계속되었다.

세상 형편을 알아보려고 거리에 나갔던 아내가 돌아왔다.

"여보, 당꾸 부대가 들어왔어요. 거리는 온통 사람들 사태가 났는데 집 안에 처박혀 뭘 하구 있어요……."

"뭘 하기는?"

"나가 보아요, 마우재가 들어왔어요……."

어둠 속에서 아내의 음성은 격했으나 감격인지 당황인지 알 길이 없었다.

■ 단스(ダンス) '장롱'을 가리키는 일본어.
■ 당꾸 탱크(tank)의 일본식 발음.
■ 마우재 '러시아인'을 가리키는 함경도 사투리.

'계집이란 저렇게 우둔하구두 대담한 것일까⋯⋯.'

이인국 박사는 엷은 어둠 속에서 마누라 쪽을 주시하면서 입맛을 다셨다.

"불두 엽때 안 켜구."

마누라가 전등 스위치를 틀었다. 이인국 박사는 백 촉 전등의 너무 환한 것이 못마땅했다.

"불은 왜 켜는 거요?"

"그럼 켜지 않구 캄캄한데⋯⋯. 자, 어서 나가 봅시다."

마누라가 이끄는 데 따라 이인국 박사는 마지 못하면서 시침을 떼고 따라나섰다.

헤드라이트의 눈부신 광선. 탱크 부대의 진주는 끝을 알 수 없이 계속되고 있다.

이인국 박사는 부신 불빛을 피하면서 가로수에 기대어 섰다. 박수와 환호성, 만세 소리가 그칠 줄 모르는 양안*을 끼고 탱크는 물밀듯 서서히 흘러간다. 위 뚜껑을 열고 반신을 내민 중대가리의 병정은 간간이 '우라아*하면서 손을 내흔들고 있다.

이인국 박사는 자기와는 아무 관련도 없는 이방 부대라는 환각을 느끼면서 박수도 환성도 안 나가는 멋적은 속에서 멍하니 쳐다보고만 있다. 그는 자기의 거동을 주시하지나 않나 해서 주위를 두리번거렸다.

그러나 아무도 그에게는 관심을 두는 일 없이 탱크를 향하여 목청이 터지도록 거듭 만세만 부르고 있지 않은가.

"어떻게 되겠지⋯⋯."

그는 밑도 끝도 없는 한마디를 뇌면서 유유히 집으로 들어왔다.

민요 뒤에 계속되던 행진곡이 그치고 주둔군 사령관의 포고문이 방송되고 있다.

이인국 박사는 라디오 앞에 다가앉아 귀를 기울였다.

시민의 생명 재산은 절대 보장한다. 각자는 안심하고 자기의 직장을 수호하

■ 양안(兩岸) 강이나 하천 따위의 양쪽 기슭.
■ 우라아 '만세'라는 뜻의 러시아어.

라. 총기, 일본도 등 일체의 무기 소지는 금하니 즉시 반납하라는 등의 요지였다.

그는 문득 단스 속에 넣어 둔 엽총에 생각이 미치었다. 그러면 저것도 바쳐야 하는 것일까. 영국제 쌍발, 손때 묻은 애완물같이 느껴져 누구에게 단 한 번 빌려 주지 않았던 최신형 특제품이다.

이인국 박사는 다이얼을 돌렸다. 대체 서울에서는 어떻게들 하고 있는 것일까.

거기도 마찬가지다. 민요가 아니면 행진곡이 나오고 그러다가는 건국준비위원회 누구인가의 연설이 계속된다.

대체 앞으로 어떻게 될 것인가 궁금증을 해결할 방법이 없다.

해방 직후 이삼일 동안은 자기도 태연하였지만 뻔질나게 드나들던 몇몇 친구들도 소련군 입성이 보도된 이후부터는 거의 나타나질 않는다. 그렇다고 자기 자신이 뛰어다니며 물을 경황은 더욱 없다.

밤이 이슥해서야 중학교와 국민학교를 다니는 아들딸이 굉장한 구경이나 한 것처럼 탱크와 로스케*의 이야기를 늘어놓으며 돌아왔다.

그들은 아버지의 심중은 아랑곳없다는 듯이 어머니, 혜숙이와 함께 저희들 이야기에만 꽃을 피우고 있었다.

이인국 박사는 슬그머니 일어나 이층으로 올라와 다다미방에서 혼자 뒹굴었다.

앞일은 대체 어떻게 전개될 것인지 뛰어넘을 수가 없는 큰 바다가 가로놓인 것만 같았다. 풀어낼 수 있는 실마리가 전연 다듬어지지 않는 뒤헝클어진 상념 속에서 그래도 이인국 박사는 꺼지려는 짚불을 불어 일으키는 심정으로 막연한 한 가닥의 기대만을 끝내 포기하지 않은 채 천장을 멍청히 쳐다보고만 있었다.

지난 일에 대한 뉘우침이나 가책 같은 건 아예 있을 수 없었다.

자동차 속에서 이인국 박사는 들고 나온 석간을 펼쳤다.

일면의 제목을 대강 훑고 난 그는 신문을 뒤집어 꺾어 삼면으로 눈을 옮겼다.

■ 로스케 러시아 사람을 낮잡아 이르는 말.

'북한 소련 유학생 서독으로 탈출'

바둑돌 같은 굵은 활자의 제목. 왼편 전단을 차지한 외신 기사, 손바닥만 한 사진까지 곁들여 있다.

그는 코허리에 내려온 안경을 올리면서 눈을 부릅떴다.

그의 시각은 활자 속을 헤치고 머릿속에는 아들의 환상이 뒤엉켜 들이차 왔다. 아들을 모스크바로 유학시킨 것은 자기의 억지에서였던 것만 같았다.

출신 계급, 성분, 어디 하나나 부합될 조건이 있었단 말인가. 고급 중학을 졸업하고 의과 대학에 입학된 바로 그해다.

이인국 박사는 그때나 지금이나 자기의 처세 방법에 대하여 절대적인 자신을 가지고 있다.

"애, 너 그 노어 공부를 열심히 해라."

"왜요?"

아들은 갑자기 튀어나오는 아버지의 말에 의아를 느끼면서 반문했다.

"야 원식아, 별수 없다. 왜정 때는 그래도 일본말이 출세를 하게 했고 이제는 노어가 또 판을 치지 않니. 고기가 물을 떠나서 살 수 없는 바에야 그 물속에서 살 방도를 궁리해야지. 아무튼 그 노서아 말 꾸준히 해라."

아들은 아버지 말에 새삼스러이 자극을 받는 것 같진 않았다.

"내 나이로도 인제 이만큼 뜨내기 회화쯤은 할 수 있는데, 새파란 너희 낫세˙로야 그걸 못 하겠니?"

"염려 마세요, 아버지……."

아들의 대답이 그에게는 믿음직스럽게 여겨졌다.

이인국 박사는 심각한 표정으로 말을 이었다.

■ **낫세** '나잇살'의 잘못.

70

"어디 코 큰 놈이라구 별것이겠니, 말 잘해서 진정이 통하기만 하면 그것들두 다 그렇지……."

이인국 박사는 끝내 스텐코프 소좌의 배경으로 요직에 있는 당 간부의 추천을 받아 아들의 소련 유학을 결정짓고야 말았다.

"여보, 보통으로 삽시다. 거저 표나지 않게 사는 것이 이런 세상에선 가장 편안할 것 같아요, 이제 겨우 죽을 고비를 면했는데 또 쟤까지 그 '높이 드는' 복판에 휘몰아 넣으면 어쩔라구……."

"가만있어요, 호랑이두 굴에 가야 잡는 법이오. 무슨 세상이 되든 할 대로 해 봅시다."

"그래도 저 어린것을 어떻게 노서아까지 보낸단 말이오."

"아니, 중학교 애들도 가지 못해 골들을 싸매는데, 대학생이 못 가 견딜라구."

"그래도 어디 앞일을 알겠소……."

"괜한 소리, 쟤가 소련 바람을 쏘이구 와야 내게 허튼소리 하는 놈들도 찍소리를 못 할 거요. 어디 보란 듯이 다시 한 번 살아 봅시다."

아들의 출발을 앞두고, 걱정하는 마누라를 우격다짐으로 무마시키고 그는 아들의 유학을 관철하였다.

'흥, 혁명 유가족두 가기 힘든 구멍을 이인국의 아들이 뚫었으니 어디 두구 보자…….'

그는 만장의 기염을 토하며 혼자 중얼거리고는 희망에 찬 미소를 풍겼다.

그 다음 해에 사변이 터졌다.

잘 있노라는 서신이 계속하여 왔지만 동란 후 후퇴할 때까지 소식은 두절된 대로였다.

마누라의 죽음은 외아들을 사지로 보낸 것 같은 수심에도 그 원인이 있었다고 그는 생각하고 있다.

이인국 박사는 신문 다찌끼리[*] 속에 채워진 글자를 하나도 빼지 않고 다 훑어 내려갔다.

그러나 아들의 이름에 연관되는 사연은 한마디도 없었다.

'이 자식은 무얼 꾸물꾸물하느라고 이런 축에도 끼지 못 한담……. 사태를 판별하고 임기응변의 선수를 쓸 줄 알아야지, 맹추같이…….'

그는 신문을 포개어 되는대로 말아 쥐었다.

'개천에서 용마가 난다는데 이건 제 애비만도 못한 자식이야.'

그는 혀를 찍찍 갈겼다.

'어쩌면 가족이 월남한 것조차 모르고 주저하고 있는 것이나 아닐까. 아니 이제는 그쪽에도 소식이 가서 제게도 무언중의 압력이 퍼져 갈 터인데……. 역시 고지식한 놈이 아무래도 모자라…….'

그는 자동차에서 내리자 건 가래침을 내뱉었다.

'독또오루 리, 내가 책임지고 보장하겠소. 아들을 우리 조국 소련에 유학시키시오.'

스텐코프의 목소리가 고막에 와 부딪는 것만 같았다.

자위대가 치안대로 바뀐 다음 날이다. 이인국 박사는 치안대에 연행되었다.

시멘트 바닥에 무릎을 꿇고 앉은 그는 입술이 파랗게 질려 있었다. 하반신이 저려 오고 옆구리가 쑤신다. 이것만으로도 자기의 생애를 통한 가장 큰 고역이라고 그는 생각하고 있다. 그러나 그것보다는 앞으로 닥쳐올 예기할 수 없는 사태가 공포 속에 그를 휘몰았다.

지나가고 지나오는 구둣발 소리와 목덜미에 퍼부어지는 욕설을 들으면서 꺽이듯이 축 늘어진 그의 머리는 들릴 줄을 몰랐다.

시간만이 흘러가고 있었다.

■ 다찌끼리(タチキリ) 조각면. 흔히 '박스 기사'라고 한다.

그의 머릿속에는 짓눌렸던 생각들이 하나씩 꼬리를 치켜들기 시작했다.

'이럴 줄 알았더라면 어디든지 가 숨거나, 진작 남으로라도 도피했을 걸……. 그러나 이 판국에 나를 감싸줄 사람이 어디 있담. 의지할 곳은 다 나와 같은 코스를 밟았거나 조만간에 밟을 사람들이 아닌가. 일본인! 가장 믿었던 성벽이 다 무너지고 난 지금 누구를…….'

'그래도 어떻게 되겠지…….'

이 막연한 기대는 절박한 이 순간에도 그에게서 완전히 떠나 버리지는 않았다.

'다행이다. 인민재판의 첫코에 걸리지 않은 것만 해도. 끌려간 사람들의 행방은 전연 알 길이 없다. 즉결 처형을 당하였다는 소문도 떠돈다. 사흘의 여유만 더 있었더라면 나는 이미 이곳을 떴을지도 모른다. 다 운명이다. 아니 그래도 무슨 수가 있겠지…….'

"쪽발이 끄나풀, 야 이 새끼야."

고함 소리에 놀라 이인국 박사는 흠칫 머리를 들었다.

때도 묻지 않은 일본 병사 군복에 완장을 찬 젊은이가 쏘아보고 있다. 춘석이다.

이인국 박사는 다시 쳐다볼 힘도 없었다. 모든 사태는 짐작되었다.

이제는 죽는구나, 그는 입속으로 뇌까렸다.

"왜놈의 밑바시, 이 개새끼야."

일본 군용화가 그의 옆구리를 들이찬다.

"이 새끼, 어디 죽어 봐라."

구둣발은 앞뒤를 가리지 않고 전신을 내지른다.

등골 척수에 다급한 충격을 받자 이인국 박사는 비명을 지르고 꼬꾸라졌다.

그는 현기증을 일으켰다. 어깻죽지를 끌어 바로 앉혀도 몸을 가누지 못하고 한쪽으로 쓰러졌다.

"민족과 조국을 팔아먹은 이 개돼지 같은 놈아, 너는 총살이야, 총살……."

■ 밑바시 '음식 찌꺼기'를 가리키는 함경도 사투리.

어렴풋이 꿈속에서처럼 들려 왔다. 그러나 그에게는 그 말도 아무런 반향을 일으키지 못 했다.

시간이 얼마나 흘렀을까, 자기 앞자락에서 부스럭거리는 감촉과 금속성의 부닥거리는 소리를 듣고 어렴풋이 정신을 차렸다.

노란 털이 엉성한 손목이 시곗줄을 끄르고 있다. 그는 반사적으로 앞자락의 시계 주머니를 부둥켜 쥐면서 손의 임자를 힐끔 쳐다보았다. 눈동자가 파란 중 대가리 소련 병사가 시곗줄을 거머쥔 채 이빨을 드러내고 히죽이 웃고 있다.

그는 두 손으로 있는 힘을 다해 양복 안주머니를 감싸 쥐었다.

"흥…… 야뽄스끼*……."

병사의 눈동자는 점점 노기를 띠어 갔다.

"아니, 이것만은!"

그들의 대화는 서로 통하지 않는 대로 손아귀와 눈동자의 대결은 그대로 지속되고 있다.

병사는 됫박만 한 손으로 이인국 박사의 손을 뿌리치면서 시계를 채어 냈다. 시곗줄은 끊어져 고리가 달린 끝머리가 이인국 박사의 손가락 끝에서 달랑거렸다.

병사는 밖으로 나가 버렸다.

'죽음과 시계…….'

이인국 박사는 토막 난 푸념을 되풀이하고 있다.

양쪽 팔목에 팔뚝시계를 둘씩이나 차고도 만족이 안 가 자기의 회중시계까지 앗아 가는 그 병정의 모습을 머릿속에 똑똑히 되새겨 갈 뿐이다.

감방 속은 빼곡히 찼다.

그러나 고참자와 신입자의 서열은 분명했다. 달포가 지나는 사이에 맨 안쪽 똥통 위에 자리 잡았던 이인국 박사는 삼분지 이의 지점으로 점차 승격되었다.

■ 야뽄스끼(ヤポンスキー) 일본인.

74

그는 하루 종일 말이 없었다. 범인 속에 섞여 있던 감방 밀정이 출감된 다음 날부터 불평만을 늘어놓던 축들이 불려 나가 반송장이 되어 들어왔지만, 또 하루 이틀이 지나자 감방 속의 분위기는 여전히 불평과 음식 이야기로 소일되었다.

이인국 박사는 자기의 죄상이라는 것을 폭로하기도 싫었지만 예전에 고등계 형사들에게서 실컷 얻어들은 지식이 약이 되어 함구령*이 지상 명령이라는 신념을 일관하고 있었다.

그는 간밤에 출감한 학생이 내던지고 간 노어 회화책을 첫 장부터 곰곰이 뒤지고 있을 뿐이다.

등골이 쏘고 옆구리가 결려 온다. 이것으로 고질이 되는가 하는 생각이 없지 않다. 아침저녁으로 기온이 사뭇 내려가고 있다. 아무리 체념한다면서도 초조감을 막을 길 없다.

노어 책을 읽으면서도 그의 청각은 늘 감방 속의 이야기를 놓치지 않고 있다.

그들이 예측하는 식대로의 중형으로 치른다면 자기의 죄상은 너무도 어마어마하다. 양곡 조합의 쌀을 몰래 팔아먹은 것이 칠 년, 양민을 강제로 보국대*에 동원했다는 것이 십 년, 감정적인 즉결이 아니라 법에 의한 처단이라고 내대지만 이 난리 판국에 법이고 뭐고 있을까. 마음에만 거슬리면 총살일 판인데…….

'친일파, 민족 반역자, 반일 투사 치료 거부, 일제의 간첩 행위…….'

이건 너무도 어마어마한 죄상이다. 취조할 때 나열하던 그대로 한다면 고작해야 무기 징역, 사형감일지도 모른다.

그는 방 안을 둘러보며 후 큰숨을 내쉬었다.

처마 밑에 바싹 달라붙은 환기창에서 들이비치던 손수건만 한 햇살이 참대자처럼 길어졌다가 실오리만큼 가늘게 떨리며 사라졌다. 그 창살을 거쳐 아득히 보이는 가을 하늘이 잊었던 지난 일을 한 덩어리로 얽어 휘몰아 오곤 했다. 가슴

■ 함구령(緘口令) 어떤 일의 내용을 말하지 말라는 명령.
■ 보국대(報國隊) 일제 강점기에, 우리나라 사람을 강제 노동에 동원하기 위하여 만든 노무대.

이 찌릿했다.

밖의 세계와는 영원한 단절이다.

그는 눈을 감았다. 마누라, 아들, 딸, 혜숙이, 누구누구⋯⋯. 그러다가 외과계의 원로 이인국 박사에 이르자, 목구멍이 타는 것같이 꽉 막혔다.

그는 헛기침을 하고 침을 삼켰다.

'그럼, 어쩐단 말이야, 식민지 백성이 별수 있었어. 날구뛴들 소용이 있었느냐 말이야, 어느 놈은 일본놈한테 아첨을 안 했어. 주는 떡을 안 먹은 놈이 바보지. 흥, 다 그놈이 그놈이었지.'

이인국 박사는 자기변명을 합리화시키고 나면 가슴이 좀 후련해 왔다.

거기다 어저께의 최종 취조 장면에서 얻은 소련 고문관의 표정은 그에게 일루의 희망을 던져 주는 것이 있었다. 물론 그것이 억지의 자위일지도 모른다고 생각되었지만.

아마 스텐코프 소좌라고 했지. 그 혹부리 장교. 직업이 의사라고 했을 때, 독또오루 하고 고개를 기웃거리던 순간의 표정, 그것이 무슨 기적의 예시 같기만 했다.

이인국 박사는 신음 소리에 놀라 눈을 떴다.

복도에 켜져 있는 엷은 전등불 빛이 쇠창살을 거쳐 방 안에 줄무늬를 놓으며 비쳐 들어왔다. 그는 환기창 쪽을 올려다보았다. 아직도 동도 트지 않은 깜깜한 밤이다.

생똥 냄새가 코를 찌른다. 바짓가랑이 한쪽이 축축하다. 만져 본 손을 코에 갖다 댔다. 구역질이 난다. 역시 똥냄새다.

옆에 누운 청년의 앓는 소리는 계속되고 있다. 찬찬히 눈여겨보았다. 청년 궁둥이도 젖어 있다.

'설산가 부다.'

그는 살창문을 흔들며 교화소원을 고함쳐 불렀다.

"뭐야!"

자다가 깬 듯한 흐린 소리가 들려왔다.

"환자가…… 이거, 이거 봐요."

창살 사이로 들여다보는 소원의 얼굴은 역광 속에서 챙 붙은 모자 밑의 둥그스름한 윤곽밖에 알려지지 않는다.

이인국 박사는 청년의 궁둥이께를 손가락으로 가리키며 들여다보고 있다.

"이거, 피로군, 피야."

그는 그제서야 붉은빛을 발견하곤 놀란 소리를 쳤다.

"적리야, 이질……."

그는 직업의식에서 떠오르는 대로 큰 소리를 질렀다.

"뭐, 적리?"

바깥 소리는 확실히 납득이 안 간 음성이다.

"피똥 쌌소, 피똥을……. 이것 봐요."

그는 언성을 더욱 높였다.

"응, 피똥……."

아우성 소리에 감방 안의 사람들은 하나 둘 눈을 뜨며 저마다 놀란 소리를 쳤다.

"적리, 이거 전염병이오, 전염병."

"뭐 전염병……."

그제서야 교화소원이 문을 열고 들어왔다.

얼마 후 환자는 격리되었고 남은 사람들은 똥을 닦느라고 한참 법석을 치고 다시 잠을 불러일으키질 못했다.

이튿날 미결감™ 다른 감방에서 또 같은 증세의 환자가 두셋 발생했다. 날이 갈수록 환자는 늘기만 했다.

이 판국에 병만 나면 열의 아홉은 죽는 길밖에 없다고 생각한 이인국 박사는 새로운 위협에 사로잡히기 시작했다.

■ 미결감(未決監) 아직 판결이 나지 않은 피의자를 가두어 두는 감방.

저녁 후 이인국 박사는 고문관실로 불려 나갔다.

"동무는 당분간 환자의 응급 치료실에서 일하시오."

이게 무슨 청천벽력 같은 기적일까, 그는 통역의 말을 의심했다. 소련 장교와 통역관을 번갈아 쳐다보고 있는 그의 눈동자는 생기를 띠어 갔다.

"알겠소 엥……?"

"네."

다짐에 따라 이인국 박사는 기쁨을 억지로 감추며 평범한 어조로 대답했다.

'글쎄 하늘이 무너져도 솟아날 구멍은 있다니까.'

그는 아무 표정도 나타내지 않으려고 이를 악물었다.

죽어 넘어진 송장이 개 치우듯 꾸려져 나가는 것을 보고 이인국 박사는 꼭 자기 일같이만 느껴졌다.

"의사, 이것은 나의 천직이다."

그는 몇 번이고 감격에 차 중얼거렸다. 그는 있는 힘을 다해 자기 담당의 환자를 치료했다. 이러한 일은 그의 실력이 혹부리 고문관의 유다른 관심을 끌게 한 계기를 만들어 주었다.

사상범을 옥사시키는 경우는 책임자에게 큰 문책이 온다는 것은 훨씬 후에야 그가 안 일이다.

소련 군의관에게 기술이 인정된 이인국 박사는 계속 병원에서 근무하게 되었다. 그러나 죄상 처벌의 결말에 대하여는 알 길이 없었다.

그는 이 절호의 기회를 최대한으로 활용하고 싶었다. 이제는 죽어도 한이 없을 것만 같았다.

어떻게 하여 이 보이지 않는 구속에서까지 완전히 벗어날 수는 없을까.

그는 환자의 치료를 하면서도 늘 스텐코프의 왼쪽 뺨에 붙은 오리알만 한 혹을 생각하고 있었다.

불구라면 불구로 볼 수 있는 그 혹을 가지고 고급 장교에까지 승진했다는 것은, 소위 말하는 당성이 강하거나 그렇지 않으면 전공이 특별했음에 틀림없다는 생각이 들었다.

그것 하나만 물고 늘어지면 무엇인가 완전히 살아날 틈바귀가 생길 것만 같았다.

이인국 박사의 뜨내기 노어도 가끔 순시하는 스텐코프와 인사말을 주고받을 수 있을 정도로 진전되었다.

이 안에서의 모든 독서는 금지되었지만 노어 교본과 당사만은 허용되었다.

이인국 박사는 마치 생명의 열쇠나 되는 듯이 초보 노어 책을 거의 암송하다시피 했다.

크리스마스를 전후하여 장교들의 주연이 베풀어지는 기회가 거듭되었다. 얼근히 주기를 띤 스텐코프가 순시를 돌았다.

이인국 박사는 오늘의 이 기회를 놓치지 않겠다고 마음먹었다.

수일 전 소군 장교 한 사람이 급성 맹장염이 터져 복막염으로 번졌다.

그 환자의 실을 뽑는 옆에 온 스텐코프에게 이인국 박사는 말 절반 손짓 절반으로 혹을 수술하겠다는 의사를 표명했다.

스텐코프는 '하라쇼'를 연발했다.

그 후 몇 번 통역을 사이에 두고 수술 계획에 대한 자세한 의사를 진술할 기회가 생겼다.

이인국 박사는 일본인 시장의 혹을 수술하던 일을 회상하면서 자신 있는 설복을 했다.

'동경 경응대학 병원에서도 못 하겠다는 것을 내가 거뜬히 해치우지 않았던가.'

그는 혼자 머릿속에서 자문자답하면서 이번 일에 도박 같은 심정으로 생명을 걸었다.

소련 군의관을 입회시키고 몇 차례의 예비 진단이 치러졌다.

■ 당사(黨史) 정당사. 정당의 역사를 기록한 책.
■ 하라쇼 '좋습니다' '알았습니다'를 뜻하는 러시아어.

수술일은 왔다.

이인국 박사는 손에 익은 자기 병원의 의료 기재를 전부 운반하여 오게 했다.

군의관 세 사람이 보조하기로 했지만 집도는 이인국 박사 자신이 했다. 야전 병원의 젊은 군의관들이란 그에게 있어선 한갓 풋내기로밖에 보이지 않았다.

그는 수술을 진행하는 동안 그들 군의관들을 자기 집 조수 부리듯 했다. 집도 이후의 수술대는 완전히 자기 전단하의 왕국이라고 생각되었다.

그러나 아까 수술 직전에 사인한, 실패되는 경우에는 총살에 처한다는 서약서가 통일된 정신을 순간순간 흐려 놓곤 한다.

수술대에 누운 스텐코프의 침착하면서도 긴장에 찼던 얼굴, 그것도 전신 마취가 끝난 후 삼 분이 못 갔다.

간호부는 가제로 이인국 박사의 이마에 내맺힌 땀방울을 연방 찍어내고 있다.

기구가 부딪는 금속성과 서로의 숨소리만이 고촉의 반사등이 내리비치는 방 안의 질식할 것 같은 침묵을 헤살＊ 짓고 있다.

수술은 예상 이상의 단시간으로 끝났다.

위생복을 벗은 이인국 박사의 전신은 땀으로 흠뻑 젖었다.

완치되어 퇴원하는 날 스텐코프는 이인국 박사의 손을 부서져라 쥐면서 외쳤다.

"꺼비딴 리, 스바씨보.＊"

이인국 박사는 입을 헤벌리고 웃기만 했다. 마음의 감옥에서 해방된 것만 같았다.

"아진, 아진…… 오첸 하라쇼.＊"

스텐코프는 엄지손가락을 높이 들면서 네가 첫째라는 듯이 이인국 박사의 어깨를 치며 찬양했다.

■ 헤살 남의 일을 짓궂게 훼방하는 짓.
■ 스바씨보 '고맙다'는 뜻의 러시아어.
■ 아진 아진 오첸 하라쇼 '아주 아주 참으로 좋다'는 뜻의 러시아어.

다음 날 스텐코프는 이인국 박사를 자기 방으로 불렀다.

그가 이인국 박사에게 스스로 손을 내밀어 예절적인 악수를 청한 것은 이것이 처음이었다.

'적과 적이 맞부딪치면서 이렇게 백팔십도로 전환될 수가 있을까. 노랑 대가리도 역시 본심에서는 하나의 인간임에는 틀림없는 것이 아닌가.'

"내일부터는 집에서 통근해도 좋소."

이인국 박사는 막혔던 둑이 터지는 것 같은 큰숨을 삼켜 가면서 내쉬었다. 이번에는 이인국 박사가 스텐코프의 손을 잡았다.

"스바씨보, 스바씨보."

"혹 나한테 무슨 부탁이 없소?"

이인국 박사는 문득 시계가 머리에 떠올랐다. 그러면서도 곧이어 이 마당에 그런 이야기를 꺼낸다는 것은 오히려 꾀죄죄하게 보이지 않을까 하는 생각이 뒤따랐다. 그러나 아무래도 그 미련이 가셔지지 않았다.

이인국 박사는 비록 찾지 못 하는 경우가 있더라고 솔직히 심중을 털어놓으리라고 마음먹었다.

그는 통역의 보조를 받아 가며 시간과 장소를 정확히 회상하면서 시계를 약탈당한 경위를 상세히 설명했다.

스텐코프는 혹이 붙었던 뺨을 쓰다듬으면서 긴장된 모습으로 듣고 있었다.

"염려 없소, 독또오루 리. 위대한 붉은 군대가 그럴 리가 없소. 만약 있었다 하더라도 그것은 무슨 착각이었을 것이오. 내가 책임지고 찾도록 하겠소."

스텐코프의 얼굴에 결의를 띤 심각한 표정이 스쳐 가는 것을 이인국 박사는 똑바로 쳐다보았다.

'공연한 말을 끄집어내어 일껏 잘 되어 가는 일에 부스럼을 만드는 것은 아닐까.'

그는 솟구치는 불안과 후회를 짓눌렀다.

"안심하시오, 독또오루 리, 하하하."

스텐코프는 큰 웃음으로 넌지시 말끝을 막았다.

이인국 박사는 죽음의 직전에서 풀려나 집으로 향했다.

어느 사이 저렇게 노어로 의사 표시를 할 수 있게 되었느냐고 스텐코프가 감탄하더라는 통역의 말을 되뇌면서……

차가 브라운 씨의 관사 앞에 닿았다.

성조기를 보면서 이인국 박사는 그날의 적기와 돌려 온 시계를 생각했다.

응접실에 안내된 이인국 박사는 주인이 나오기를 기다리면서 방 안을 둘러보았다. 대사관으로는 여러 번 찾아갔지만 집으로 찾아온 것은 이번이 처음이다.

삼 년 전 딸이 미국으로 갈 때부터 신세 진 사람이다.

벽 쪽 책꽂이에는 『이조실록』, 『대동야승』 등 한적˙이 빼곡히 차 있고 한쪽에는 고서의 질책˙이 가지런히 쌓여져 있다.

맞은편 책상 위에는 작은 금동 불상 곁에 몇 개의 골동품이 진열되어 있다. 십이 폭 예서 병풍 앞 탁자 위에 놓인 재떨이도 세월의 때 묻은 백자기다.

저것들도 다 누군가가 가져다준 것이 아닐까 하는 데 생각이 미치자 이인국 박사는 얼굴이 화끈해졌다.

그는 자기가 들고 온 상감진사 고려청자 화병에 눈길을 돌렸다. 사실 그것을 내놓는 데는 얼마간의 아쉬움이 없지 않았다. 국외로 내보낸다는 자책감 같은 것은 아예 생각해 본 일이 없는 그였다. 차라리 이인국 박사에게는 저렇게 많으니 무엇이 그리 소중하고 달갑게 여겨지겠느냐는 망설임이 더 앞섰다.

브라운 씨가 나오자 이인국 박사는 웃으며 선물을 내어놓았다. 포장을 풀고 난 브라운 씨는 만면에 미소를 띠며 기쁨을 참지 못 하는 듯 댕큐를 거듭 부르짖었다.

"참 이거 귀중한 것입니다."

■ 한적(漢籍) 한문으로 쓴 책.
■ 질책(帙冊) 여러 권으로 한 벌을 이루는 책.

"뭐 대단한 것이 아닙니다만 그저 제 성의입니다."

이인국 박사는 안도감에 잇닿는 만족을 느끼면서 브라운 씨의 기쁨에 맞장구를 쳤다.

브라운 씨가 영어 반 한국말 반으로 섞어 하는 이야기를 들으면서 이인국 박사는 흐뭇한 기분에 젖었다.

"닥터 리는 영어를 어디서 배웠습니까?"

"일제 시대에 일본말 식으로 배웠지요. 예를 들면 '잣도 이즈 아 캣도' 식으루요."

"그런데 지금 발음은 좋은데요. 문법이 아주 정확한 스탠더드 잉글리시입니다."

그는 이 말을 들을 때 문득 스텐코프의 말이 연상됐다. 그러고 보면 영국에 조상을 가진다는 브라운 씨는 아르(R) 발음을 그렇게 나타내지 않는 것 같게 여겨졌다.

"얼마 전부터 개인 교수를 받고 있습니다."

"아, 그렇습니까?"

이인국 박사는 자기의 어학적 재질에 은근히 자긍을 느꼈다.

브라운 씨가 부엌 쪽으로 갔다 오더니 양주 몇 병이 놓인 쟁반이 따라 나왔다.

"아무거라도 마음에 드는 것으로 하십시오."

이인국 박사는 보드카 한 잔을 신통한 안주도 없이 억지로라도 단숨에 들이켜야 속 시원해하던 스텐코프를 브라운 씨 얼굴에 겹쳐 보고 있다.

그는 혈압 때문에 술을 조절해야 하는 자기 체질에 알맞게 스카치 잔을 핥듯이 조금씩 목을 축이면서 브라운 씨의 이야기를 기다렸다.

"그거, 국무성에서 통지 왔습니다."

이인국 박사는 뛸 듯이 기뻤으나 솟구치는 흥분을 억제하면서 천천히 손을 내밀어 악수를 청했다.

"댕큐, 댕큐."

어쩌면 이것은 수술 후의 스텐코프가 자기에게 하던 방식 그대로인지도 모른다는 생각이 들었다.

이인국 박사는 지성이면 감천이라고, 나의 처세법은 유에스에이에도 통하는구나 하는 기고만장한 기분이었다.

청자 병을 몇 번이고 쓰다듬으면서 술잔을 거듭하는 브라운 씨도 몹시 즐거운 기분이었다.

"미국에 가서의 모든 일도 잘 부탁합니다."

"네, 염려 마십시오. 떠나실 때 소개장을 써 드리지요."

"감사합니다."

"역사는 짧지만, 미국은 지상의 낙토입니다. 양국의 우호와 친선에 도움이 되기를 바랍니다."

"땡큐……."

다음 날 휴전선 지대로 같이 수렵하러 가기로 약속하고 이인국 박사는 브라운 씨 대문을 나섰다.

이번 새로 장만한 영국제 쌍발 엽총의 짙푸른 총신을 머리에 그리면서 그의 몸은 날기라도 할 듯이 두둥실 가벼웠다. 이인국 박사는 아까 수술한 환자의 경과가 궁금했으나 그것은 곧 씻겨져 갔다.

그의 마음속에는 새로운 포부와 희망이 부풀어 올랐다.

신체 검사는 이미 끝난 것이고 외무부 출국 수속도 국무성 통지만 오면 즉일될 수 있게 담당 책임자에게 교섭이 되어 있지 않은가? 빠르면 일주일 내에 떠나게 될지도 모른다는 브라운 씨의 말이 떠올랐다.

대학을 갓 나와 임상 경험도 신통치 않은 것들이 미국에만 갔다 오면 별이라도 딴 듯이 날치는 꼴이 눈꼴사나웠다.

'어디 나두 댕겨오구 나면 보자!'

문득 딸 나미와 아들 원식의 얼굴이 한꺼번에 망막으로 휘몰아 왔다. 그는 두 주먹을 불끈 쥐며 얼굴에 경련을 일으키듯 긴장을 띠다가 어색한 미소를 흘려보냈다.

'흥, 그 사마귀 같은 일본 놈들 틈에서도 살았고, 닥싸귀[■] 같은 로스케 속에서도 살아났는데, 양키라고 다를까……. 혁명이 일겠으면 일구, 나라가 바뀌겠으면 바뀌구, 아직 이 이인국의 살 구멍은 막히지 않았다. 나보다 얼마든지 날뛰던 놈들도 있는데, 나쯤이야…….'

그는 허공을 향하여 마음껏 소리치고 싶었다.

'그러면 우선 비행기 회사에 들러 형편이나 알아볼까…….'

이인국 박사는 캘리포니아 특산 시가를 비스듬히 문 채 지나가는 택시를 불러 세웠다.

그는 스프링이 튈 듯이 복스에 털썩 주저앉았다.

"반도 호텔로……."

차창을 거쳐 보이는 맑은 가을 하늘은 이인국 박사에게는 더욱 푸르고 드높게만 느껴졌다.

■ **닥싸귀** '도꼬마리'의 함경도 사투리. 국화과의 한해살이풀로 열매에 갈고리 같은 가시가 있다.

❝이인국은 기회주의자일까?❞

1. 다음 인물의 행동과 태도에 대하여 자신의 의견을 말하고 그렇게 생각한 까닭을 이야기해 봅시다.

• 이인국은 일제 시대에 병원을 운영하면서 경제적 능력이 있는 사람 위주로 환자를 받아들였다.

의견1 : 정당하다고 생각한다.

근거 : 병원 밀집 지역에서 병원을 운영하기 위해 어쩔 수 없는 일이었다. 더구나 당시는 일제 시대로 많은 환자들이 경제적 능력이 없었을 텐데, 그런 사람들을 모두 적은 돈을 받거나 무상으로 치료했더라면 병원 문을 닫아야 하는 상황이 도래했을 것이다.

의견2 : 자기 이익만을 추구한, 그릇된 행동이다.

근거 : 의사라면 마땅히 경제적 능력을 따지기에 앞서 아픈 사람을 돌보고, 생명을 구하는 것을 우선시해야 한다.

• 이인국은 병보석으로 가출옥된 반일 투사를 응급 치료만 하고 입원실이 없다는 구실로 돌려보냈다.

의견 :

근거 :

• 이인국은 소련군 주둔 시절 총살 위험을 무릅쓰고 스텐코프의 혹을 수술하였다.

의견 :

근거 :

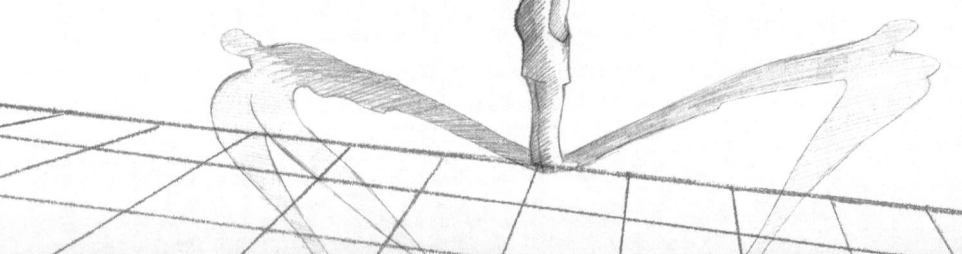

- 이인국은 미 대사관의 브라운 씨를 찾아가 뇌물을 제공하고 미국으로 갈 기회를 잡았다.

  의견 :

  근거 :

2. 다음 쟁점에 대하여 자신의 입장을 정하고 근거를 제시해 봅시다.

   쟁점1 이인국은 친일파이다.

입장	그렇다	아니다
근거		

   쟁점2 이인국의 외국어 사용은 문제가 있다.

입장	그렇다	아니다
근거		

   쟁점3 이인국은 진정한 지식인이라 할 수 없다.

입장	그렇다	아니다
근거		

이인국 박사는 마땅히 비난받아야 한다고 생각해. 시대 흐름에 따라 카멜레온같이 변신하면서 오직 자기 이익만 추구하잖아.

이인국 박사를 무조건 비난할 수 있을까? 이인국 박사는 급변하는 시대에 자기 나름대로 적응하면서 열심히 살아간 사람일 뿐이야.

일제 시대에는 황국신민이 되어 일제에 협력하느라 일본말만 쓰면서 일제로부터 표창을 받질 않나, 병원에 찾아온 독립운동가는 매몰차게 내쫓아 버렸지, 감옥에 갇혔을 때에도 자신이 잘못했던 일은 조금도 반성하지 않고 그저 살아남을 궁리만 하느라 소련말을 배우고, 결국 소련 고문관의 환심을 사서 살아났잖아. 또 미군이 득세하게 되자 바로 영어를 배우고 미 대사관에 선물을 들고 쫓아다니면서 미국에 갈 기회나 엿보는 그런 사람을 '나름대로 열심히 산 사람'이라고 평가할 수는 없다고 봐. 철저한 이기주의자이고 기회주의자일 뿐이야.

이인국 박사가 그렇게 된 데에는 이인국 박사 개인의 책임이라기보다 그 시대가 목숨을 부지하면서 살기에도 어려운 혼란스러운 시대였기 때문이라 생각해. 만일 이인국 박사가 독립운동가를 치료하는 일을 했더라면 곧바로 감옥행이 되었을 게 뻔해. 해방 후에 감옥에 갇

혀 있을 때에도 소련말을 배우면서 살아갈 기회를 엿보았기 때문에 겨우 목숨을 건질 수 있었던 것이고. 스텐코프의 혹 수술을 감행한 것도 보통 사람이라면 겁이 나서 그렇게 하지 못했을 거야. 실패할 경우에는 총살을 당할 수도 있었는데, 살아날 기회는 그 수술밖에 없으니까 그렇게 한 거잖아. 이인국 박사는 자기 목숨을 부지하기 위해 어쩔 수 없는 선택을 하고 또 목숨을 건 용기도 냈던 거야.

하지만 이인국 박사는 단지 목숨을 부지하기 위해서라기보다 자기의 이익을 극대화하기 위해 일제에 협력하고 소련군과 미군에 아첨했던 거잖아. 나라를 잃고 외세에 억눌리는 것에 대해서는 조금의 고민도 갈등도 없이 오로지 어떻게 하면 돈을 많이 벌까만 고민하는 사람을 두둔할 수는 없어. 그 시대에 모두가 이인국 박사처럼 자기 이익만을 추구했다면 우리나라가 독립을 되찾는 일도 없었을 거야.

이인국 박사가 나라를 팔아넘긴 것도 아니고, 단지 자기 살길을 찾아 살아갔을 뿐인데 매국노인 듯 비난하는 것은 너무 가혹하다고 생각해. 또 이인국 박사가 그만한 지위와 부를 얻은 것은 거저 된 것이 아니라 끊임없는 노력 때문이었어. 외국어를 유창하게 구사하

기까지, 또 자기 의술을 최고로 만들기까지 남보다 몇 갑절 더 노력한 점은 높이 평가해야 해.

자기 혼자 잘 먹고 잘살려고 노력한 것을 높이 평가할 수 있을까? 그런 논리라면 수많은 유태인을 살해한 히틀러도 엄청난 노력으로 지도자가 된 것이니 히틀러의 노력을 우리가 높이 평가해야 할 걸. 중요한 것은 노력을 했느냐 안 했느냐가 아니라 그 노력으로 얻은 자신의 지식을 자기의 권력이나 이익을 위해 사용하느냐 아니면 사회를 위해 공헌하느냐가 아닐까? 이인국 박사는 지식인으로서의 사명과 사회적 책임을 저버린 사람이라고 생각해.

이인국 박사와 히틀러를 비교하는 것은 적절하지 않아. 이인국 박사가 자기 이익을 위해 다른 사람을 살해하는 범죄를 저지른 것은 아니잖아. 이인국 박사가 처해 있던 상황은 지식인이 사회를 위해 공헌하는 것이 결코 쉽지 않았던, 국가와 민족이라는 울타리가 사라져버린 시대였다는 것을 감안해야 해.

1. 이인국의 행동 방식을 다음의 '히포크라테스 선서'에 비추어 평가해 봅시다.

히포크라테스 선서

이제 의업에 종사할 허락을 받음에
나의 생애를 인류 봉사에 바칠 것을 엄숙히 서약하노라.
나의 은사에 대하여 존경과 감사를 드리겠노라.
나의 양심과 위엄으로서 의술을 베풀겠노라.
나의 환자의 건강과 생명을 첫째로 생각하겠노라.
나는 환자가 알려 준 모든 내정의 비밀을 지키겠노라.
나의 위업의 고귀한 전통과 명예를 유지하겠노라.
나는 동업자를 형제처럼 생각하겠노라.
나는 인종, 종교, 국적, 정당정파, 또는 사회적 지위 여하를 초월하여 오직 환자에게 대한 나의 의무를 지키겠노라.
나는 인간의 생명을 수태된 때로부터 지상(至上)의 것으로 존중히 여기겠노라.
비록 위협을 당할지라도 나의 지식을 인도에 어긋나게 쓰지 않겠노라.
이상의 서약을 나의 자유의사로 나의 명예를 받들어 하노라.

2. 다음 두 편의 글에서 제시한 '지식인의 역할'은 무엇인지 말해 봅시다.

(가) 1905년경, 루쉰(魯迅)은 일본의 센다이의학전문학교에서 의학을 공부하던 청년이었다. 전쟁과 혁명의 시대 20세기는 이제 막 시작되었고 아시아는 어디론가 밀려가고 있었다. 아편에 중독된 중국은 늙고 병들어 초라한 모습이 되었고, 일본은 점차 기세가 등등해져 갔다. 중국은 더 이상 아시아의 중심이 아니었다.

날벼락을 맞은 것처럼 갑자기 변방이 되어버린 중국의 한 젊은이, 루쉰의 가슴은 근대과학의 최고 기술을 배우려는 열망으로 가득 차 있었다. 과학으로 부강해질 수 있다면 중국에는 희망이 있다는 믿음을 청년은 의심 없이 키워 가고 있었다.

어느 날, 세균학 시간이었다고 한다. 교수는 시간이 남자 당시 러일전쟁 기록 필름을 보여 주었다. 일본이 러시아를 압도했다는 선전영화로, 여기에는 중국인들이 러시아 밀정 노릇을 하다가 일본군에게 잡혀 처형당하는 장면도 들어 있었다.

그런데 그 처형 현장에 몰려든 상당수가 중국인이었고, 그들은 모두 손뼉을 치며 환호하고 있는 것이었다. 이 장면은 루쉰에게 지울 수 없는 모멸감과 엄청난 충격을 주게 된다. 당시 중국 민족의 정신적인 혼미와 우매함에 루쉰은 단지 의학 수업에만 몰두하며 지낼 수 없다고 느끼게 되었다. 의학도 루쉰이 문인으로 변신하는 순간이었다. 아니 전사가 되기로 했던 것이다. 이것은 훗날의 시점에서 보자면, 개인적인 차원을 넘는 역사적 결단이 된다. 조금만 있으면 곧 자격을 얻게 될 의사로서의 풍요와 안락, 그리고 사회적 존경 대신 가난과 핍박의 삶을 받아들이겠다는 유학생 하나의 변화가 중국에게 불굴의 전투적 지식인을 위대한 자산으로 남겨 주었기 때문이다. 결국 루쉰은 중국 근현대사의 사상적 스승이 되었다.

(나) "도시의 범죄자들은 그 죗값을 치르기 위해 감옥에 간다. 그러나 이 지구촌의 자연과 인권을 가장 폭력적으로 파괴하는 자들은 감옥에 가지 않는다. 그들은 도리어 그 감옥의 열쇠를 가지고 있다."

에두아르도 갈레노(Eduardo Galeno)가 2000년에 출간한 『뒤집어 보는 세상』에서 단숨에 쏟아 놓은, 현실의 모순에 대한 압축적인 논평이다.

그는 또 "마약 판매가 인간의 생명을 위협하는 것이기에 불법화되고 있다면, 이보다 더한 방식으로 인간의 생명을 노리는 군수산업은 어찌해서 불법화되지 않을까?"라고 묻는다. 불법을 결정하는 자가 누구인가에 따라 달라지는 결론의 배후를 짚었던 것이다.

에두아르도 갈레노는 1971년에 『라틴 아메리카의 절개된 혈관』이라는 책을 써서 세계적인 주목을 받았던 언론인이자 작가이다. 그 책은 식민지 라틴 아메리카의 역사적 비극과 현실에 대한 고발장이었다. 그 과정에서 침묵을 강요당했던 비명 소리를 갈레노는 그대로 들려주고 있다.

1940년 우루과이 출생의 그는 아르헨티나와 스페인에서 오랫동안 망명 생활을 하고서야 비로소 자신의 조국으로 돌아갈 수 있었던, 일종의 '유배된 지식인'이기도 했다. 이제는 고인이 된 팔레스타인 출신 지식인이자 평화운동가로 활동했던 에드워드 사이드도 바로 이 '망명 지식인'의 의미를 주시한 적이 있다. 1996년에 쓴 『지식인의 표상』에서 그는 지식인이란 '망명자이며 주변적 존재'라고 말했다. 이는 지식인이 자신이 살고 있는 현실과 그는 언제나 긴장된 관계를 가지지 않을 수 없다는 것을 뜻한다. 지식인의 비판 정신은 여기서 비롯된다.

이와 함께 사이드는 지식인이란 '권력에 대해 진실을 말할 수 있는 언어의 창조자'이자, '잊혀지고 무시당하고 억압된 이야기들에 대한 증인'이 되어야 한다고 말했다. 기존의 현실이 제공해 주는 언어·이미지·주장·논법·질문 등을 그냥 받아들이지 말라는 것이다. 거기에서 빠진 것은 무엇인지, 모순은 없는지를 따지는 역할을 포기할 때 더 이상 지식인이 아니라고 단언한다. 갈레노도 이와 다를 바 없이 우리가 습관적으로 빠져 있는 언어 사용의 모순을 주시한다.

"가난한 사람들을 언론은 '저소득층'이라고 부른다. 가난 또는 빈곤이라는 말은 사회적 질문으로 이어질 수 있지만 저소득층이라는 말은 그저 수입이 낮다는 것을 뜻하기 때문이다. 강자에 굴복하는 패배주의를 학자들은 '현실주의'라고 치장한다. '다른 대안은 없다'라는 시각이 여기에 담겨 있다. 고용주가 노동자를 쉽게 해고할 수 있는 권리를 '노동시장의 유연성'이라는 잘 알아들을 수 없는 말로 설명하고, 이에 대하여 문제를 제기하는 노동자를 '전투적'이라고 하여 극렬분자인 양 낙인찍는다. 전쟁에서 희생된 무고한 민간인들을 그 정체를 알 수 없게끔 '부수적 손상'이라고 말하고 있다. 안타깝지만 일을 완결지으려면 어쩔 수 없었던 피해라는 것이다. 사람이 죽어도 그건 죽음이 아니라 '손상'이라는 말로 표현된다."

의도를 담아 조작된 말이 현실의 진상을 뒤집고 있는 것을 폭로하고 있는 것이다. 이들과 비교할 때 우리의 지식인은 어떤 모습일까. 우리가 만일 현대 한국의 정신사를 기록해 나간다면 어떤 내용이 그 안에 들어차게 될 수 있을까. 현실적 필요에 봉사하는 실용적 기능성을 앞세우는 지식인은 넘쳐나, 이 사회의 근본에 대한 성찰적 질문을 던지는 지식인은 드물지 않을까. 대학은 너무나 빠르게 시장의 부속품 가운데 하나가 되고, 권력과는 우호적 관계를 맺는 일에만 몰두하고 있는 것은 아닐까. 우리의 교육은 문제가 있을 때 문제를 제기하는 능력보다는, 자신의 안전을 위한 복종의 미덕을 가르치고 있지는 않을까. 이 시대는 지식인에게 양심과 용기, 그리고 소외된 민중에 대한 책임이 요구된다고 말하는 것이 낡아버린 구호라고 여기고 있는 것일까.

『김민웅의 인문학에세이』(김민웅, 한길사, 2008) 중에서

백성수의 광기는 반사회적일까?

예술과 현실

광염 소나타

김동인

예술, 예술가, 이런 말들을 떠올릴 때 함께 연상되는 이미지는 어떤 것이 있나요? 평범하지 않은 생각과 행동, 창작을 향한 끊임없는 열정과 고뇌, 빼어난 예술적 발상으로 꿈틀거리는 내면, 속세를 초월한 인생 여정……. 예술에는 우리가 흔히 일컫는 천재의 이미지가 포함되어 있지 않나요?

「광염(狂炎) 소나타」의 주인공 백성수는 바로 그런 천재성을 지닌 음악가입니다. 기교가 뛰어난 것은 아니지만, 야성적이고 열정적인 힘으로 가득한 피아노 소나타 한 곡을 거침없이 작곡하고 연주하는 그의 모습은 가히 압도적입니다. 그런데 문제는, 그가 불꽃같이 맹렬한 곡을 한 편 작곡하기 위해서는 마을에 불을 지르는 등의 범죄 행위가 필요했다는 데 있습니다. 잔인한 일을 저지르고 나서야 힘 있는 악상을 떠올릴 수 있었던 그였기 때문에, 그가 음악적 재능을 발휘할수록 마을에는 끔찍한 일들이 하나 둘 늘어갈 수밖에 없었습니다. 결국 백성수는 정신병원에 감금되는 지경에 이르고 맙니다. 그런데 이 모든 사정을 알게 된 음악 평론가 K 씨는 몇 가지 범죄를 저질렀다는 이유로 백성수와 같은 뛰어난 천재를 잃게 되는 것은 인류 문화의 보물을 잃는 것이나 마찬가지라며 안타까워하지요.

예술가의 천재성과 사회적 책임 사이에는 어떤 관계가 성립하는 것이 가장 바람직할까요? 물론 「광염 소나타」가 그리는 예술가의 모습은 매우 극단적인 경우입니다. 그렇지만 우리가 흔히 예술가의 광기(狂氣)라고 일컫는 여러 행동들이 실제 현실에서 어떻게 받아들여질 수 있는지, 또 어떻게 받아들여져야 하는지 생각해 보기에 좋은 계기가 될 것입니다. 이러한 생각은 결국 예술과 삶의 관계, 예술과 현실의 관계에 대한 물음으로 이어지게 됩니다. 삶의 영역 안에서 충분히 납득될 만한, 현실의 여러 규범을 준수하는 예술이 가치 있는 것인가? 일상적인 삶의 잣대나 현실의 제약을 뛰어넘는 자유롭고 파격적인 표현을 창출하는 예술이 가치 있는 것인가? 백성수의 이야기 속으로 들어가, 이런 물음들에 대한 실마리를 찾아봅시다.

독자는 이제 내가 쓰려는 이야기를, 유럽의 어떤 곳에 생긴 일이라고 생각하여도 좋다. 혹은 사오십 년 뒤에 조선을 무대로 생겨날 이야기라고 생각하여도 좋다. 다만, 이 지구상의 어떠한 곳에 이러한 일이 있었는지도 모르겠다, 있는지도 모르겠다, 혹은 있을지도 모르겠다, 가능성뿐은 있다 — 이만치 알아 두면 그만이다.

그런지라, 내가 여기 쓰려는 이야기의 주인공 되는 백성수를 혹은 알버트라 생각하여도 좋을 것이요 짐이라 생각하여도 좋을 것이요 또는 호모나 기무라모로 생각하여도 괜찮다. 다만 사람이라 하는 동물을 주인공 삼아가지고 사람의 세상에서 생겨난 일인 줄만 알면…….

이러한 전제로써, 자 그러면 내 이야기를 시작하자.

"기회(찬스)라 하는 것이 사람을 망하게도 하고 흥하게도 하는 것을 아시오?"

"네, 새삼스러이 연구할 문제도 아닐걸요."

"자, 여기 어떤 상점이 있다 합시다. 그런데 마침 주인도 없고 사환도 없고 온통 비었을 적에 우연히 그 앞을 지나가던 신사가 — 그 신사는 재산도 있고 명망도 있는 점잖은 사람인데 — 그 신사가 빈 상점을 들여다보고 혹은 이렇게 생각할 수도 있지 않아요? 통 비었으니깐 도적놈이라도 넉넉히 들어갈 게다, 들어가서 훔치면 아무도 모를 테다, 집을 왜 이렇게 비워 둔담……. 이런 생각 끝에 혹은 그 그 뭐랄까 그 돌발적 변태 심리로써 조그만 물건 하나(변변치도 않고 욕심도 안 나는)를 집어서 주머니에 넣는 경우가 있을지도 모르지 않겠습니까?"

"글쎄요."

"있습니다, 있어요."

어떤 여름날 저녁이었다. 도회를 떠난 교외 어떤 강변에 두 노인이 앉아서 이런 이야기를 하고 있었다. 그 기회론을 주장하는 사람은 유명한 음악 비평가 K

■ 사환(使喚) 관청이나 회사, 가게 따위에서 잔심부름을 시키기 위하여 고용한 사람.

씨였다. 듣는 사람은 사회 교화자의 모 씨였다.

"글쎄 있을까요?"

"있어요. 좌우간 있다 가정하고 그러한 경우에는 그 책임은 어디 있습니까?"

"동양 속담말에 외밭서는 신 끈도 다시 매지 말랬으니 그 신사가 책임을 질까요?"

"그래 버리면 그뿐이지만 그 신사는 점잖은 사람으로서 그런 절대적 기묘한 찬스만 아니더라면 그런 마음은커녕 염＊도 내지 않을 사람이라 생각하면 어찌 됩니까?"

"……."

"말하자면 죄는 '기회'에 있는데 '기회'라는 무형물은 벌은 할 수가 없으니깐 그 신사를 가해자로 인정할 수밖에는 지금은 없지요."

"그렇습니다."

"또 한 가지 — 사람의 천재라 하는 것도 경우에 따라서는 어떤 '기회'가 없으면 영구히 안 나타나고 마는 일이 있는데, 그 '기회'란 것이 어떤 사람에게서 그 사람의 '천재'와 '범죄 본능'을 한꺼번에 끌어내었다면 우리는 그 '기회'를 저주하여야겠습니까 축복하여야겠습니까?"

"글쎄요."

"선생은 백성수라는 사람을 아시오?"

"백성수? 자, 기억이 없는데요."

"작곡가로서 그 —."

"네, 생각납니다. 유명한 〈광염＊ 소나타〉의 작가 말씀이지요?"

"네, 그 사람이 지금 어디 있는지 아십니까?"

"모릅니다. 뭐 발광했단 말이 있었는데 —."

■ 염(念) 무엇을 하려고 하는 생각이나 마음.
■ 광염(狂炎) 미친 듯이 타오르는 불길.

"네. 지금 ××정신 병원에 감금돼 있는데 그 사람의 일대기를 이야기할 게 들으시고 사회 교화자로서의 의견을 말씀해 주십쇼."

내가 이제 이야기하려는 백성수의 아버지도 또한 천분* 많은 음악가였습니다. 나와는 동창생이었는데 학생 시대부터 벌써 그의 천분은 넉넉히 볼 수가 있었습니다. 그는 작곡과를 전공하였는데 때때로 스스로 작곡을 하여서는 밤중에 혼자서 피아노를 두드리고 하여서 우리들로 하여금 뜻하지 않고 일어나게 하고 하였습니다. 그리고 우리는 그 밤중에 울려오는 야성적 선율에 몸을 소스라치고 하였습니다.

그는 야인이었습니다. 광포스런 야성은 때때로 비위에 틀리면 선생을 두들기기가 예사이며 우리 학교 근처의 술집이며 모든 상점 주인들은 그에게 매깨나 안 얻어맞은 사람이 없었습니다. 그러한 야성은 그의 음악 속에 풍부히 잠겨 있어서 오히려 그 야성적 힘이 그의 예술을 더 빛나게 하는 것이었습니다.

그러나 그가 학교를 졸업하고 난 뒤에는 그 야성은 다른 곳으로 발전되고 말았습니다. 술! 술! 무서운 술이었습니다. 아침부터 저녁까지, 저녁부터 아침까지, 술잔이 그의 입에서 떠나지를 않았습니다. 그리고 술을 먹고는 여편네들에게 행패를 하고, 경찰서에 구류*를 당하고, 나와서는 또 같은 일을 하고……

작품? 작품이 다 무엇이외까. 술을 먹은 뒤에 취흥에 겨워 때때로 피아노에 앉아서 즉흥으로 탄주*를 하고 하였는데 지금 생각하면 그 귀기*가 사람을 엄습하는 힘과 야성(베토벤 이래로 근대 음악가에서 발견할 수 없던) 그런 보물이라 하여도 좋을 것이 많았지만 우리들은 각각 제 길 닦기에 바쁜 사람이라 주정꾼의 즉흥악을 일일이 베껴 둔다든가 그런 일은 꿈에도 생각하지 않았습니다.

■ 천분(天分) 타고난 재질이나 직분.
■ 구류(拘留) 죄인을 1일 이상 30일 미만의 기간 동안 교도소나 경찰서 유치장에 가두어 자유를 속박하는 일. 또는 그런 형벌.
■ 탄주(彈奏) 가야금이나 바이올린 따위의 현악기를 연주함.
■ 귀기(鬼氣) 귀신이 나타날 것 같은 무시무시한 기운.

우리들은 그의 장래를 생각하여 때때로 술을 삼가기를 권고하였지만 그런 야인에게 친구의 권고가 무슨 소용이 있겠습니까.

"술? 술은 음악이다!"

하고는 하하하하 웃어 버리고 다시 술집으로 달아나고 합니다.

그러한 지 칠팔 년이 지난 뒤에 그는 아주 폐인이 되고 말았습니다. 술이 안 들어가면 그의 손은 떨렸습니다. 눈에는 눈곱이 꼈습니다. 그리고 술이 들어가면, 술이 들어가면 그는 그 광포성을 발휘하였습니다. 누구를 물론하고 붙잡고는 입에 술을 부어 넣어 주었습니다. 그러다가는 장소를 불문하고 아무 데나 누워서 잡니다.

사실 아까운 천재였습니다. 우리들 새에는 때때로 그의 천분을 생각하고 아깝게 여기는 한숨이 있었지만 세상에서는 그 '장래가 무서운 한 천재'가 있었다는 것은 몰랐었습니다.

그러는 동안에 그는 어떤 양가˙의 처녀를 어떻게 관계를 맺어서 애까지 뺐습니다. 그러나 그 애의 출생을 보지 못하고 아깝게도 심장마비로 죽어 버리고 말았습니다.

그 유복자˙로 세상에 나온 것이 백성수였습니다.

그러나 우리는 백성수가 세상에 출생되었다는 풍문만 들었지, 그 애 아버지가 죽은 뒤부터는 그 애의 소식이며 그 애 어머니의 소식은 일절 몰랐습니다. 아니, 몰랐다는 것보다, 그 집안의 일은 우리의 머리에서 온전히 잊어버리고 말았습니다.

삼십 년이라는 세월이 흘렀습니다.

십 년이면 산천도 변한다 하는데 삼십 년 새의 변천을 어찌 이루 다 말하겠습니까. 좌우간 그동안에 나는 내 이름을 닦아 놓았습니다. 아시다시피 지금 K라

■ 양가(良家) 양민의 집. 또는 지체가 있는 좋은 집안.
■ 유복자(遺腹子) 태어나기 전에 아버지를 여읜 자식.

하면 이 나라에서 첫 손가락을 꼽는 음악 비평가가 아닙니까. 견실한 지도적 비평가 K라면 이 나라의 음악계의 권위이며, 이 나의 한마디는 음악가의 가치를 결정하는 판결문이라 하여도 옳을 만치 되었습니다. 많은 음악가가 내 손 아래서 자랐으며 많은 음악가가 내 지도로써 이름을 날렸습니다.

재작년 이른 봄 어떤 날이었습니다.

그때 나는 조용한 밤중의 몇 시간씩을 ○○예배당에 가서 명상으로 시간을 보내는 것이 습관이 되어 있었습니다. 언덕 위에 홀로 서 있는 집으로서 조용한 밤중에 혼자 앉아 있노라면 때때로 들보▪에서 놀라 깬 비둘기의 날개 소리와 간간이 기둥에서 뚝뚝 하는 소리밖에는 아무 소리도 들리지 않는, 말하자면 나 같은 괴상한 성미를 가진 사람이 아니면 돈을 주면서 들어가래도 들어가지 않을 음침한 집이었습니다. 그러나 나 같은 명상을 즐기는 사람에게는 다른 데서 구하기 힘들도록 온갖 것을 가진 집이었습니다. 외따로고 조용하고 음침하며 간간이 알지 못할 신비한 소리까지 들리며 멀리서는 때때로 놀란 듯한 기적 소리도 들리는……. 이것뿐으로도 상당한데, 게다가 이 예배당에는 피아노도 한 대 있었습니다. 예배당에는 오르간은 있을지나 피아노가 있는 곳은 쉽지 않은 것으로서 무슨 흥이나 날 때에는 피아노에 가서 한 곡조 두드리는 재미도 또한 괜찮았습니다.

그날 밤도(아마 두 시는 지났을걸요.) 그 예배당에서 혼자서 눈을 감고 조용한 맛을 즐기고 있노라는데, 갑자기 저편 아래에서 재재 하는 소리가 납니다. 그래서 눈을 번쩍 뜨니까 화광▪이 충천하였는데, 내다보니까 언덕 아래 어떤 집이 불이 붙으며 사람들이 왔다갔다 야단이었습니다.

이렇게 말하면 어떨지 모르지만 그다지 멀지 않은 곳에서 불붙는 것을 바라보는 맛도 괜찮은 것이었습니다. 일어서는 불길이며 퍼져 나가는 연기, 불씨의 날

▪ 들보 칸과 칸 사이의 두 기둥을 건너질러 도리와는 'ㄴ' 자 모양, 마룻대와는 '十' 자 모양을 이루는 나무.
▪ 화광(火光) 불빛.

아나는 양, 그 가운데 거뭇거뭇 보이는 기둥, 집의 송장, 재재거리는 사람의 무리, 이런 것은 어떻게 생각하면 과연 시도 될지며 음악도 될 것이었습니다. 옛날에 네로가 로마의 불붙는 것을 바라보면서, 자기는 비파*를 들고 노래를 하였다는 것도 음악가의 견지로 보면 그다지 나무랄 것이 아니었습니다.

나도 그때에 그 불을 보고 차차 흥이 났습니다.

……네로를 본받아서 나도 즉흥으로 한 곡조 두드려 볼까. 어렴풋이 이런 생각을 하며 나는 그 불을 정신없이 바라보고 있었습니다.

그때였습니다. 갑자기 덜컥덜컥 하는 소리가 들리더니 예배당 문이 열리며 웬 젊은 사람이 하나 낭패한 듯이 뛰어 들어왔습니다. 그리고 무엇에 놀란 사람같이 두리번두리번 사면을 살피더니 그래도 내가 있는 것은 못 보았는지 저편에 있는 창 안에 가서 숨어 서서 아래서 붙는 불을 내다봅니다.

나도 꼼짝을 못하였습니다. 좌우간 심상스런 사람은 아니요 방화범이나 도적으로밖에는 인정할 수 없지 않겠습니까? 그래서 꼼짝을 못 하고 서 있노라니까 그 사람은 한숨을 쉽니다. 그리고 맥없이 두 팔을 늘이고 도로 나가려고 발을 떼려다가 자기 곁에 피아노가 놓인 것을 보더니 교의를 끌어다 놓고 피아노 앞에 주저앉고 말겠지요. 나도 거기는 그만 직업적 흥미에 끌렸습니다. 그래서 무엇을 하나 보자 하고 있노라니까 뚜껑을 열더니 한번 뚱 하고 시험을 해 보아요. 그리고 조금 있더니 다시 뚱뚱 하고 시험을 해 보겠지요.

이때부터 그의 숨소리가 차차 높아가기 시작했습니다. 씩씩거리며 몹시 흥분된 사람같이 몸을 떨다가 벼락같이 양 손을 키 위에 갖다가 덮었습니다. 그다음 순간으로 C샤프 단음계의 알레그로*가 시작되었습니다.

처음에는 다만 흥미로써 그의 모양을 엿보고 있던 나는 그 알레그로가 울리어 나오는 순간 마음은 끝까지 긴장되고 흥분되었습니다.

■ 비파(琵琶) 동양 현악기의 하나. 몸체는 길이 60~90cm의 둥글고 긴 타원형이며, 자루는 곧고 짧다.
■ 알레그로(allegro) 이태리어로 악보에서, 빠르고 경쾌하게 연주하라는 말.

그것은 순전한 야성적 음향이었습니다. 음악이라 하기에는 너무 힘 있고 무기교였습니다. 그러나 음악이 아니라기에는 거기는 너무 괴롭고도 무겁고 힘 있는 '감정'이 들어 있었습니다. 그것은 마치 야반의 종소리와도 같이 사람의 마음을 무겁고 음침하게 하는 음향인 동시에 맹수의 부르짖음과 같이 사람으로 하여금 소름 돋치게 하는 무서운 감정의 발현이었습니다. 아아 그 야성적 힘과 남성적 부르짖음, 그 아래 감추어 있는 침통한 주림과 아픔, 순박하고도 아무 기교가 없는 그 표현!

　나는 털썩 그 자리에 주저앉고 말았습니다. 그리고 음악가의 본능으로써 뜻하지 않고 주머니에서 오선지와 연필을 꺼내었습니다. 피아노의 울려 나아가는 소리에 따라서 나의 연필은 오선지 위에서 뛰놀았습니다.

　좀 급속도로 시작된 빈곤, 거기 연하여 주림, 꺼져 가는 불꽃과 같은 목숨, 그러한 것을 지나서 한참 연속되는 완서조의 압축된 감정, 갑자기 튀어져 나오는 광포. 거기 연한 쾌미, 홍소 — 이리하여 주화조로서 탄주는 끝이 났습니다. 더구나 그 속에 나타나 있는 압축된 감정이며 주림 또는 맹렬한 불길 등이 사람의 마음에 주는 그 처참함이며 광포성은 나로 하여금 아직 '문명'이라 하는 것의 은택에 목욕하여 보지 못한 야인을 연상케 하였습니다.

　탄주가 다 끝이 난 뒤에도 나는 정신을 못 차리고 망연히 앉아 있었습니다. 물론 조금이라도 음악의 소양이 있는 사람일 것 같으면 이제 그 소나타를 음악에 대하여 정통으로 아무러한 수양도 받지 못한 사람이 다만 자기의 천재적 즉흥뿐으로 탄주한 것임을 알 것입니다. 해결이 없이 감칠도 화현이며 증육도 화현을 범벅으로 섞어 놓았으며 금칙인 병행 오팔도까지 집어넣은 것으로서, 더구나 스케르초는 온전히 뽑아 먹은, 대담하다면 대담하고 무식하다면 무식하달 수도 있

■ 야반(夜半) 밤중.
■ 완서조(緩徐調) 느린 곡조.
■ 홍소(哄笑) 입을 크게 벌리고 웃거나 떠들썩하게 웃음. 또는 그 웃음.
■ 스케르초(scherzo) 베토벤이 미뉴에트 대신 소나타, 교향곡 등의 제3악장에 채용한 3박자의 쾌활한 곡.

는 방분 자유한 소나타였습니다.

이때에 문득 내 머리에 떠오른 것은 삼십 년 전에 심장마비로 죽은 백○○였습니다. 그의 음악으로서 만약 정통적 훈련만 뽑고 거기다가 야성을 더 집어넣으면 지금 내 눈앞에 있는 그 음악가의 것과 같은 것이 될 것이었습니다. 귀기가 사람을 엄습하는 듯한 그 힘과 방분스런 표현과 야성 — 이것은 근대 음악가에게 구하기 힘든 보물이었습니다.

그 소나타에 취하여 한참 정신이 어리둥절히 앉았던 나는 고즈넉이 일어서서, 그 피아노 앞에 가서 그의 어깨에 가만히 손을 얹었습니다. 한 곡조를 타고 나서 아주 곤한 듯이 정신이 없이 앉아 있던 그는 펄떡 놀라며 일어서서 내 얼굴을 보았습니다.

"자네 몇 살 났나?"

나는 그에게 이렇게 첫말을 물었습니다. 가슴이 답답한 나로서는 이런 말밖에는 갑자기 다른 말이 생각 안 났습니다. 그는 높은 창에서 들어오는 달빛을 받고 있는 내 얼굴을 한순간 쳐다보고 머리를 돌이키고 말았습니다.

"배고프나?"

나는 두 번째 그에게 물었습니다.

그는 시끄러운 듯이 벌떡 일어섰습니다. 그리고 달빛이 비친 내 얼굴을 정면으로 바라보다가,

"아, K 선생님 아니세요?"

하면서 나를 붙들었습니다. 그래서 그렇노라고 하니깐,

"사진으로는 늘 봤습니다마는……."

하면서 다시 맥없이 나를 놓으며 머리를 돌렸습니다.

그 순간, 그가 머리를 돌이키는 순간 달빛에 얼핏, 나는 그의 얼굴을 처음으로 보았습니다. 그리고 나는 거기서 뜻밖에 삼십 년 전에 죽은 벗 백○○의 모습을 발견하였습니다.

"자, 자네 이름이 뭐인가?"

"백성수……."

"백성수? 그 백○○의 아들이 아닌가. 삼십 년 전에, 자네가 나오기 전에 세상 떠난……."

그는 머리를 번쩍 들었습니다.

"네? 선생님 어떻게 아세요?"

"백○○의 아들인가? 같이두 생겼다. 내가 자네의 아버지와 동창이네. 아아, 역시 그 애비의 아들이다."

그는 한숨을 길게 쉬며 머리를 수그려 버렸습니다.

나는 그날 밤 그 백성수를 데리고 집으로 돌아왔습니다. 그리고 비록 작곡상 온갖 법칙에는 어그러진다 하나 그만치 힘과 정열과 야성으로 찬 소나타를 거저 버리기가 아까워서 다시 한 번 피아노에 올라앉기를 명하였습니다. 아까 예배당에서 내가 베낀 것은 알레그로가 거의 끝난 곳부터였으므로 그 전 것을 베끼기 위해서였습니다.

그는 피아노를 향하여 앉아서 머리를 기울였습니다. 몇 번 손으로 키를 두드려 보다가는 다시 머리를 기울이고 생각하고 하였습니다. 그러나 다섯 번 여섯 번을 다시 해 보았으나 아무 효과도 없었습니다. 피아노에서 울려 나오는 음향은 규칙 없고 되지 않은 한낱 소음에 지나지 못하였습니다. 야성? 힘? 귀기? 그런 것은 없었습니다. 감정의 재뿐이 있었습니다.

"선생님 잘 안 됩니다."

그는 부끄러운 듯이 연하여 고개를 기울이며 이렇게 말하였습니다.

"두 시간도 못 되어서 벌써 잊어버린담?"

나는 그를 밀어 놓고 내가 대신하여 피아노 앞에 앉아서 아까 베낀 그 음보를 펴놓았습니다. 그리고 내가 베낀 곳부터 다시 시작하였습니다.

화염! 화염! 빈곤, 주림, 야성적 힘, 기괴한 감금당한 감정! 음보를 보면서 타던 나는 스스로 흥분이 되었습니다. 미상불[*] 그때는 내 눈은 미친 사람같이 번득였으며 얼굴은 흥분으로 새빨갛게 되었을 것이었습니다.

즉 그때에 그가 갑자기 달려들더니 나를 떠밀쳐 버렸습니다. 그리고 자기가 대신하여 앉았습니다.

의자에서 떨어진 나는 너무 흥분되어 다시 일어날 힘도 없이 그 자리에 앉은 대로 그의 양을 쳐다보았습니다. 그는 나를 밀쳐 버린 다음에 그 음보를 들고서 읽기 시작하였습니다. 아아 그의 얼굴! 그의 숨소리가 차차 높아지면서 눈은 미친 사람과 같이 빛을 내기 시작하였습니다. 그러더니 그 음보를 홱 내어던지며 문득 벼락같이 그의 두 손은 피아노 위에 덧엎혔습니다.

'C샤프 단음계'의 광포스런 '소나타'는 다시 시작되었습니다. 폭풍우같이 또는 무서운 물결같이 사람으로 하여금 숨 막히게 하는 그 힘, 그것은 베토벤 이래로 근대 음악가에서 보지 못 하던 광포스런 야성이었습니다. 무섭고도 참담스런 주림, 빈곤, 압축된 감정, 거기서 튀어져 나온 맹염[*], 공포, 홍소 — 아아 나는 너무 숨이 답답하여 뜻하지 않고 두 손을 홰홰 내저었습니다.

그날 밤이 새도록, 그는 흥분이 되어서 자기의 과거를 일일이 다 이야기하였습니다. 그 이야기에 의지하면 대략 그의 경력이 이러하였습니다.

그의 어머니는 그를 밴 뒤에 곧 자기의 친정에서 쫓겨 나왔습니다.

그때부터 그의 가난함은 시작되었습니다.

그러나 교양이 있고 어진 그의 어머니는 품팔이를 할지언정 성수는 곱게 길렀습니다. 변변치는 않으나마 오르간 하나를 준비해 두고, 그가 잠자렬 때에는 슈베르트의 〈자장가〉로써 그의 잠을 도왔으며 아침에 깨일 때는 하루 종일 유쾌히 지내게 하기 위하여 도 랜드의 〈세컨드 왈츠〉로써 그의 원기를 돋우었습니다.

■ 미상불(未嘗不) 아닌 게 아니라 과연.
■ 맹염(猛炎) 세차게 타오르는 불꽃.

그는 세 살 났을 적에 어머니의 품에 안겨서 오르간을 장난해 보았습니다. 이 오르간을 장난하는 것을 본 어머니는 근근이 돈을 모아서 그가 여섯 살 나는 해에 피아노를 하나 샀습니다.

아침에는 새소리, 바람에 버석거리는 포플러 잎, 어머니의 사랑, 부엌에서 국 끓는 소리, 이러한 모든 것이 이 소년에게는 신비스럽고도 다정스러워 그는 피아노에 향하여 앉아서 생각나는 대로 키를 두드리고 하였습니다.

이러한 가운데 고이 소학과 중학도 마쳤습니다. 그러는 동안에 음악에 대한 동경은 그의 가슴에 터질 듯이 쌓였습니다.

중학을 졸업한 뒤에는 인젠 어머니를 위하여 그는 학업을 중지하지 않을 수가 없었습니다. 그는 어떤 공장의 직공이 되었습니다. 그러나 어진 어머니의 교육 아래서 길러난 그는 비록 직공은 되었다 하나 아주 온량한 사람이었습니다.

그리고 음악에 대한 집착은 조금도 줄지 않았습니다. 비록 돈이 없어서 정식으로 음악 교육은 못 받을망정 거리에서 손님을 끄느라고 틀어 놓은 유성기 앞이며 또는 일요일날 예배당에서 찬양대의 노래에 젊은 가슴을 뛰놀리던 그였습니다. 집에서는 피아노 앞을 떠나 본 일이 없었습니다.

때때로 비상한 감흥으로 오선지를 내놓고 음보를 그려 본 적도 한두 번이 아니었습니다. 그러나 이상한 것은 그만치 뛰놀던 열정과 터질 듯한 감격도 음보로 그려 놓으면 아무 긴장도 없는 싱거운 음계가 되어 버리고 하였습니다. 왜? 그만치 천분이 있고 그만치 열정이 있던 그에게서 왜 그런 재와 같은 음악만 나왔느냐고 물으실 테지요. 거기 대하여서는 이따가 설명하리다.

감격과 불만 열정과 재, 비상한 흥분과 그 흥분에 대한 반비례되는 시원치 않은 결과 이러한 불만의 십 년이 지났습니다.

그의 어머니는 문득 몹쓸 병에 걸렸습니다.

자양과 약값, 그의 몇 해를 근근이 모았던 돈은 차차 줄기 시작하였습니다. 조금이라도 안락한 생활이 되기만 하면 정식으로 음악에 대한 교육을 받으려고 모아 두었던 저금은 그의 어머니의 병에 다 들어갔습니다. 그러나 그의 어머니의 병은 차도가 보이지 않았습니다.

그리하여, 그와 내가 그 예배당에서 만나기 전 해 여름 어떤 날, 그의 어머니는 도저히 회복할 가망이 없는 중태에까지 빠지게 되었습니다. 그러나 그때는 벌써 그에게는 돈이라고는 다 떨어진 때였습니다.

그날 아침, 그는 위독한 어머니를 버려두고 역시 공장에를 갔습니다. 그러나 아무리 하여도 마음이 놓이지 않아서 일을 중도에 그만두고 집으로 돌아왔습니다. 그때는 어머니는 벌써 혼수상태에 빠져 있었습니다. 가슴이 덜컥 내려앉은 그는 황급히 다시 뛰어나갔습니다. 그러나 어디로? 무얼 하러? 뜻 없이 뛰어나와서 한참 달음박질하다가, 그는 문득 정신을 차리고 의사라도 청할 양으로 히끈 돌아섰습니다.

그때였습니다. 아까 내가 말한 바 '기회'라는 것이 그때에 그의 앞에 나타났습니다. 그것은 조그만 담뱃가게 앞이었는데 가게와 안방과의 새의 문은 닫혀 있고 안에는 미상불 사람이 있을지나 가게를 보는 사람은 눈에 안 띄었습니다. 그리고 그 담배 상자 위에는 오십 전짜리 은전 한 닢과 동전 몇 닢이 놓여 있었습니다.

그는 자기로도 무엇을 하는지 몰랐습니다. 의사를 청하여 오려면, 다만 몇십 전이라도 돈이 있어야겠단 어렴풋한 생각만 가지고 있던 그는, 한번 사면을 살핀 뒤에 벼락같이 그 돈을 쥐고 달아났습니다.

그러나 그는 이십 간도 뛰지 못하여 따라오는 그 집 사람에게 붙들렸습니다.

그는 몇 번을 사정하였습니다. 마지막에는 자기의 어머니가 명재경각이니, 한 시간만 놓아 주면 의사를 어머니에게 보내고 다시 오마고까지 해 보았습니다.

■ 자양(慈養) 몸의 영양을 좋게 함.
■ 명재경각(命在頃刻) 거의 죽게 되어 곧 숨이 끊어질 지경에 이름.

108

그러나 그런 말은 모두 헛소리로 돌아가고, 그는 마침내 경찰서로 가게 되었습니다.

경찰서에서 재판소로 재판소에서 감옥으로 — 이러한 여섯 달 동안에 그는 이를 갈면서 분해 하였습니다. 자기 어머니의 운명이 어찌 되었나 그는 손과 발을 동동 구르면서 안타까워했습니다. 만약 세상을 떠났다 하면 떠나는 순간에 얼마나 자기를 찾았겠습니까. 임종에도 물 한 잔 떠 넣어 줄 사람이 없는 어머니였습니다. 애타하는 그 모양, 목말라하는 그 모양을 생각하고는 그 어머니에게 지지 않게 자기도 애타하고 목말라했습니다.

반년 뒤에 겨우 광명한 세상에 나와서 자기의 오막살이를 찾아가매 거기는 벌써 다른 사람이 들어 있었으며 그의 어머니는 반년 전에 아들을 찾으며 길에까지 기어 나와서 죽었다 합니다.

공동묘지를 가 보았으나 분묘*조차 발견할 수가 없었습니다.

이리하여 갈 곳이 없이 헤매던 그는 그날도 역시 잘 곳을 찾으러 헤매다가 그 예배당(나하고 만난)까지 뛰쳐 들어온 것이었습니다.

여기까지 이야기해 오던 K 씨는 문득 말을 끊었다. 그리고 마도로스 파이프*를 꺼내어 담배를 피워 가지고 빨면서 모 씨에게 향하였다.

"선생은 이제 내가 이야기한 가운데 모순된 점을 발견 못 하셨습니까?"

"글쎄요."

"그럼 내가 대신 물으리다. 백성수는 그만치 천분이 많은 음악가였었는데 왜 그 〈광염 소나타〉(그날 밤의 소나타를 〈광염 소나타〉라고 그랬습니다.)를 짓기 전에는 그만치 흥분되고 긴장되었다가도 일단 음보로 만들어 놓으면 아주 힘없는 것이 되어 버리고 했겠습니까?"

■ 분묘(墳墓) 무덤.
■ 마도로스 파이프(matroos pipe) 담배통이 크고 뭉툭하며 대가 짧은 서양식 담뱃대의 하나. 뱃사람들이 주로 사용한 데서 유래한다.

"그게야 미상불 그때의 흥분이 〈광염 소나타〉를 지을 때의 흥분만 못한 연고 겠지요."

"그렇게 해석하세요? 듣고 보니 그것은 한 해석이 되기는 합니다. 그러나 나는 그렇게 해석 안 하는데요."

"그럼 K 씨는 어떻게 해석하십니까?"

"나는, 아니, 내 해석을 말하는 것보다 그 백성수한테서 내게로 온 편지가 한 장 있는데, 그것을 보여 드리리다. 선생은 오늘 바쁘시지 않으세요?"

"일은 없습니다."

"그러면 우리 집까지 잠간 같이 가 보실까요?"

"가지요."

두 노인은 일어섰다.

도회와 교외의 경계에 달린 K 씨의 집에까지 두 노인이 이른 때는 오후 너덧 시가 된 때였었다.

두 노인은 K 씨의 서재에 마주앉았다.

"이것이 이삼 일 전에 백성수한테서 내게로 온 편지인데 읽어 보세요."

K 씨는 서랍에서 기다란 편지 뭉치를 꺼내어 모 씨에게 주었다. 모 씨는 받아서 폈다.

"가만, 여기서부터 보세요. 그 전에는 쓸데없는 인사이니까."

……(중략) 그리하여 그날도 또한 이제 밤을 지낼 집을 구하느라고 돌아다니던 저는 우연히 그 집, 제가 전에 돈 오십여 전을 훔친 집 앞에까지 이르렀습니다. 깊은 밤 사면은 고요한데 그 집 앞에서 잘 곳을 구하느라고 헤매던 저는 문득 마음속에 무서운 복수의 생각이 일어났습니다. 이 집만 아니었더면, 이 집 주인이 조금만 인정이라는 것을 알았더면, 저는 그 불쌍한 제 어머니로서 길에까지 기어 나와서 세상을 떠나게 하지는 않았겠습니다. 분묘가 어디인지조차 알지 못하여 꽃 한 번 갖다가 꽂아 보지 못한 이러한 불효도 이 집 때문이외다. 이러

한 생각에 참지를 못하여, 그 집 앞에 가려 있는 볏짚에다가 불을 놓았습니다. 그리고 거기 서서 불이 집으로 옮아가는 것을 다 본 뒤에 갑자기 무서운 생각이 나서 달아났습니다.

좀 달아나다 보매 아래서는 벌써 사람이 끓어들기 시작한 모양인데 이때에 저의 머리에 타오르는 생각은 통쾌하다는 생각과 달아나려는 생각뿐이었습니다. 그리하여 저는 몸을 숨기기 위하여 앞에 보이는 예배당 안으로 뛰어 들어갔습니다.

거기서 불이 다 꺼지도록 구경을 한 뒤에 나오려다가 피아노를 보고……

"이보세요."

K 씨는 편지를 보는 모 씨를 찾았다.

"비상한 열정과 감격은 있어두 그것이 그대로 표현 안 된 것이 그것 때문이었습니다. 즉 성수의 어머니는 몹시 어진 사람으로서 어렸을 때부터 성수의 교육을 몹시 힘을 들여서 착한 사람이 되도록, 이렇게 길렀습니다그려. 그 어진 교육 때문에 그가 하늘에서 타고난 광포성과 야성이 표면상에 나타나지를 못하였습니다. 그 타오르는 야성적 열정과 힘이 음보로 그려 놓으면 아주 힘없는, 말하자면 김빠진 술과 같이 되고 하는 것이 모두 그 때문이었습니다그려. 점잖고 어진 교훈이, 그의 천분을 못 발휘하게 한 셈이지요."

"흠."

"그것이, 그 사람 성수가, 감옥 생활을 할 동안에 한 번 씻기기는 하였으나, 그러나 사람의 교양이라 하는 것은 온전히 씻지는 못 하는 것이외다.

그러다가, 그 '원수'의 집 앞에서 갑자기, 말하자면 돌발적으로 야성과 광포성이 나타나서 불을 놓고 예배당 안에 숨어 서서 그 야성적 광포적 쾌미를 한껏 즐긴 다음에, 그에게서 폭발하여 나온 것이 그 〈광염 소나타〉였구려.

일어서는 불길, 사람의 비명, 온갖 것을 무시하고 퍼져 나가는 불의 세력 — 이런 것은 사실 야성적 쾌미 가운데 으뜸이 되는 것이니깐요."

"……"

"아셨습니까. 그러면 그다음에 그 편지의 여기부터 또 보세요."

……(중략) 저는 그날의 일이 아직 눈앞에 어리는 듯하외다. 선생님이 저를 세상에 소개하시기 위하여 늙으신 몸이 몸소 피아노에 앉으셔서 초대한 여러 음악가들 앞에서 제 〈광염 소나타〉를 탄주하시던 그 광경은 지금 생각하여도 제 눈에서 눈물이 나오려 합니다. 그때에 그 손님 가운데 부인 손님 두 분이 기절을 한 것은 결코 〈광염 소나타〉의 힘뿐이 아니고 선생의 그 탄주의 힘이 많이 섞인 것을 뉘라서 부인하겠습니까. 그 뒤에 여러 사람 앞에 저를 내세우고,
"이 사람이 〈광염 소나타〉의 작자이며 삼십 년 전에 우리를 버려두고 혼자 간 일대의 귀재 백○○의 아들이외다."
고 소개를 하여 주신 그때의 그 감격은 제 일생에 어찌 잊사오리까.

그 뒤에 선생님께서 저를 위하여 꾸며 주신 방도 또한 제 마음에 가장 맞는 방이었습니다. 널따란 북향 방에 동남쪽 귀에 든든한 참나무 침대가 하나, 서북쪽 귀에 아무 장식 없는 참나무 책상과 의자, 피아노가 하나씩, 그 밖에는 방 안에 장식이라고는 서남쪽 벽에 커다란 거울이 하나 있을 뿐, 덩그렇게 넓은 방은 사실 밤에 전등 아래 앉아 있노라면 저절로 소름이 끼치도록 무시무시한 방이었습니다. 게다가 방 안은 모두 꺼먼 칠을 하고, 창밖에는 늙은 홰나무의 고목이 한 그루 서 있는 것도 과연 귀기가 돌았습니다. 이러한 가운데서 선생님은 저로 하여금 방분스러운 음악을 낳도록 애써 주셨습니다.

저도 그런 환경 아래서 좋은 음악을 낳아 보려고 얼마나 애를 썼겠습니까. 어떤 날 선생님께 작곡에 대한 계통적 훈련을 원할 때에 선생님은 이렇게 대답하셨습니다.

"자네게는 그러한 교육이 필요가 없어. 마음대로 나오는 대로 하게. 자네 같은 사람에게 계통적 훈련이 들어가면 자네의 음악은 기계화해 버리고 말아. 마음대로 온갖 규칙과 규범을 무시하고 가슴에서 터져 나오는 대로……."

저는 이 말씀의 뜻을 똑똑히는 몰랐습니다. 그러나 대략한 의미뿐은 통하였습

니다. 그리하여 저는 마음대로 한껏 자유스러운 음악의 경지를 개척하려 하였습니다.

그러나 그동안에 제가 산출한 음악은 모두 이상히도 저의 이전(제 어머니가 아직 살아 계실 때)의 것과 마찬가지로 아무러한 힘도 없는 음향의 유희에 지나지 못 하였습니다.

저는 얼마나 초조하였겠습니까. 때때로 선생님께서 채근˙ 비슷이 하시는 말씀은 저로 하여금 더욱 초조하게 하였습니다. 그리고 마음이 초조하면 초조할수록 제게서 생겨나는 음악은 더욱 나약한 것이 되었습니다.

저는 때때로 그 불붙던 광경을 생각해 보았습니다. 그리고 그때에 통쾌하던 감정을 되풀이하여 보려 하였습니다. 그러나 그것 역시 실패에 돌아갔습니다.

때때로 비상한 열정으로 음보를 그려 놓은 뒤에 몇 시간을 지나서 다시 한 번 읽어 보면 거기는 아무 힘이 없는 개념만 있고 하였습니다.

저의 마음은 차차 무거워지기 시작하였습니다. 그리고 큰 기대를 가지고 계신 선생님께도 미안하기가 짝이 없었습니다.

"음악은 공예품과 달라서 마음대로 만들고 싶은 때에 되는 것이 아니니 마음 놓고 천천히 감흥이 생긴 때에……."

이러한 선생님의 위로의 말씀을 듣기가 제 살을 깎아 먹는 듯하였습니다. 그러나 제 마음상은 인제는 제게서 다시 힘 있는 음악이 나올 기회가 없는 것같이만 생각되었습니다.

이러는 동안에 무위˙의 몇 달이 지났습니다.

어떤 날 밤중, 가슴이 너무 무겁고 가슴속에 무엇이 가득 찬 것같이 거북하여서, 저는 산보를 나섰습니다. 무거운 머리와 무거운 가슴과 무거운 다리를 지향 없이 옮기면서 돌아다니다가 저는 어떤 곳에서 커다란 볏짚 낟가리를 발견하였

■ 채근(採根) 어떻게 행동하기를 따지어 독촉함.
■ 무위(無爲) 아무것도 하는 일이 없음. 또는 이룬 것이 없음.

습니다.

이때의 저의 심리를 어떻게 형용하였으면 좋을지 저는 모르겠습니다. 저는 무슨 무서운 적을 만난 것같이 긴장되고 흥분되었습니다. 저는 사면을 한번 살펴보고, 그 낟가리에 달려가서 불을 그어서 놓았습니다. 그리고 갑자기 무서움증이 생겨서 돌아서서 달아나다가, 멀찌가니까지 달아나서 돌아보니까, 불길은 벌써 하늘을 찌를 듯이 일어났습니다. 왁, 왁, 꺄, 꺄, 사람들이 부르짖는 소리도 들렸습니다. 저는 다시 그곳까지 가서, 그 무서운 불길에 날아 올라가는 볏짚이며, 그 낟가리에 연달아 있는 집을 헐어 내는 광경을 구경하다가 문득 흥분되어서 집으로 돌아왔습니다.

그날 밤에 된 것이 〈성난 파도〉였습니다.

그 뒤에 이 도회에서 일어난, 알지 못할 몇 가지의 불은, 모두 제가 질러 놓은 것이었습니다. 그리고, 불이 있던 날 밤마다 저는 한 가지의 음악을 얻었습니다. 며칠을 연하여 가슴이 몹시 무겁다가 그것이 마침내 식체와 같이 거북하고 답답하게 되는 때는 저는 뜻 없이 거리를 나갑니다. 그리고 그러한 날은 한 가지의 방화 사건이 생겨나며 그날 밤에는 한 곡의 음악이 생겨났습니다.

그러나 그것도 번수가 차차 많아 갈 동안, 저의, 그 불에 대한 흥분은 반비례로 줄어졌습니다. 온갖 것을 용서하지 않는 불꽃의 잔혹함도, 그다지 제 마음을 긴장시키지 못 하였습니다.

"차차, 힘이 적어져 가네."

선생님께서 제 음악을 보시고 이렇게 말씀하신 것이 그러한 때였습니다.

그러나, 저는 게서 더할 도리가 없었습니다. 하는 수 없이 저는 한동안 음악을 온전히 잊어버린 듯이 내버려 두었습니다.

모 씨가 성수의 마지막 편지를 여기까지 읽었을 때에, K 씨가 찾았다.

"재작년 봄에서 가을에 걸쳐서, 원인 모를 불이 많지 않았습니까. 그것이 죄

성수의 장난이었습니다그려."

"K 씨는 그것을 온전히 모르셨습니까?"

"나요? 몰랐지요. 그런데, 그 어떤 날 밤이구려. 성수는 기대에 반해서, 우리 집으로 온 지 여러 달이 됐지만, 한 번도 힘 있는 것을 지어 본 일이 없겠지요. 그래서, 저 사람에게 무슨 흥분될 재료를 줄 수가 없나 하고 혼자 생각하며 있더랬는데, 그때에 저 — 편 —."

K 씨는 손을 들어 남편 쪽 창을 가리켰다.

"저 — 편 꽤 멀리서 불붙는 것이 눈에 뜨입디다그려. 그래서 저것을 성수에게 보이면, 혹 그때의 감정(그때는, 나는 그 담배 장수네 집에 불이 일어난 것도 성수의 장난인 줄은 꿈에도 생각 안 했구려.)을 부활시킬지도 모르겠다. 이렇게 생각하구 성수의 방으로 올라가려는데, 문득 성수의 방에서 피아노 소리가 울려 나옵니다그려. 나는 올라가려던 발을 부지중 멈추고 말았지요. 역시 C샤프 단음계로서, 제 일곡은 뽑아 먹고, 아다지오에서 시작되는데, 고요하고 잔잔한 바다, 수평선 위로 넘어가려는 저녁 해, 이러한 온화한 것이 차차 스케르초로 들어가서는 소낙비, 풍랑, 번개질, 무서운 바람 소리, 우레질, 전복되는 배, 곤해서 물에 떨어지는 갈매기, 한 번 뒤집어지면서 해일에 쓸려나가는 동네 사람의 부르짖음 — 흥분에서 흥분, 광포에서 광포, 야성에서 야성, 온갖 공포와 포학한 광경이 눈앞에 어릿거리는데, 이 늙은 내가 그만 흥분에 못 견디어, 뜻하지 않고 '그만두어 달라'고 고함친 것만으로도 짐작하시겠지요. 그리고 올라가서 보니깐, 그는 탄주를 끝내고 피곤한 듯이 피아노에 기대고 앉아 있고, 이제 탄주한 것은 벌써 〈성난 파도〉라는 제목 아래 음보로 되어 있습디다."

"그러면 성수는 불을 두 번 놓고, 두 음악을 얻었다는 말씀이지요?"

"그렇지요. 그리고, 그 뒤부터는 한 십여 일 건너서는 하나씩 지었는데, 그것이 지금 보면, 한 가지의 방화 사건이 생길 때마다 생겨난 것이었습니다. 그러나, 그의 편지마따나, 얼마 지나서부터는 차차 그 힘과 야성이 적어지기 시작했지요. 그래서 —."

"가만계십쇼. 그사람이 그다음에도 〈피의 선율〉이나 그 밖에 유명한 곡조를 여러 개 만들지 않았습니까?"

"글쎄 말이외다. 거기 대한 설명은 그 편지를 또 보십쇼. 여기서부터 또 보시면 알리다."

……(중략) ××다리 아래로서 나오려는데, 무엇이 발길에 채는 것이 있었습니다. 성냥을 그어가지고 보니간, 그것은 웬 늙은이의 송장이었습니다. 저는 그것이 무서워서 달아나려다가, 돌아서려던 발을 다시 돌이켰습니다. 그리고,

선생님은 이제 제가 쓰는 일을 이해해 주실는지요. 그것은 너무도 기괴한 일이라 저로서도 믿어지지 않는 일이었습니다. 그 송장을 타고 앉았습니다. 그리고 그 송장의 옷을 모두 찢어서 사면으로 내던진 뒤에, 그 벌거벗은 송장을, (제 힘이라 생각되지 않는) 무서운 힘으로써 높이 쳐들어서, 저편으로 내던졌습니다. 그런 뒤에는, 마치 고양이가 알을 가지고 놀 듯, 다시 뛰어가서 그 송장을 들어서, 도로 이편으로 던졌습니다. 이렇게 몇 번을 하여 머리가 깨지고, 배가 터지고 ― 그 송장은 보기에도 참혹스러이 되었습니다. 그리하여 그 송장을 다시 만질 곳이 없이 된 뒤에, 저는 그만 곤하여 그 자리에 앉아서 쉬려다가 갑자기 마음이 긴장되고 흥분되어서, 집으로 달려왔습니다.

그날 밤에 된 것이 〈피의 선율〉이었습니다.

"선생은 이러한 심리를 아시겠습니까?"

"글쎄요."

"아마, 모르실걸요, 그러나 예술가로서는 능히 머리를 끄덕일 수 있는 심리외다. 그리고 또 여기를 읽어 보십시오."

……(중략) 그 여자가 죽었다는 것은 제게는 사실 뜻밖이었습니다.

저는, 그날 밤 혼자 몰래 그 여자의 무덤을 찾아갔습니다. 그리고 칠팔 시간

전에 묻어 놓은 그의 무덤의 흙을 다시 파서 그의 시체를 꺼내어 놓았습니다.

푸르른 달빛 아래 누워 있는 아름다운 그의 모양은 과연 선녀와 같았습니다. 가볍게 눈을 닫고 있는 창백한 얼굴, 곧은 콧날, 풀어헤친 검은 머리 — 아무 표정도 없는 고요한 얼굴은 더욱 처염*함을 도왔습니다. 이것을 정신이 없이 들여다보고 있던 저는 갑자기 흥분이 되어, 아아, 선생님 저는 이 아래를 쓸 용기가 없습니다. 재판소의 조서를 보시면 저절로 아실 것이올시다.

그날 밤에 된 것이 〈사령*〉이었습니다.

"어떻습니까?"

"……."

"네?"

"……."

"언어도단*이에요? 선생의 눈으로는 그렇게 뵈시리다. 또 여기를 읽어 보십쇼."

……(중략) 이리하여 저는 마침내 사람을 죽인다 하는 경우에까지 이르렀습니다. 그리고 한 사람이 죽을 때마다 한 개의 음악이 생겨났습니다. 그 뒤부터 제가 지은 그 모든 것은 모두 다 한 사람씩의 생명을 대표하는 것이었습니다.

"인전 더 보실 것이 없습니다. 그런데 그만큼 보셨으면 성수에 대한 대략한 일은 아셨을 터인데, 거기 대한 의견이 어떻습니까?"

"……."

"네?"

"어떤 의견 말씀이오니까?"

■ 처염하다(凄艶--) 처절하게 아름답다.
■ 사령(死靈) 죽은 사람의 넋.
■ 언어도단(言語道斷) 말할 길이 끊어졌다는 뜻으로, 어이가 없어서 말하려 해도 말할 수 없음을 이르는 말.

"어떤 '기회'라는 것이 어떤 사람에게서, 그 사람이 가지고 있는 천재와 함께, '범죄 본능'까지 끌어내었다 하면, 우리는 그 '기회'를 저주하여야겠습니까 혹은 축복하여야겠습니까? 이 성수의 일로 말하자면 방화, 사체 모욕, 시간*, 살인, 온갖 죄를 다 범했어요. 우리 예술가협회에서 별로 수단을 다 써서 정부에 탄원하고 재판소에 탄원하고 해서 겨우 성수를 정신병자라 하는 명목 아래 정신병원에 감금했지, 그렇지 않으면 당장에 사형이 아닙니까. 그런데 이제 그 편지를 보셔도 짐작하시겠지만 통상시에는 그 사람은 아주 명민하고 점잖고 온화한 청년입니다. 그러나, 때때로 그, 뭐랄까, 그 흥분 때문에 눈이 아득하여져서 무서운 죄를 범하고 그 죄를 범한 다음에는 훌륭한 예술을 하나씩 산출합니다. 이런 경우에 우리는 그 죄를 밉게 보아야 합니까, 혹은 그 범죄 때문에 생겨난 예술을 보아서 죄를 용서하여야 합니까?"

"그게야 죄를 범치 않고 예술을 만들어 냈으면 더 좋지 않습니까?"

"물론이지요. 그러나 이 성수 같은 사람도 있는 것이니깐 이런 경우엔 어떻게 해결하려렵니까?"

"죄를 벌해야지요. 죄악이 성하는 것을 그냥 볼 수는 없습니다."

K 씨는 머리를 끄덕였다.

"그렇겠습니다. 그러나 우리 예술가의 견지로는 또 이렇게 볼 수도 있습니다. 베토벤 이후로는 음악이라 하는 것이 차차 힘이 빠져가서 꽃이나 계집이나 찬미할 줄 알고 연애나 칭송할 줄 알아서 선이 굵은 것은 볼 수가 없이 되었습니다. 게다가 엄정한 작곡법이 있어서 그것은 마치 수학의 방정식과 같이 작곡에 대한 온갖 자유스런 경지를 제한해 놓았으니깐 이후에 생겨나는 음악은 새로운 길을 개척하기 전에는 한 기술이 될 것이지 예술이 될 수는 없습니다. 예술가에게는 이것이 쓸쓸해요. 힘 있는 예술, 선이 굵은 예술, 야성으로 충일된 예술 — 우리는 이것을 기다린지 오랬습니다. 그럴 때에, 백성수가 나타났습니다. 사실 말이

■ 시간(屍姦) 시체를 간음(姦淫)함.

118

지 백성수의 그새의 예술은 그 하나하나가 모두 우리의 문화를 영구히 빛낼 보물입니다. 우리의 문화의 기념탑입니다. 방화? 살인? 변변치 않은 집개, 변변치 않은 사람개는 그의 예술의 하나가 산출되는 데 희생하라면 결코 아깝지 않습니다. 천 년에 한 번, 만 년에 한 번 날지 못 날지 모르는 큰 천재를, 몇 개의 변변치 않은 범죄를 구실로 이 세상에서 없이 하여 버린다 하는 것은 더 큰 죄악이 아닐까요. 적어도 우리 예술가에게는 그렇게 생각됩니다."

K 씨는 마주 앉은 노인에게서 편지를 받아서 서랍에 집어넣었다. 새빨간 저녁 해에 비치어서 그의 늙은 눈에는 눈물이 번득였다.

"백성수의 광기는 반사회적일까?"

1. 다음 인물의 행동과 태도에 대하여 자신의 의견을 말하고 그렇게 생각한 까닭을 이야기해 봅시다.

- 백성수는 어머니가 병에 걸렸을 때 담뱃가게에서 돈을 훔쳐 달아났다.

  의견1 : 충분히 이해할 수 있다.

  근거 : 위독한 어머니가 혼수상태에 빠져 있는 상황에서 의사를 불러오려면, 담뱃가게에 놓여 있는 돈 몇 푼을 우선 가져갈 수밖에 없었다. 백성수가 돈을 훔친 것은 그가 악덕해서가 아니라, 돈을 훔칠 수밖에 없었던 상황과 돈을 훔칠 수 있게 된 기회가 주어졌기 때문이다.

  의견2 : 그릇된 행동이다.

  근거 : 어떠한 경우에라도 다른 사람의 물건을 훔치는 것은 정당화될 수 없다. 처음부터 어머니의 위급한 사정을 하소연하여 마을 사람들의 도움을 구할 수도 있었을 것이다.

- 백성수는 열정적인 음악을 창작하기 위해 수차례의 범행을 저질렀다.

  의견 :

  근거 :

- 예술가협회는 정부와 재판소에 탄원하여 백성수를 정신병원에 감금함으로써 사형을 면하게 해 주었다.

  의견 :

  근거 :

2. 다음 쟁점에 대하여 자신의 입장을 정하고 근거를 제시해 봅시다.

쟁점1 백성수의 천재성과 광기는 본인 스스로 억누르기 힘든 것이었다.

입장	그렇다	아니다
근거		

쟁점2 백성수의 사회적 일탈은 예술가의 광기에서 비롯된 것으로 용서받을 여지가 있다.

입장	그렇다	아니다
근거		

쟁점3 백성수의 음악은 가치 있는 예술 작품으로 인정받아야 한다.

입장	그렇다	아니다
근거		

뛰어난 예술 작품을 창조하려는 욕구 때문에 스스로의 인간
성을 파괴하면서까지 사회적 일탈 행위를 일삼는 건 용
납할 수 없는 일이야. 더구나 백성수는 다른 사람의 생
명을 앗아가는 끔찍한 일까지 저질렀지. 예술적인 창작
욕구라는 건 허울 좋은 핑계일 뿐이야. 백성수의 행동은
명백한 반사회적 범죄로 보아야 해.

백성수가 방화나 살인처럼 끔찍한 행위들을 통해서만
비범한 음악을 창작할 수 있었던 것은 정말 슬프고
안타까운 일이야. 그런데, 백성수 자신도 어쩔 수 없
었던 배경이 있었던 것 같아. 아버지에게서 유전적으
로 이어받았을 재능과 폭력성, 어머니를 잃은 슬픔과
복수심, 그리고 우연히 찾아온 방화의 기회. 무엇보다, 자기
스스로도 억누를 수 없는 예술적 광기 말이야.

음악 평론가 K씨도 백성수의 그런 천재성과 범죄 본능을
이끌어낸 상황적 요인에 대해 운운하더군. 그렇지만 그
런 것은 모두 핑계일 뿐, 백성수의 행위를 정당화해 주
지는 못해. 결정적인 순간마다 그는 도덕성 대신에 예술
성을, 그것도 매우 이기적인 예술성을 선택한 것일 뿐이야.

그렇지만 여러 훌륭한 예술가들이 다소 비상식적이고
비일상적인, 어떻게 보면 천재적인 면모를 가지고 있
는 것도 사실이잖아? 후대인들이 천재 예술가라고
칭송하는 여러 음악가들, 화가들을 한번 떠올려 봐.
화가인 고흐나 뭉크, 소설가인 모파상, 시인 횔더린 등
정신병에 시달린 예술가들은 너무도 많아. 그 사람들이 보
였던 천재성이나 광기를 떠올린다면, 백성수가 가진 재능과 광기도 어쩌면 비범한 예술혼의
차원에서 이해될 수 있을지 몰라. 그의 광기는 분명 문제가 있었지만 그의 작품은 너무나 큰
가치를 지녔다고 생각해.

아무리 예술이 일상적인 차원과는 다른 특별한 영역이라고 해도 삶의 다른 영역을, 특히 인간의 고귀한 생명을 그 수단으로 삼을 수는 없다고 생각해. 예술도 엄연히 삶의 일부인 거잖아. 독창적이고 훌륭한 예술도 사람들이 이해하고 받아들일 수 있는 범위 안에서 창조되고 향유되어야 해. 사람들이 삶 속에서 지켜 온 도덕과 질서를 파괴하는 범죄 위에 만들어진 작품을 '예술'이라는 이름으로 감싸 줄 순 없어.

예술이 꼭 사회 질서의 테두리 안에서만 용납되어야 하는 걸까? 일상을 뛰어넘고, 때로는 반사회적인 관점과 방식을 표출함으로써 훌륭한 예술이 창조되고 발전해 온 사례가 인류의 역사 속에는 무궁무진해. 예술이 때로 사회적 규범을 거스르는 것은, 사람들로 하여금 그동안 얽매여 왔던 일상이나 규율을 돌아보게 하고 상상의 범위를 넓히게 하는 역할을 한다고 생각해.

일상과 규범을 뛰어넘는 예술만이 훌륭한 예술은 아냐. 사회 구성원들끼리의 소통을 가능하게 하고, 바람직한 삶의 본보기를 보여 주는 그런 예술도 마찬가지로 훌륭한 가치를 지녔어. 그리고 작가가 사회 규범을 뛰어넘는 주제를 표현한다고 해서 작가 스스로가 사회 규범을 깨뜨리는 행동을 함부로 하는 것은 용납될 수 없어. 뛰어난 예술 작품을 창작하는 데서 나아가 자신의 삶에서 도덕과 규율의 바람직한 본보기를 보여 주는 그런 예술가가 우리에게 필요한 것 아닐까?

그런 잣대로라면 자칫 예술 작품 그 자체가 가진 아름다움과 가치를 간과하게 될 우려가 있어. 예술가 개인이 얼마나 훌륭한 인품과 도덕성을 갖추었는지에 상관없이 사람들에게 깊은 감동을 주는, 이른바 천재적인 예술 작품도 우리에게는 필요해. 작품을 예술가의 사회적 책임이라는 잣대가 아니라 작품 그 자체의 아름다움과 가치로 바라보아야 한다고 생각해.

1. 다음 글에 나타난 예술가들의 광기나 천재성이 가진 긍정적 효과를 생각해 보고, 이를 백성수의 창작 활동과 비교해 봅시다.

중국 근대문학의 아버지로 불리는 루쉰의 명작 「광인일기」는 주인공인 광인의 시점으로 이야기가 전개된다. 한 가지 흥미로운 사실은 작품을 읽다 보면 정작 광인인 화자보다, 그의 눈에 비친 대상인 일반인들이 더욱 미친 것처럼 보인다는 점이다.

어쩌면 이 세상이 미쳤다고 칭하는 것 속에 진실이 담겨 있고, 진실처럼 아름답고 반짝이게 보이는 것 속에는 거짓이 담겨 있는 것은 아닐까? 그 진실을 바라보기 위해서는 각 시대의 의미 있는 광인들에 집중해 보아야 할 필요가 있다.

그들은 예술가들이다. 미쳤다는 것은 어떻게 보면 예술가에게 있어서 최대의 미덕일지 모른다. 현실에 안주하는 일반인들과는 달리 끊임없이 세상에 질문을 던지고 새로움을 추구하는 광기야말로 창조적 행위에서 없어서는 안 될 정신적인 힘이니 말이다.

물론 여기서 미쳤다는 것은 남과 다르고 상식에서 벗어나는 행동을 한다는 범주의 미침으로 한정해야 할 것이다. 천재 혹은 광인의 출현과 그들이 빚어낸 예술은 언제나 새로운 한 시대를 열어 왔고, 구속되어 있던 인간의 의식을 해방시키는 선구자와도 같은 역할을 했다.

그들은 끊임없이 불만족하고, 끊임없이 고뇌했기에 삶은 비참했고, 때로는 고통스러웠으나, 그들이 겪은 고통은 그들의 정신을 강하게 만들었고, 그로부터 발생한 남다른 시각은 새로운 세상을 보게 했다. 또 그 맑고 순수한 삶 자체로서 예술적 가치를 증언하였다.

구한말의 선구적인 화가 나혜석은 사회가 여성으로써 씌운 굴레에 순응하지 않고, 그녀의 삶으로서, 그녀의 또 하나의 도구인 붓으로서 저항했다. 결혼식 때는 예술 활동을 보장한다는 각서를 남편에게 받아 내었고, 파리 여행 중 만난 남편의 친구와 사랑에 빠졌고, 그에 따른 부당한 대우에 대응하기 위해 그 시대로서는 과히 파격적인 이혼을 감행하였다. 결국 그녀는 말년에 비참한 최후를 맞이해야 했다. 어떤 시각에서 보자면 이토록 처참한 세상과의 불화를 겪은 그녀의 삶은 비극일 테지만, 또 다른 시각에서 보자면 끝까지 어떤 것에도 순응하지 않았던 그녀의 삶은 결코 어떤 것에도 식민지화되지 않음으로써 스스로의 자존감을 지켜낸 숭고한 것이다.

어린 시절 소아마비로 인해 왼쪽 다리는 불구가 되었고, 18세에 겪었던 비극적인 사고로 인해 생의 내내 수술에

나혜석, 〈해인사 홍류동〉, 1930년대

시달려야 했던 프리다 칼로의 생에는 짙고 암울한 느낌이 배어 있다. 그녀는 끊임없이 자신을 사랑해 줄 대상, 디에고 리베라를 갈구했지만 그는 그녀의 곁에 머물러 있지 않았다. 더불어 우연한 사고가 불러일으킨 불행은 그녀의 삶을 끊임없이 수렁 속으로 몰아넣었다. 비이성적인 그녀의 생활, 그녀의 종국의 유일한 안식처는 캔버스였다. 이렇게 많은 여성 예술가들의 삶은 줄곧 비참했다. 여성이라는 이유 때문에 세상과 불화했고, 상처를 입었지만 또 그로 인해 깊고 넓은 예술적 성취를 거둔 부분도 있었다.

진솔한 표정의 화가 파울 클레에 관한 흥미로운 사실은 나치가 현대미술을 모욕하기 위해 1937년 기획한 '퇴폐미술전'에 그의 작품이 7점이나 출품되었다는 사실이다. 그리고 그의 작품들

프리다 칼로, 〈부러진 척추〉, 1944

은 '광기와 정신병'이라는 카테고리로 분류되어 전시장에 걸렸다고 한다. 그의 작품은 나치에 의해 '퇴폐'로 규정되었고 광기의 나치 정권에 의해 '광기'로 규정되었다. 파울 클레는 "나는 울지 않기 위해 그린다. 그것이 처음이자 마지막 이유다."라고 말한다. 그는 그만의 시각으로 말미암아 정적인 예술 속에서 '운동'을 포착해 냈고, 시간적인 개념까지 포착함으로써 우주적인 개념을 담아낼 수 있었다.

파울 클레, 〈Villa R〉, 1919

혹자는 그들을 광인이라 부를 테고, 혹자는 그들을 천재라 칭할 것이다. 그것에 대한 정답은 없겠지만, 정확한 평가는 시간의 흐름 앞에서도 그들의 예술의 가치가 변색되는가 그렇지 않은가에 달린 것이다.

그들에게 삶의 최후, 그리고 유일한 보루는 예술이었다. 많은 곡절과 종종 허무히 단명하는 그들의 삶은 너무나도 드라마틱하여 소설이나 영화로 제작되기에 좋은 속성을 지니고 있다. 그래서 종종 우리는 그들의 예술에 주목하기보다, 그들의 삶을 단순한 가쉽거리로서 사람들의 흥미를 채우는 데 이용하기도 한다.

하지만 종국에 우리가 바라보아야 할 것은 그들의 삶의 이면이다. 그리고 우리는 얼마나 많은 천재들을 단순한 광인으로 치부하고 외면하고 있는가? 우리는 예술이라는 이름으로 예술을 세상 속에서 몰아내고 있지 않은가 경계해 보아야 할 것이다.

특집 – 예술과 광기(Ⅳ) '천재 혹은 광인의 초상', 〈주혜진, 〈문화저널21〉, 2009·8월호) 중에서

2. 서머싯 몸의 소설『달과 6펜스』의 내용을 「광염 소나타」와 연관 지어 이해해 보고, 일상적인 삶과 주변 사람들과의 관계를 파괴하면서까지 예술 창작을 위해 열정을 쏟는 태도를 어떻게 보아야 할 것인지 생각해 봅시다.

『달과 6펜스』는 프랑스의 후기 인상파 화가 폴 고갱의 생애에서 힌트를 얻어 쓴 작품으로 알려져 있다.

런던의 증권 중개인인 찰스 스트릭랜드가 작품의 주인공으로 등장한다. 그는 아내와 아들, 딸을 둔 전형적인 가장이다. 그의 아내 에이미는 문학에 관심이 많아 사교계에서 문인들과 사귀기를 즐기는 현모양처인데, 자신의 남편 스트릭랜드를 속물이라고 부른다. 그는 이렇다 할 취미가 없는데다 예술 쪽과는 담을 쌓은 사람이기 때문이다. 그러나 그들의 가정은 화목했고, 증권 중개업으로 앞으로 안정적인 경제생활을 유지하며 평범하고 단란한 삶을 살아갈 수 있을 것으로 보였다. 그런데 어느 날, 스트릭랜드는 갑자기 화가의 길을 택하여 아내와 자식들을 버리고 파리로 떠난다. 스트릭랜드와 친밀한 사이인 서술자 '나'는 사십의 나이에 그림에서 성공할 가능성이란 매우 희박하며 가족을 버려 가면서까지 화가가 되겠다는 것은 터무니없는 일이라 조언하는데, 스트릭랜드에게서 돌아오는 대답은 단호하기만 하다.

"나는 그림을 그려야 한다지 않소. 그러지 않고서는 못 배기겠단 말이요. 물에 빠진 사람에게 헤엄을 잘 치고 못 치고가 문제겠소? 우선 헤어 나오는 게 중요하지. 그렇지 않으면 빠져 죽어요."

그의 목소리에는 진실한 열정이 담겨 있었다. 나도 모르게 감명을 받았다. 그의 마음속에서 들끓고 있는 어떤 격렬한 힘이 내게도 전해 오는 것 같았다. 매우 강렬하고 압도적인 어떤 힘이, 말하자면 저항을 무력하게 하면서 꼼짝할 수 없도록 그를 사로잡고 있음을 느낄 수 있었다. 이해할 수 없었다. 정말이지 그는 악마에게라도 사로잡혀 있는 것 같았다. 악마가 느닷없이 달려들어 그를 갈가리 찢어놓을 것만 같았다.

이후 그는 파리에서 그림에 전념하며 생활하지만, 가난한 생활이 계속되어 결국 굶주림과 질병으로 쓰러지고 만다. 이때 일찍이 그의 천재성을 알아보았던 네덜란드의 상업화가 더크 스트로브는 아내 블란치의 반대를 무릅쓰고 스트릭랜드를 자신의 집에 데려가 정성껏 간호한다. 그런데 남편과 함께 스트릭랜드를 돌봐주던 블란치는 이내 스트릭랜드와 사랑에 빠지게 되고, 끝내 그를 따라 떠나겠다고 말한다. 결국 호의를 베풀었던 더크는 스트릭랜드와 아내에게서 배신을 당하고 만 셈이다. 하지만 그는 그들을 자기 집에 계속 살게 하고, 아내의 마음이 자기에게 돌아오기를 기다린다. 그러나 결국 스트릭랜드가 블란치를 버리자, 그녀는 독을 마시고 죽고 만다. 스트릭랜드는 그녀에 대해서 죄책감을 느끼지도 않는 듯했다.

블란치의 죽음에 더크는 크게 슬퍼했으나, 스트릭랜드가 동거 생활 중에 그린 그녀의 나체화를 보고는 화가로서의 천재성에 감탄한 나머지, 그에 대한 원망도 잊은 채 네덜란드로 같이 가서 그림을 그리는 것이 어떻겠느냐고 제안한다. 하지만 스트릭랜드는 마르세이유로 자리를 옮겨 부랑자나 다름없는 생활을 한다.

그러던 중 우연히 배를 얻어 타고 타히티로 가게 된다. 그곳은 그에게 만족스러운 곳이었고, 그는 그곳에서 돈이 조금 생기는 대로 밀림으로 들어가 그림에 열중했다. 그러는 동안 토인 처녀 아타를 아내로 맞아 아이를 낳는다. 결혼 후 3년 동안 그는 자연에 파묻혀 마음껏 그림을 그리며 산다. 그러나 행복한 삶도 얼마 되지 않아, 그는 나병에 걸리고 만다. 죽어 가고 있다는 스트릭랜드를 찾아간 의사 쿠트라는, 오두막 안에서 놀라운 광경을 보게 된다.

손잡이를 돌려 열고 안으로 들어섰다. 악취가 왈칵 풍겨 와 구역질을 참을 수 없었다. 손수건으로 코를 틀어막고 간신히 안으로 들어갔다. 불빛이 희미해서 밝은 햇빛 속에 있던 그는 한동안 아무것도 볼 수 없었다. 그러다가 깜짝 놀랐다. 자기가 지금 어디에 있는지 알 수 없었다. 갑자기 마법의 세계에 들어선 것만 같았다. 거대한 원시림과 나무들 밑으로 벌거벗은 사람들이 오가는 모습을 본 듯한 느낌이 들었다. 다음 순간 그는 사방의 벽에 그림이 그려져 있다는 사실을 깨달았다. (…) 눈이 점차 어둠에 익숙해 갔다. 이제 그는 벽에 그려진 그림들을 찬찬히 바라보면서 온통 야릇한 감정에 휩싸였다. 그림에 대해서는 아무것도 몰랐지만 이 그림들엔 이상하게도 그를 감동시키는 무엇이 있었다. 방바닥에서 천정에 이르기까지 사방의 벽이 기이하고 정교하게 구성된 그림들로 가득 채워져 있었다. 뭐라 형용할 수 없이 기이하고 신비로웠다. 그는 숨이 막혔다. 이해할 수도, 분석할 수도 없는 감정이 그를 가득 채웠다. 창세(創世)의 순간을 목격할 때 느낄 법한 기쁨과 외경을 느꼈다고 할까. 무섭고도 관능적이고 열정적인 것, 그러면서 또한 공포스러운 어떤 것, 그를 두렵게 만드는 어떤 것이 거기에 있었다. 그것은 감추어진 자연의 심연을 파헤치고 들어가, 아름답고도 무서운 비밀을 보고 만 사람의 작품이었다. 그것은 사람에게는 허락되지 않은 신성한 것을 알아 버린 이의 작품이었다. 거기에는 원시적인 무엇, 무서운 어떤 것이 있었다. 인간 세계의 것이 아니었다. 악마의 마법이 어렴풋이 연상되었다. 그것은 아름답고도 음란했다.

"맙소사, 이건 천재다."

이 말이 입에서 절로 튀어나왔다. 그는 자기가 무슨 말을 했는지도 몰랐다. 그러고는 눈길이 한구석에 있던 돗자리 잠자리에 멎었다. 그쪽으로 가 보니 형체가 일그러진 무섭고 소름끼치는 물체가 하나 있었다. 스트릭랜드였다. 그는 죽어 있었다.

이렇게 스트릭랜드는 필생의 대작을 오두막집의 벽 전체에 그려 놓은 후 죽음을 맞이한 것이었다. 그러나 그 위대한 그림은, 그의 유언에 따라 오두막과 함께 불태워지고 만다.

형과 동생 중
누가 더 행복할까?

욕망과 도덕

개미와 베짱이

서머싯 몸

　어렸을 적에 이솝 우화 「개미와 베짱이」에 대해 누구나 한 번은 들어보았을 것입니다. 이 작품은 그 우화를 토대로 하여, 람제이 가(家)의 두 형제, 조지 람제이와 톰 람제이에 대해서 '나'가 보고 들은 이야기를 들려주고 있습니다.

　형 조지는 변호사로 도덕을 중시하며 개미처럼 성실하게 살아가는 사람이지만, 동생 톰은 베짱이처럼 일은 하지 않고 쾌락을 즐기며 방탕하게 살아가는 사람입니다. 그러나 우화 「개미와 베짱이」가 주는 교훈과 달리, 행운의 여신은 동생의 편을 들어줍니다. 톰은 갓 결혼한, 돈 많은 부인이 남긴 유산 덕분에 조지보다 훨씬 많은 재산을 갖게 되고, 조지는 이 사실을 매우 억울해 하지요.

　'나'는, 불성실하고 책임감은 없지만 인간적인 매력이 풍부한 톰에게 더 호의적인 시선을 보내고 있습니다. 작가 서머셋 모옴은 '나'의 시선을 통해 어떤 의미를 전달하려고 한 것일까요? '나'는 왜 '개미와 베짱이'의 교훈에 대해 그리 거부감을 지녔던 것일까요?

　또, 작가의 의도를 떠나서, 우리는 조지의 삶과 톰의 삶을 어떻게 바라볼 수 있을까요? 형이 추구한 삶의 지향을 도덕성과 성실함으로 보고, 톰이 추구한 것을 쾌락 혹은 욕망으로 본다면, 무엇을 추구하며 살아야 후회 없이 멋진 삶을 살게 되는 것일까요?

　이들 형제의 삶을 통해, 진정으로 행복하게 사는 삶이란 어떤 삶인지 생각해 보도록 합니다.

내가 아주 어렸을 때, 나는 라퐁텐▪의 우화▪ 몇 개를 암기하도록 강요받았는데, 그 하나하나 속에 포함되어 있는 교훈이 지금도 잊히지 않는다. 그렇게 배운 우화 가운데 「개미와 베짱이」라는 게 있었다. 그 이야기는, 불완전한 세상에서는 부지런하면 그 보답이 있지만 들떠 놀아나면 벌을 받는다는 유익한 교훈을 젊은 이들에게 심어 주는 내용으로 꾸며져 있다. 누구나 다, 비록 정확하지는 못하나마, 알고 있는 것에 대해 이야기한다는 것은 미안한 일이지만 이 경탄할 만한 우화란 이러한 내용이다.

개미가 여름 동안 부지런히 일하여 겨울 먹이를 저장하고 있는 데 반하여, 베짱이란 놈은 풀잎에 도사리고 앉아서 태양을 향하여 노래만 부르고 있었다. 겨울이 오자, 개미는 안락하게 지내고 있었건만 베짱이의 곳간은 텅 비어 있었다. 베짱이는 개미에게 가서 먹을 것을 좀 달라고 간청했다. 그때 개미는 베짱이에게 누구나 다 알고 있는 대답을 한다.

"자넨 여름 동안 무얼 하고 있었나?"

"자네가 열심히 일하는 동안, 난 밤낮을 가리지 않고 노래만 하고 있었다네."

"맞아, 노래를 불렀었지. 그럼, 춤이나 추러 가는 게 어떤가?"

조그만 아이였던 나에게는 이 교훈이 감명을 주지 못했는데, 그 이유는 괴팍한 내 성질 때문이 아니라 선악을 가리지 못하는 어린 시절에 흔히 있는 모순 때문이었으리라. 나는 게으름뱅이 베짱이에게 동정을 느껴, 얼마 동안은 개미를 보기만 하면 짓밟아 버리지 않고서는 도저히 직성이 풀리지 않을 정도였다. 그러나 나는

▪ 라퐁텐(Jean de La Fontaine) 17세기 프랑스의 고전주의 시인이자 우화 작가로 음악적·회화적인 시구를 구사하여 자연스럽고 우아한 시를 썼으며, 우화집 12권은 동물에 빗대어 보편적인 인간 전형을 그린 우화 문학의 걸작으로 평가를 받는다.

▪ 우화(寓話) 인격화한 동식물이나 기타 사물을 주인공으로 하여 그들의 행동 속에 풍자와 교훈의 뜻을 나타내는 이야기.

이렇게 손쉬운 방법으로 — 내가 완전히 성인이 되어 느낀 것이지만 — 사리 분별이나 상식 따위에 찬성할 수 없다는 생각을 나타내고 싶었던 것이다.

언젠가 어느 레스토랑에서 조지 람제이 씨가 혼자서 점심을 먹고 있는 것을 보았을 때, 나는 이 우화를 생각해 내지 않을 수 없었다. 나는 이 사람 만큼 정말 우울한 표정을 지닌 사람을 본 적이 없었는데, 그는 물끄러미 허공만 노려보고 있었다. 마치 온 세상의 짐을 자기 혼자 도맡아 걸머지고 있는 것처럼. 나는 그가 가엾어졌다. 저 불운한 사람의 아우가 또 말썽을 일으킨 것이 아닌가 하고 대뜸 생각했다. 나는 조지에게 다가가서 손을 내밀었다.

"안녕하십니까?"

"전 기분이 유쾌하지 않아요."

하고 그는 대답했다

"또 톰이 무얼 저질렀나요?"

그는 한숨을 내쉬었다.

"네, 또 그 녀석 때문입니다."

"왜 내쫓지 않으세요? 당신은 지금까지 그를 위해서 할 수 있는 건 다해 오셨잖아요. 그는 정말 희망이 없다는 걸 이젠 당신도 깨달으셔야죠."

어느 가정이든 간에 하나쯤은 골칫거리가 있는 법이다. 톰은 이십 년 동안 이 가족에게 큰 골칫거리였지만 처음에는 그도 제법 남부럽지 않게 출발했었다. 직장에도 들어가고 결혼을 해서 두 아이를 두었었다. 람제이 가는 매우 훌륭한 가문이었으므로, 톰 람제이가 장차 쓸모 있는 훌륭한 인물이 되리라고 세상에서 생각한 것은 당연한 일이었다.

그런데 하루는 톰이 갑자기 일이 싫어졌으며 자기는 결혼 생활에 적합하지 않은 사람이라고 선언해 버렸다. 자기 자신의 생활을 즐기고 싶다는 것이었다. 그는 어떠한 충고에도 귀를 기울이려고 하지 않았다.

그는 아내를 버리고 직장도 뛰쳐나왔다. 돈이 조금 있어서 이 년쯤은 유럽의 몇몇 수도에서 즐거운 세월을 보냈다. 때때로 그의 행적에 관한 소문이 일가친

척의 귀에 들어가서, 그들에게 커다란 충격을 주기도 했다. 그는 정말 호화판 생활을 보내고 있었다. 그래서 친척들은 고개를 살래살래 흔들며, 돈을 탕진하였을 때에는 도대체 어찌될 것인가 하고 걱정하곤 했다.

이윽고 그러한 우려가 현실로 나타나고 말았다. 톰이 돈을 꾸기 시작한 것이다. 그는 몰염치[*]했지만 매력 있는 사람이었다. 나는 그 사람만큼 돈을 꾸어 달라는 것을 거절하기 어려운 사람을 결코 만난 적이 없다. 그는 끊임없이 친구에게서 돈을 빌렸는데, 그런 친구들이 쉽게 생겨났던 것이다. 하지만 생활의 필요에 쫓기어 쓰는 돈 따위는 재미가 없다고 그는 항상 말하는 것이었다. 써서 신바람이 나는 것은 사치스런 것에 쓴 돈이라고 하였다. 이것 때문에 그는 형인 조지에게 의지하지 않으면 안 되었다. 그는 자기 형에게는 타고난 자신의 매력을 발휘하려고 들지는 않았다. 조지는 진지한 사람이어서 그런 유혹에는 무감각했던 것이다. 조지는 근엄한 인간이었다.

한두 번 톰이 생활 태도를 고친다는 약속에 따라, 새 출발을 하기 위해서라면 하고 상당한 금액을 건네준 일이 있었다. 그런데 그 돈을 가지고 톰은 자동차라든가 멋들어진 보석을 사 버리곤 했다. 아우가 정신을 차릴 기미[*]가 전혀 보이지 않는다는 것을 주위의 사정으로 알아채고, 조지 람제이 씨는 동생인 톰과 손을 딱 끊고 말았다. 그랬더니 뻔뻔스럽게도 톰은 형을 공갈 협박하기 시작했다.

존경을 받을 만한 법률가인 조지로서는 자기 단골 레스토랑 카운터 뒤에서 자기 아우가 칵테일을 만들고 있거나, 자기가 다니는 클럽 밖에서 택시 운전대에 앉아 그를 기다리고 있거나 하는 꼴을 본다는 것은 그리 기분 좋은 일은 아니었다. 톰은 술집에서 일하는 것이라든지 택시를 운전하는 것은 조금도 몹쓸 직업은 아니지만 만약 형이 2백 파운드의 돈만 준다면 가문의 명예를 위하여 그따위 직업을 그만두겠다고 말하는 것이었다. 그래서 조지는 2백 파운드의 돈을 선선

■ **몰염치**(沒廉恥) 염치가 없음.
■ **기미**(幾微) 낌새. 어떤 일을 알아차릴 수 있는 눈치. 또는 일이 되어 가는 야릇한 분위기.

히 내주었다.

한번은 톰이 하마터면 감옥에 들어갈 뻔했다. 조지는 몹시 당황했다. 그는 이 수치스런 사건을 샅샅이 조사해 보았다. 정말로 톰은 엉뚱한 짓을 저지르고 만 것이었다. 그는 지금껏 방종하고 지각없이 제멋대로 살아오기는 했지만 결코 부정한 일은 저지른 적이 없었다.

조지가 말하는 부정한 일이란, 법에 걸릴 만한 나쁜 짓을 한 적이 없었다는 것이다. 그런데 이번에는 그가 고소되기만 하면 유죄 선고를 받을 것은 뻔한 일이었다. 단 하나밖에 없는 아우가 감옥에 처박히게 되는 것을 형으로서 가만히 보고만 있을 수는 없는 노릇이었다.

톰에게 사기를 당한 사람은 크론쇼란 자였는데 앙심이 깊은 사내였다. 그는 사건을 재판에 넘기겠다고 호통을 쳤다. 톰은 불한당*이므로 처벌을 받아야 한다는 것이었다. 이 사건을 해결하기 위하여 조지는 많은 고통을 받았을 뿐만 아니라 5백 파운드의 돈까지 쓰게 되었다.

그러나 톰과 크론쇼는 그 5백 파운드의 수표를 현금으로 바꾸기가 무섭게 둘이서 몬테카를로로 날라 버렸다. 이 말을 들었을 때만큼 조지가 노발대발한 것을, 나는 본 적이 없다. 톰과 크론쇼는 그곳에서 호화판으로 한 달을 지냈다.

이십 년 동안 톰은 경마며 도박에 열중하고, 제일 멋들어진 계집들의 꽁무니를 쫓아다니고, 춤을 추거나 최고급 레스토랑에서 식사를 하고 옷치장만 하면서 지냈다. 언제 보아도 옷상자에서 갓 나온 듯한 말쑥한 차림을 하고 있었다. 마흔 여섯 살의 나이였지만 서른다섯 이상으로 보는 사람은 아무도 없었다.

그는 정말 재미있는 친구였기 때문에, 보잘것없는 건달이라고 뻔히 알고 있으면서도 그와 만나는 동안은 어쩔 수 없이 즐거워지는 것이었다. 그는 의기양양하여 언제나 명랑했고 믿을 수 없을 만큼 매력이 넘쳐 흘렀다. 그래서 그가 생활 필수품을 산다고 꼬박꼬박 내게 돈을 빌려 와도 나는 선뜻 돈을 건네주었다. 내

■ 불한당(不汗黨) 남 괴롭히는 것을 일삼는 파렴치한 사람들의 무리.

가 50파운드의 돈을 빌려 주었을 때도, 오히려 내가 그에게 빚지고 있는 것처럼 느껴지는 것이었다. 톰 람제이는 모르는 사람이 없었으며, 또한 톰 람제이를 모르는 사람도 거의 없었다. 그가 하는 짓은 마음에 거슬렸지만, 인간으로서의 그를 좋아하지 않을 수는 없는 것이었다.

가엾게도 조지는 이 말썽꾸러기 아우와 단 한 살 차이밖에 없었지만 예순 살이나 되어 보였다. 이십오 년 동안, 그는 일 년에 두 주일 이상 휴가를 얻은 예가 없었다. 매일 아침 아홉 시 반에는 사무실에 나가 있었고, 저녁에는 여섯 시를 넘지 않으면 집에 돌아오지 않았다. 그는 정직하고 부지런하며 훌륭한 인간이었다. 얌전한 아내가 있었고, 다른 여인들과 바람을 피운다거나 하는 것은 꿈에도 생각지 않았으며, 넷이나 되는 딸에게는 그야말로 더할 나위 없이 훌륭한 아버지였다. 그는 수입의 3분의 1은 세상없어도 꼬박꼬박 저금을 하기로 하였고, 쉰다섯 살이 되면 은퇴하여 시골에 아늑한 집을 구하여 정원을 가꾸기도 하고 골프를 즐기기도 하리라는 계획을 세우고 있었다. 그의 생활은 나무랄 데라곤 한군데도 없었다. 조지는 빨리 나이가 들었으면 하고 바랐다. 왜냐하면 톰도 따라서 나이를 먹기 때문이었다. 그는 손을 비비면서 이렇게 말했다.

"톰이 젊고 얼굴이 반반한 동안은 뭐 이러쿵저러쿵할 건 없지만, 그는 나보다 꼭 한 살 아래란 말입니다. 이제 사 년만 있으면 그 녀석도 오십이 되거든요. 그렇게 되면 지금처럼 만사가 식은 죽 먹기로 되진 않는다는 걸 알 테지요. 나로서는 오십이 될 때까진 3천 파운드의 돈이 모일 테고. 지난 이십오 년 동안, 톰은 끝장에 가서는 거덜이 나는 수밖에 없겠지 하고 나는 말하여 왔습니다. 그때 가서 녀석에게 어떤 심정이 드나 두고 봅시다. 최선을 다해 부지런히 일하는 것과 빈둥빈둥 노는 것 중 어느 편이 정말 이득을 볼 것인지를 알 수 있을 테니까요."

가엾은 조지! 나는 그를 동정하고 있었다. 나는 조지 옆에 앉아서 대관절 그 톰 녀석이 어떤 패가망신할 짓을 저질렀을까 하고 곰곰이 생각하고 있었다.

조지가 몹시 당황하고 있다는 것이 눈에 보일 정도였다.

"이번엔 무슨 일이 있었는지 아십니까?"

하고 그는 내게 물었다.

나는 물론 최악의 경우를 생각하고 있었다. 톰이 경찰의 손에 걸린 것이 아닐까 하는 생각도 해 보았다. 조지는 쉽게 이야기할 기분이 나지 않는 모양이었다.

"당신은 내가 부지런하고, 점잖고, 남부끄럽지 않은 올바른 삶을 살아왔다는 걸 부정하지 않으시겠지요. 뼈 빠지게 일하여 절약해 온 나는, 노후에는 수익성이 높은 노른자위 증권에서 들어오는 적은 수입을 목표로 은퇴할 수 있을 것을 기대하고 있습니다. 나는 항상 하느님의 뜻을 만족시켜 드리는, 내 신분에 있어서 내게 부과된 의무를 꾸준히 다해 왔단 말입니다."

"물론이죠."

"그리고 톰이 게으름뱅이이고 아무 쓸모없는 바람둥이이며, 말을 하기도 부끄러운 건달이란 것도 당신은 부인하지 않으실 겁니다. 인과응보라는 게 있다고 하면 녀석이야말로 구빈원 행이 아니겠습니까?"

"사실입니다."

조지는 점점 얼굴을 붉혀 가면서 말을 이었다.

"몇 주일 전 톰은 어머니뻘 되는 부인과 결혼했답니다. 그런데 지금은 그 여인이 죽어서 그녀가 갖고 있던 재산이 몽땅 그 녀석의 손에 굴러 들어오지 않았겠어요? 돈이 50만 파운드, 요트 한 척, 런던에 있는 저택, 게다가 시골의 별장까지……."

조지 람제이는 불끈 쥔 주먹으로 테이블을 힘껏 내려쳤다.

"이건 공평치 못해, 공평치 못하단 말이야. 제기랄, 이건 정말 공평치 못하다니깐."

나는 도저히 참을 수가 없었다. 조지의 화가 치민 시뻘건 얼굴을 보고 큰 소리로 웃어 댔다. 의자에서 배꼽을 잡고 웃다가 하마터면 마룻바닥으로 굴러 떨어

■ 인과응보(因果應報) 전생에 지은 선악에 따라 현재의 행과 불행이 있고, 현세에서의 선악의 결과에 따라 내세에서 행과 불행이 있는 일.

질 뻔했다. 조지는 이런 나의 결례를 언제까지나 용서해 주지 않았다.

한편 톰은 산해진미의 만찬을 차려 놓고, 메이페이에 있는 으리으리한 저택으로 때때로 나를 초대하곤 했다. 그가 설사 내게서 돈을 얼마 꾼다고 하면, 그것은 그저 지금까지의 습관에서 벗어나지 못한 탓이며, 그 금액도 1파운드를 넘는 일은 결코 없었다.

『서머셋 모옴 단편선』(서머싯 몸, 이호성 옮김, 범우사, 1993)

"형과 동생 중 누가 더 행복할까?"

1. 다음 인물의 행동과 태도에 대하여 자신의 의견을 말하고 그렇게 생각한 까닭을 이야기해 봅시다.

- '나'는 어린 시절, 우화 「개미와 베짱이」를 읽고, 베짱이에게 동정심을 느껴 한동안 개미를 보기만 하면 밟아 뭉개 버린다.

  의견1 : 개미를 짓밟아 죽이는 행동은 잔인했지만, 그 행동의 동기는 이해할 수 있다.

  근거 : 우화에서는 개미가 베짱이 앞에서 매우 빈정거리는 태도를 취하고 있다. 베짱이에게 왜 노래만 불렀는지 물어보지도 않고, 궁지에 처한 베짱이 보고 '춤이나 추러 가라'고 말한다. 자기처럼 일하지 않았다는 이유로 남을 우습게 여기는 태도는 충분히 반감을 살 수 있다고 생각한다.

  의견2 : 지나친 행동이다.

  근거 : 성실하게 쉬지 않고 일만 한 개미 입장에서는 놀기만 하다가 뒤늦게 식량을 구걸하는 베짱이를 우습게 여기는 것이 당연하다.

- 동생인 톰은 어느 날 갑자기 직장과 가정을 버리고 호화로운 생활을 즐기기 시작했으며 친구들이나 형에게 돈을 빌리면서 살아간다.

  의견 :

  근거 :

- 형 조지는 이십오 년간 하루도 빠짐없이 출근하여 성실하게 일하면서 수입의 3분의 1을 꼬박꼬박 저축하는 생활을 해 왔다.

  의견 :

  근거 :

2. 다음 쟁점에 대하여 자신의 입장을 정하고 근거를 제시해 봅시다.

쟁점1 제멋대로 살아가는 동생의 태도는 비난 받아 마땅하다.

입장	그렇다	아니다
근거		

쟁점2 형은 동생의 인생을 부러워할 필요가 없다.

입장	그렇다	아니다
근거		

쟁점3 도덕성과 성실함은 쾌락이나 욕망보다 더 중요한 행복의 조건이다.

입장	그렇다	아니다
근거		

난 동생 톰이 형보다 더 행복한 인생을 살았다고 생각해. 자신이 하고 싶은 대로 하고 살았으니까. 게다가 보통은 그렇게 남의 돈을 빌려서 생활하게 되면 비참한 결과를 맞이하기 십상인데 오히려 횡재해서 부자가 되었으니 톰이야말로 참 행복한 사람 같아.

'하고 싶은 대로 하는 것' 때문에 다른 사람들이 피해를 본다면 그것을 진정한 행복이라고 할 수 있을까? 톰은 형을 공갈 협박하는 것도 모자라 나중엔 친구와 짜고 사기까지 치면서 형에게 돈을 얻어 내잖아. 형에게 고통을 안겨 주면서 얻은 행복이 진정한 행복일까?

하지만 형 조지처럼 매일 일만 하느라 휴가도 제대로 즐기지 못하고 마흔일곱의 나이에 예순 살이 되어 보이는 외모를 지닐 만큼 힘들게 산다면 그 역시 행복하다고 볼 수는 없어. 조지의 '침울한 표정'은 내면의 불행을 드러내는 것 아닐까?

톰이 형 속을 썩이지만 않았어도 그렇게 늙어 보이지는 않았을 거야. 조지가 지금 당장은 동생과 자신을 비교하면서 '침울한' 기분이 들 수 있겠지만 그렇다고 그의 삶이 불행한 삶이었다고는 할 수 없어. 가장으로서 형으로서 책임을 다하며 살아온 덕분에 조지에게는 사랑하는 아내와 딸들이 있잖아. 그러나 톰에게는 누가

있어? 자신이 버린 부인과 아이들, 잠깐 스쳐 가듯 만난 여자들뿐이지. 인간으로 태어나 진실한 사랑이나 지속적인 관계를 경험해 보지 못하는 것보다 더 큰 불행은 없다고 봐. 먼 훗날 톰이 자신의 삶을 돌아볼 때, 세상에 태어나 한 일이 가족과 친구들에게 피해를 주면서 자신의 쾌락을 좇은 일밖에 없다면 몹시 쓸쓸한 기분이 될 것 같아.

소설에 보면 "톰 람제이는 모르는 사람이 없었으며, 또한 톰 람제이를 모르는 사람도 거의 없었다. 그가 하는 짓은 마음에 거슬렸지만, 인간으로서의 그를 좋아하지 않을 수는 없는 것이었다."라는 말이 나와. 톰에게 아무도 없는 것이 아니라 오히려 그 반대라고 할 수 있지.

톰의 주변에 사람들이 많았던 것은 그가 영화배우처럼 화려한 생활을 했기 때문이 아닐까? 톰에게 그런 생활을 유지할 돈이 다 사라지거나 나이가 들어 잘 꾸민 외모도 볼품없이 변한다면 그때도 여전히 톰의 주변에 사람들이 남아 있을까? 톰이 맺은 관계들은 곧 사라질 거품처럼 허망한 관계일 뿐이야.

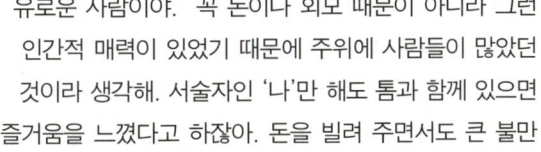

톰은 유쾌하고 자신감이 넘치며 어디에도 구속되지 않는 자유로운 사람이야. 꼭 돈이나 외모 때문이 아니라 그런 인간적 매력이 있었기 때문에 주위에 사람들이 많았던 것이라 생각해. 서술자인 '나'만 해도 톰과 함께 있으면 즐거움을 느꼈다고 하잖아. 돈을 빌려 주면서도 큰 불만을 가지지 않았었고. 톰은 자신의 삶을 즐기면서 다른 사람에게도 즐거움을 줄 줄 아는 유쾌한 사람이야. 그에게 찾아온 행운에 '나'가 그렇게 웃으며 즐거워한 까닭도 톰의 이런 매력을 높이 샀기 때문 아니겠어? 그에 비해 형의 인생은 답답하기 짝이 없잖아.

톰이 지금은 부자가 되었지만, 지금껏 살아온 방식대로 방탕하게 산다면 얼마 가지 않아 재산을 다 날리고 다시 가난뱅이가 될 거야. 그에 비해 형은 도덕적으로 성실하게 살았기에 노후를 편안히 즐길 수 있을 테지. 존경 받는 아버지로, 신망 있는 친구로 평가 받을 테고. 그러니 형의 인생이 진정 행복한 인생 아니겠어?

1. 진정한 행복을 '장기적 쾌락의 극대화'라고 할 때, 형과 동생에게 필요한 것은 각각 무엇인지 다음 글을 읽으면서 생각해 봅시다.

"내일이란 없다. 먹고, 마시고, 즐겨라."는 틀린 말이지만 쾌락주의와 관련하여 자주 등장하는 말이다. 우리가 내일 죽게 된다는 것이 사실이고 또 그런 사실을 알고 있다면 집세를 낸다든지 수학 과목을 수강하려고 등록하는 일 등은 당연히 아무 의미도 없게 된다. 그러나 일생을 통해 쾌락을 도모하는 일은 우리로 하여금 지금 당장의 어떤 쾌락을 포기할 것을 요구한다. 우리가 안정되고 보람찬 삶을 향유하려면 직업이나 직장을 가져야 하고, 그렇게 하기 위해서는 학교를 다니고 결석을 하지 말아야 하며, 친구들과 어울려 놀고 싶어도 참고 학업에 열중해야 한다.

우리는 수지타산을 맞추어 보아야 한다. 지금 당장의 즐거움만을 생각하고 앞으로 생길 불행을 외면하는 것이 어리석은 일이듯, 죽을 때까지 즐거움을 누리지 못하고 온갖 희생을 감수하는 것 역시 현명하지 못하다.

늘 빈둥거리면서 제대로 일하지 않는 노동자가 있다. 열심히 일하는 태도를 갖추지 않으면 그는 공장에 취직을 할 수가 없다. 그런데도 그는 여전히 빈둥대는 습관을 버리지 않는다. 이 경우 그는 게으른 습관을 고치고 열심히 일을 하기만 하면 지금보다 더 풍요롭게 살 수 있다. 그러나 그는 먼 장래를 위해 당장의 고통을 감수하려들지 않는다. 조금만 노력하면 될 일을 그렇게 하지 않음으로써 그가 미래에 얻을 수 있는 이득을 포기하는 셈이다.

또 다른 예를 들어 보자. 어떤 회사의 여자 중역은 하루도 빠짐없이 남보다 더 많은 일을 해서 많은 돈을 저축해 놓았다. 이제 그녀는 자신이 쓸 만큼의 돈을 벌었는데도 밤늦게까지 일에 열중한다. 치료비가 어마어마하게 들어가는 큰 병에 걸린다든지, 그동안 저축해 놓은 돈을 사기당해 모조리 잃어버린다든지 하는 어떤 불행한 일이 미래에 닥칠지 모르는 상황에서 일을 그만두는 것은 어리석은 일이라고 생각한다. 그녀는 미래에 대비하는 데만 급급하여 현재 누릴 수 있는 즐거움을 포기하고 있는 것이다.

이 두 극단적인 경우들은 모두 장기적으로 쾌락을 극대화할 수 없다는 점에서 잘못이라고 할 수 있다. 최선의 길은 미래의 쾌락을 염두에 두면서 현재 하고 있는 일에서 가능하면 많은 쾌락을 얻는 것이다. 훗날 안정된 직업을 얻기 위해 지금 열심히 공부를 하고 있으면서, 그 공부를 즐길 수만 있다면 우리는 두 가지 모두로부터 최선의 결과를 얻는 셈이다. 그렇게 되면 미래에 대한 준비는 더 이상 희생이 아니며 그러한 준비를 통해 희망을 갖게 되고, 보다 더 나은 미래 또한 맞이하게 될 것이다.

2. 레오 리오니의 동화 『프레드릭』은 이솝 우화 「개미와 베짱이」를 패러디한 작품입니다. 이 동화의 줄거리를 살펴본 후 동생인 톰을 변호해 봅시다.

헛간과 곳간이 가까운 오래된 돌담 곁에 수다쟁이 들쥐들의 보금자리가 있다. 어느 날 농부들이 이사를 가고 겨울이 다가오자 들쥐들은 식량을 마련하기 부지런히 일을 한다. 하지만 프레드릭은 그저 꿈을 꾸듯 앉아 있을 뿐이다. 친구들이 왜 일을 안 하느냐고 묻자 프레드릭은 춥고 어두운 겨울날을 위해 햇살을 모으고 있는 중이라고 말한다. 친구들은 또다시 일을 하고 프레드릭은 계속 '딴짓'을 한다.

얼마 후 겨울이 되자 다섯 마리의 들쥐는 그동안 모아 둔 곡식을 사이좋게 나눠 먹으며 지낸다. 물론 프레드릭도 함께한다. 하지만 겨울을 다 나기도 전에 식량이 다 바닥나자 춥고 배고픈 들쥐들은 기운이 빠져 누구 하나 말하고 싶어하지 않는다. 프레드릭은 친구들을 위해 그동안 모아 온 이야기들을 하나둘 풀어놓기 시작한다. 들쥐들은 눈을 감고 프레드릭의 이야기를 듣는다. 그러자 봄, 여름, 가을의 잊었던 빛깔과 풍경들이 다시 떠오르고 헐벗었던 마음은 따뜻하고 풍요로워진다. 프레드릭은 친구들로부터 칭찬과 박수갈채를 받는다.

올렌카는
사랑 중독자일까?

사랑의 방식

귀여운 여인

안톤 체홉

인간 삶의 가장 큰 화두인 사랑, 사랑의 방식은 늘 어려운 난제(難題)로 다가옵니다.

천성적으로 밝고 다정다감한 '귀여운 여인'인 올렌카는 잠시도 사랑하지 않고서는 살 수 없는 여인입니다. 사랑하지 않는 순간에는 비참하고 불행했던 올렌카, 그녀의 사랑 방식은 어떠했을까요?

그녀는 쉽게 사랑에 빠지며 상대에게 완전히 동화된 삶을 살게 됩니다. 상대의 의견을 자신의 의견으로 알고 자신을 텅 비운 채 타인을 온몸으로 받아들입니다. 자신을 희생한다는 의식조차 없는 숭고한 사랑을 실천하며 매번 사랑하는 그 순간 가장 자신다운 행복한 삶을 살아갑니다. 그녀는 사랑할 때 가장 아름다워 보이며 내적으로 충만해집니다. 그녀는 진정한 사랑의 표본입니다.

하지만 과연 자신의 의견이 결여되어 있는 사랑의 방식이 옳은 것일까라는 의문이 듭니다. 상대를 너무 사랑해서 자아가 상실된 삶, 그녀는 사랑할 때에만 자아의 존재를 느끼며 행복해하고 홀로 있을 때는 삶의 의욕을 잃고 불행해 합니다. 그녀는 정체성을 상실한 소극적이며 맹목적인 사랑을 하고 있습니다. 남의 의견을 자신의 의견으로 알고 앵무새처럼 옮기는, 또 상대를 통해서만 자신의 존재를 느끼는 그녀의 사랑을 우리는 어떤 시각으로 바라봐야 할까요?

올렌카의 사랑을 통해 과연 진정한 사랑은 무엇이고, 어떠한 방식으로 타인을 사랑해야 하는지 생각해 보도록 합시다

퇴직한 팔등관인 풀레먀니코프의 딸 올렌카는 생각에 잠겨 자기 집 현관 층계에 앉아 있었다. 날씨는 무더운데, 파리까지 짓궂게 덤벼들어서 기울어가는 해가 빨리 저물기만 기다려졌다. 검은 비구름이 이따금 생각난 듯이 습기 찬 미풍을 일으키며, 동쪽에서 몰려왔다.

뜰에는 이 집 건넌방을 빌려 쓰는 치볼리 야외극장 지배인 쿠우킨이 하늘을 쳐다보고 서 있었다.

"제기랄!"

그는 울상이 되어 투덜거렸다.

"또 비야! 일부러 그러는 것처럼 허구한 날 비만 오니, 이건 내 모가지를 졸라매자는 건가! 날마다 손해가 이만저만해야지! 이러다간 파산이로군, 파산이야!"

그는 올렌카에게 두 손을 쳐들어 보이며 불평을 계속했다.

"우리들의 생활이란 요모양 요꼴입니다, 올리가 세묘노브나. 울어도 시원치 않을 지경이죠! 별 고생을 다하고 죽도록 기를 쓰며 일해 봐야, 그리고 어떡하면 좀 더 나아질까 하고 밤잠도 자지 않고 별 궁리를 다해 봐야, 그게 무슨 소용이겠습니까? 첫째로, 관중이 야만인이나 다름없이 무지막지하단 말이에요. 나는 그들에게 일류 가수들을 동원하여 가장 고상한 오페레타나 무언극을 공연해 주지만, 과연 관중은 그런 것을 필요로 하겠습니까? 설사 그것을 구경한다 해도 도대체 무엇을 이해할 수 있겠습니까? 관중은 광대를 요구합니다. 아주 저속한 것을 상연해야 한단 말입니다! 게다가 날씨까지 이 모양입니다! 거의 매일 저녁 비가 오지 않습니까? 5월 10일부터 시작해서 6월 내 장마니 이런 기막힌 일이 어디 있겠어요! 구경꾼은 얼씬하지도 않는데, 그래도 자릿세는 물어야 하고, 배우들에겐 보수를 줘야 합니까?"

이튿날도 저녁 무렵 해서 또 검은 구름이 몰려왔다. 쿠우킨은 미친 듯이 웃으며 말했다.

"어쩌겠다는 거야? 퍼부을 테면 얼마든지 퍼부어라! 극장이 몽땅 물에 잠기고 나는 물속에서 헤어나지 못하도록 실컷 퍼부으란 말이야! 이 세상에서뿐만 아니라 저승에서까지 나를 못 살게 하겠다는 게로군! 배우들이 나를 걸어 고소해도 좋다! 재판이 무엇이야? 시베리아로 유형을 보내도 좋고, 교수대에 올려놔도 겁 날 것 없다! 핫, 핫, 핫!"

그 다음 날도 마찬가지였다…….

올렌카는 쿠우킨의 넋두리를 아무 말 없이 가슴 아프게 생각하며 들었고, 그러한 그녀의 눈에는 눈물이 글썽해지는 때도 있었다. 쿠우킨의 불행은 드디어 올렌카의 마음을 흔들어 놓고야 말았다. 그를 사랑하기 시작했다. 그는 안색이 누렇고 이마에 고수머리가 덮인 작달막한 키에 몸집이 여윈 사람이었다. 음성은 가느다란 테너였는데, 얘기할 적마다 입을 샐쭉거렸고, 얼굴에는 언제나 절망의 빛이 떠돌았다. 그러나 그는 올렌카의 마음속에 그렇게 순결하고도 깊은 애정을 일으켰다. 올렌카는 언제나 누구를 사랑하지 않는 때가 없었고, 또 그러지 않고는 살아갈 수 없는 성질의 여자였다. 어릴 적에는 아버지를 무척 따랐다. 그 아버지는 지금 괴로운 숨을 몰아쉬며, 어두운 방 안에서 안락의자에 앉아 앓고 있다. 그리고 이 년에 한 번쯤이나 브란스크에서 다녀가는 작은어머니도 사랑했다. 여학교 시절에는 프랑스어 선생을 사랑했다. 올렌카는 고운 마음씨를 가진 착하고 인자스러운 여자였다. 또한 그녀의 눈길은 잔잔하고 부드러웠으며 몸은 매우 건강한 편이었다. 통통하고 불그레한 뺨이며, 보드랍고 흰 살결에 까만 점이 찍힌 목덜미며, 무슨 재미있는 얘기를 들을 때 떠오르는 티 없이 상냥한 웃음 같은 것을 보는 사내들은, 으레 "거 괜찮게 생겼는 걸……" 하며 자기들도 웃음 지었고, 여자 손님들은 얘기를 주고받다가도 "아이 참 귀엽기도 하지!" 하며 느닷없이 그녀의 손을 잡아 보지 않고는 못 견뎠다.

올렌카가 태어날 때부터 살아왔고, 또 아버지의 유언장에도 그녀의 명의로 된 이 집은 도심에서 떨어진 츠이간스카야 슬로보드카에 있었다. 치볼리 야외극장이 가까워서 저녁마다 늦도록 음악 소리와 폭죽 터지는 소리가 들려왔다. 그런 소리를 듣노라면, 올렌카는 자기의 운명과 싸우며, 자기의 가장 큰 적인 무관심한 관중을 공격하는 쿠우킨의 모습을 연상했고, 그러면 그녀의 심장에는 달콤한 감격이 벅차올랐다. 잠을 청할 생각은 아예 하지도 않았다. 새벽녘에 그가 돌아오면 침실 창문을 똑똑 두드리며 커튼 사이로 얼굴과 한쪽 어깨만을 내밀며 상냥한 미소를 지어 보이곤 했다.

쿠우킨이 올렌카에게 청혼하여 그들은 결혼했다. 그리하여 그녀의 목덜미며, 포동포동한 두 어깨를 보게 되었을 때, 그는 두 손을 번쩍 쳐들고 이렇게 말했다.

"정말 당신은 귀염둥이로구려!"

그는 행복했다. 그러나 결혼식 날에도 밤낮을 두고 비가 온 것처럼 그의 얼굴에서 절망의 빛이 아주 사라지지는 못했다.

결혼 후에 그들은 다정스럽게 살았다. 올렌카는 입장권을 팔기도 하고, 극장 안의 여러 가지 일을 거들어 주기도 하며, 계산서를 꾸미고 월급을 치러 주기도 했다. 그녀의 불그레한 두 뺨과 티 없이 맑고 귀여운 웃음이 매표구에서 보였는가 하면, 무대 뒤나 구내식당에 나타나곤 했다. 그리고 그녀는 어느덧 자기 친지들에게, 연극이야말로 인간 생활에서 가장 보람 있고 또 없어서는 안 될 중요한 것이며, 연극을 통해서만 인간은 참다운 위안을 느낄 수 있고 교양을 지닌 인도주의적 인간이 될 수 있다고 곧잘 설명하게 되었다.

"하지만 관중이 과연 그걸 이해할 수 있겠어요?"

그녀는 이렇게 말했다.

"그들이 요구하는 건 광대라니까요! 어제 파우스트의 개작을 공연했더니 관람석이 아주 텅 비었어요. 그렇지만 우리 주인 바니치카와 내가 저속한 신파나 공연했더라면 틀림없이 대만원이었을 거예요. 내일 바니치카와 나는 〈지옥에서의 오르페우스〉를 상연하기로 했지요. 꼭 보러 오세요."

그러고는 연극이나 배우들에 관해서 쿠우킨이 하던 말을 그대로 되풀이하곤 했다. 남편이 하는 그대로 예술에 대한 관중의 냉담과 무지를 탓하기도 하고, 무대 연습에 끼어들어 배우들의 포즈를 고쳐 주고, 악사들의 몸짓을 감독하기도 했다. 어쩌다 지방 신문에 연극에 관한 악평이 실리면 눈물을 흘렸고, 그 악평을 해명하려고 직접 신문사에 찾아다니기도 했다.

배우들도 올렌카를 좋아했다. 그들은 "바니치카와나"라거나 "귀여운 여인"이라고 그녀를 부르게 되었다. 그녀는 배우들을 동정해서 많지 않은 돈이면 돌려주기도 했다. 그러다가 만일 배우들이 약속을 지키지 않을 때에도 남편에게 일러바치는 일은 없었고, 그저 혼자서 눈물을 찔끔찔끔 짜고 말았다.

두 내외는 겨울에도 잘 지냈다. 야외극장은 시내에 있는 극단이 공연하지 않는 대신에 소러시아에서 흘러온 소규모의 극단이라든가, 마술사라든가, 그렇지 않으면 시골 아마추어 연극 동호회 같은 데 단기간씩 빌려 주었다. 올렌카는 점점 몸이 나기 시작했고, 흡족한 표정으로 얼굴이 환해져 갔다. 그러나 쿠우킨은 노랗게 말라만 가면서 겨우내 경기가 나쁘지 않았는데도 손해가 막심하다고 투덜거리기만 했다. 그는 밤마다 쿨룩쿨룩 기침을 했다. 그래서 올렌카는 남편에게 딸기라든가 라임을 짜서 끓여 먹이기도 하며, 오데콜롱으로 찜질도 해 주었고, 자기의 따뜻한 숄을 둘러 주기도 했다.

"난 당신이 얼마나 좋은지 몰라요!"

남편의 머리를 쓰다듬으며 그녀는 다정스럽게 말했다.

"정말 당신은 좋은 분이셔!"

사순제*가 되어 쿠우킨은 극단을 부르러 모스크바로 떠났다. 남편 없이 올렌카는 잠을 이룰 수 없었고, 그래서 밤이 새도록 별들만 바라보며 들창가에 앉아 있었다. 그런 때 그녀는 닭장에 수탉이 없으면 괜히 겁을 집어먹고 밤새 잠을 못 자는 암탉과 자기를 비교해 보기도 했다. 쿠우킨은 모스크바에서 한동안 머물렀는데, 부활절까지는 돌아갈 테니 극장 일은 이러이러하게 하라는 편지를 보내왔다. 그러나 부활절을 일주일 남긴 월요일 밤늦게 문을 두드리는 소리가 불길하게 들려왔다. 문밖에서 누가 커다란 나무통을 쿠웅쿠웅 두드리는 것 같은 소리였다. 잠이 채 깨지 않은 식모가 맨발로 물이 질벅하게 고인 뜰을 거쳐 대문으로 달려 나갔다.

■ **사순제(四旬祭)** 사순절에 금식하고 속죄하며 하나님께 드리는 제사.

152

"문 좀 열어 주시오!"

밖에서 거칠고 굵직한 목소리가 들렸다.

"댁에 전보요!"

올렌카는 이전에도 남편에게서 전보를 받은 일이 있었지만, 이번만은 어쩐지 정신이 아찔해지는 것 같았다. 부들부들 떨리는 손으로 전보용지를 펴 들었다. 전보에는 이렇게 적혀 있었다.

이반 페트로비치 금일 돌연 사망. 화요일 장례식. ×××지시를 바람

장례식 다음에 적힌 글자는 전혀 뜻 모를 말이었다. 발신인은 소가극단 무대 감독이었다.

"여보!"

올렌카는 흐느껴 울었다.

"나의 소중한 바니치카! 이게 어떻게 된 노릇이에요! 왜 나는 당신과 만났을까요? 왜 나는 당신을 사랑했을까요! 불쌍한 당신의 올렌카를 두고, 이 가엾고 불행한 올렌카를 두고, 당신은 혼자 어디로 가 버렸단 말이에요……?"

쿠우킨의 장례식은 화요일 모스크바에서 치렀다. 그리고 수요일에 올렌카는 집으로 돌아왔다. 방에 들어서자 침대에 몸을 던지고, 한길에서나 이웃집에서도 들릴 만큼 큰 소리로 통곡했다.

"가엾기도 해라!"

이웃집 사람들은 가슴에 성호를 그으며 말했다.

"귀여운 올리가 세묘노브나가 저렇게 상심해 하다가는 몸을 망쳐 버리겠네!"

그로부터 석 달이 지난 어느 날, 수심에 찬 올렌카가 상복을 입고 미사에서 돌아오는 길이었다. 이웃에 사는 바실리 안드레이치 푸스토발로프도 역시 교회에서 돌아오는 길이었는데, 우연하게도 올렌카와 나란히 걷게 되었다. 그는 바바카예프라는 목재상의 주인이었다. 맥고모자를 쓰고 금으로 만든 시곗줄을 드리

운 흰 조끼를 받쳐 입은 품이 상인이라기보다는 차라리 시골 지주라는 편이 어울릴 것 같은 사람이었다.

"세상의 모든 일은 다 주의 안배[■]하심에 따라 결정되는 것입니다, 올리가 세묘노브나."

그는 동정 어린 음성으로 침착하게 타이르듯 말했다.

"우리가 믿고 귀중히 여기는 사람 중 누가 죽는다 해도 그것은 주의 뜻입니다. 우리는 슬픔을 참고 그 뜻에 순종해야 하지 않겠습니까?"

대문까지 올렌카를 바래다준 그는 작별 인사를 하고 돌아갔다. 이런 일이 있은 후 그의 침착하고 위엄 있는 음성은 그녀의 귓전에서 온종일 사라지지 않고, 눈을 감기만 하면 그의 검은 수염이 머릿속에 떠올랐다. 올렌카는 그를 퍽 좋아하게 되었다. 남자 편에서도 그녀에게 관심을 가진 것이 틀림없었다. 며칠 후 조금 안면이 있는 어떤 중년 부인이 커피를 마시러 집으로 찾아와서, 식탁에 앉기가 무섭게 푸스토발로프의 말을 꺼내며, 그가 아주 착실하고 믿음직스러운 신랑감이기 때문에 그 사람한테 시집가라면 뉘 집 색시든지 혹하고 덤빌 것이라는 말을 장황히 늘어놓고 간 일만으로도 넉넉히 짐작할 수 있었다. 그리고 사흘 후에는 푸스토발로프 자신이 찾아왔다. 그는 불과 십 분이나 앉아 있었을까, 말도 몇 마디 하지 않고 돌아갔으나 올렌카는 벌써 그를 사랑하게 되었다. 어떻게 그에게 반해 버렸는지, 그날은 밤새도록 잠을 이루지 못하고 열병에 걸린 사람처럼 들떠 있었다. 그래서 아침이 되기가 바쁘게 그 중년 부인을 불러오게 했다. 곧 혼담이 성립되었고, 그다음 결혼식도 끝났다.

결혼한 후, 푸스토발로프와 올렌카는 의좋게 지냈다. 남편은 보통 점심때까지 상점에 앉아 있다가 일을 보러 밖으로 나가곤 했다. 그러면 올렌카가 그를 대신하여 저녁때까지 앉아서 계산서를 꾸미기도 하고 물건을 팔기도 했다.

"목재는 해마다 2할씩이나 값이 오른답니다."

■ 안배(按配) 알맞게 잘 배치하거나 처리함.

154

물건을 사러 오는 손님이나 아는 사람들에게 그녀는 이렇게 설명했다.

"그도 그럴 것이 전에는 이 지방 목재만 가지고도 장사가 되었는데, 지금은 우리 주인 바시치카가 목재를 구입하러 모길레프까지 해마다 다녀와야 합니다. 그리고 또 그 운임은……."

이렇게 말하며, 그녀는 두 손으로 뺨을 감싸며 아주 놀란 표정을 지어 보였다.

"아주 엄청나게 먹힌다니까요!"

올렌카는 벌써 오래전부터 자기가 목재상을 경영해 온 것처럼 느꼈고, 또 목재야말로 인간 생활에서 가장 중요하고 필요불가결한 물건이라고 생각하게 되었다. 그리고 대들보, 통나무, 서까래, 판자, 각재, 창을 만드는 재료, 기둥, 톱밥 등등 이런 말들은 어릴 적부터 귀에 익은 것처럼 다정스럽게 들렸다. 잠을 잘 때에도, 차곡차곡 쌓아 올린 두껍고 얇은 판자의 더미라든가, 어디론지 시외로 나무를 운반해 가는 우마차의 기다란 행렬이라든가, 길이가 30척이 넘는 일곱 치들보 각재가 곧추서서 마치 군대처럼 재목 저장고로 행군하는 꿈을 꾸었다. 통나무, 들보, 판자 같은 마른 나무가 요란한 소리를 내고 서로 부딪치며 한꺼번에 무너져 내렸다가는 다시 저절로 쌓아 올려지는 꿈도 꾸었다. 그럴 때 올렌카는 소스라쳐 깨어나곤 했다. 그러면 푸스토발로프가 어린애 달래듯 했다.

"왜 그러지, 올렌카? 어서 성호를 그어요!"

남편의 생각은 바로 아내의 생각이기도 했다. 남편이 방이 너무 넓다고 하든가 장사가 시원치 않다고 생각하면, 그녀도 역시 그렇게 생각했다. 남편은 어떤 종류의 오락도 즐길 줄 몰랐다. 공휴일에도 그는 집에만 틀어박혀 있었고, 아내도 역시 마찬가지였다.

"매일 집 안에나 사무실에만 박혀 있지 말고 극장 같은 데 구경이라도 좀 다녀 보시지."

가깝게 지내는 사람들은 그녀에게 이렇게 권했다.

"우리 바시치카와 나는 극장엔 가지 않기로 하고 있지요."

그녀는 위엄 있는 말투로 대답했다.

"우리 노동자에게는 그런 우스꽝스러운 구경을 하고 다닐 여가가 없습니다. 극장에 다녀봐야 뭐 하나 이로울 게 있어야죠."

토요일이면 푸스토발로프 내외는 저녁 기도에 참석했고 일요일엔 아침 미사에 참례했다. 교회에서 돌아올 때 그들은 부드러운 표정으로 나란히 걸었다. 아내의 비단옷은 사락사락 기분 좋은 소리를 내었고, 남 보기에도 두 사람은 행복스러웠다. 집에 돌아와서는 버터빵에 여러 가지 잼을 발라서 차를 마시고, 케이크를 먹었다. 매일 점심때가 되면 이 집에서는 수프며, 양고기며, 오리를 볶는 냄새가 대문 밖 한길까지 풍겨 나왔고, 육식을 금하는 소제 날에는 생선으로 요리를 만들었다. 그래서 누구나 이 집 앞을 지날 때 군침을 삼키지 않는 사람이 없었다. 사무실에는 언제나 사모바르가 끓고 있어서 손님들은 차와 도넛 대접을 받았다. 일주일에 한 번씩 이 부부는 목욕탕에 갔다가 불그레하게 상기된 얼굴로 나란히 집으로 돌아오곤 했다.

"덕분에 잘 지내고 있지요."

올렌카는 아는 사람을 만나면 이렇게 말했다.

"남들도 모두 바시치카와 내가 사는 것처럼 행복하게 살 수 있게 해 달라고 주께 간구한답니다."

푸스토발로프가 목재를 구입하러 모길레프에 다녀오는 동안 그녀는 퍽 적적해 했고 밤잠도 못 자고 눈물만 짰다. 그녀의 집 건넌방을 빌려 쓰는 젊은 군 수의관인 스미르닌이 저녁이면 이따금 놀러 왔다. 그는 올렌카에게 이야기도 해 주고 트럼프를 함께 하기도 했는데, 그녀에게는 여간 위로가 되는 게 아니었다. 스미르닌의 가정 얘기는 특히 그녀의 관심을 끌었다. 수의관에게는 처와 아들이 있었는데, 처의 행실이 좋지 못하여 헤어졌다는 것이다. 그는 지금 자기 처를 몹시 원망하기는 하지만 아들의 양육비로 매달 40루블씩 보내준다고 했다. 그런

■ 사모바르(samovar) 러시아 전래의 특유한 주전자. 구리, 은, 주석 따위로 만드는데 중앙에 상하로 통하는 관이 있어 그 속에 숯불을 넣어 물을 끓인다.

얘기를 들으며 올렌카는 한숨을 쉬고 머리를 흔들었다. 그가 측은히 여겨졌던 것이다.

"주께서 당신을 구해 주시도록 기도하겠어요."

층계까지 촛불을 들고 나와서 그를 보내며 올렌카는 말했다.

"심심한데 와 주셔서 참 고마웠어요. 주께서 당신에게 건강을 주시고, 또 성모 마리아께서도……."

그녀의 말투는 남편을 닮아 침착하고 위엄이 있었다. 아래층 문을 열고 나가려는 수의관을 일부러 불러 세우고 그녀는 이렇게 충고했다.

"블라디미르 플라토니치, 부인과 화해하셔야 합니다. 아드님을 봐서라도 부인을 용서해 줘야지요! 어린 자식 마음에 그늘이 지게 해서는 안 되니까요."

푸스토발로프가 돌아오자 그는 남편에게 수의관의 불행한 가정 얘기를 소곤소곤 들려주었다. 그리고 그들 내외는 한숨을 쉬고 머리를 저으면서, 그 어린애는 얼마나 아버지가 보고 싶겠느냐고 남의 일 같지 않게 동정을 했다. 그러던 내외는 어떤 이상한 생각이 떠올라 성상 앞에 무릎을 꿇고 자기들에게도 자식을 주십사는 기도를 드렸다.

이리하여 푸스토발로프 내외는 깊은 사랑 속에서 말다툼 한번 한 일이 없이 육 년 동안 조용하고 평화로운 나날을 보냈다. 그러다가 어느 겨울날 바실리 안드레이치는 상점에서 뜨거운 차를 한 잔 들이켜고, 목재가 반출되는 것을 살피러 모자도 쓰지 않은 채 밖으로 나갔다가 그만 감기에 걸려서, 드디어는 앓아눕게 되었다. 이름난 의사들을 불러 보았지만 그의 병세는 조금도 차도가 없더니 넉 달을 누워 앓고는 끝내 죽어 버리고 말았다. 올렌카는 다시금 과부가 되었다.

"나를 두고 당신은 혼자 어디로 가신단 말이오, 여보!"

남편의 장례를 치르고 그녀는 이렇게 통곡했다.

"당신 없이 나 혼자 앞으로 어떻게 살아가면 좋아요. 내가 가엾고 불쌍하지도

않으세요. 이웃의 여러분들이 나를 보살펴 주세요. 나는 이제 사고무친*의 고아
가 돼 버렸어요……."

올렌카는 상장이 달린 검은 옷을 입고 모자를 쓰지도 장갑을 끼지도 않았으
며, 교회나 남편의 묘지에 가는 이외에는 밖으로 나오는 일이 없었다. 마치 수도
원의 수녀와 같은 생활을 했다. 푸스토발로프가 죽은 후 6개월이 지나자 올렌카
는 상복을 벗었고, 들창에 무겁게 닫혔던 덧문을 열어 놓기 시작했다. 아침이면
이따금 식모를 데리고 시장에 나가는 그녀의 모습을 사람들은 볼 수 있게 되었
다. 그러나 집 안에서 그녀가 어떻게 지내는지, 또는 무슨 일이 일어나는지 그런
것은 그저 제멋대로 추측을 해 보는 수밖에 딴 도리가 없었다. 그녀가 뜰에 앉아
수의관과 함께 차를 마신다느니, 수의관이 그녀에게 신문을 읽어주는 것을 누가
보았다느니, 또 우체국에서 어떤 친구를 만나 올렌카가 이런 말을 하더라느니
하는 소문이 그러한 추측의 근거가 되었다.

"이 고장에서는 가축 관리가 제대로 돼 있지 않아요. 그것이 여러 가지 병이
생기는 원인이지요. 우유에서 병을 얻게 되고, 말이나 소에게서 무서운 병이 사
람에게 옮겨진다는 것쯤은 알 만도 할 텐데. 사실은 가축의 건강에 대해서도 사
람의 건강에 못지않게 세심한 주의가 필요한 거예요."

수의관의 견해를 그대로 남에게 되풀이한 것이다. 그리고 무슨 일에 대해서나
그녀는 벌써 수의관과 꼭 같은 의견을 가지게 되었다. 올렌카는 그 누구에 대한
애정 없이는 단 일 년도 살아갈 수 없는 여자임이 분명했다. 그래서 그녀는 자기
집 건넌방에서 새로운 행복을 찾은 것이다. 다른 여자였더라면 사람들에게 비난
을 받았겠지만 올렌카의 경우에는 누구도 악의로 해석하려는 사람이 없었다. 그
녀에게는 너무도 당연하다고 생각했기 때문이다. 올렌카와 수의관은 누구에게
도 자기들의 관계가 달라졌다는 말을 입 밖에 내지 않았고, 될수록 감추려 했지
만, 그것은 안 될 일이었다. 올렌카는 비밀이라는 것을 가질 수 없는 여자였다.

■ 사고무친(四顧無親) 의지할 만한 사람이 아무도 없음.

158

연대에 같이 근무하는 수의관의 친구들이 놀러오면 올렌카는 그들에게 차를 대접하기도 하고, 어떤 때는 밤참을 차리기도 했다. 그런 자리에서 그녀는 페스트, 결핵 등 가축의 질병이나 도회지의 도살장과 같은 문제에 대해 늘어놓기가 일쑤여서 수의관을 난처하게 만들었다. 손님들이 돌아간 후 수의관은 그녀의 손을 붙잡고 화를 내며 나무랐다.

"똑똑히 알지도 못하는 그런 얘긴 하지 말라고 그러지 않았소! 우리 수의사끼리 얘기할 땐 제발 말참견 좀 그만둬요. 내 꼴이 뭐가 되겠소!"

그러면 올렌카는 놀라움과 불안이 뒤섞인 얼굴로 그를 쳐다보며 물었다.

"그럼 볼로치카, 난 무슨 말을 하면 좋아요?"

그리고 눈물이 글썽해서 그를 껴안으며 성내지 말아 달라고 애원했다. 두 사람은 행복했다.

그러나 그 행복도 오래 계속되지는 못했다. 연대가 딴 곳으로, 시베리아는 아니지만 아주 먼 곳으로 이동하게 되어, 수의관도 연대와 함께 영영 떠나가 버렸다. 그리하여 올렌카는 다시 혼자 남았다.

이제 그녀는 그야말로 외톨이가 되고 말았다. 아버지도 이미 오래전에 세상을 떠났고, 그가 앉았던 의자는 다리가 하나 부러진 채, 먼지를 가득 쓰고 지붕 밑 창고 속에 들어가 있다. 그녀의 복스럽던 얼굴도 이제는 여위고 귀여움은 사라졌다. 거리에서 만나는 사람들도 이전처럼 그녀를 보며 웃는 일이 없었다. 분명히 젊고 아름답던 시절은 이미 지나가 버리고 다시는 그녀에게 되돌아올 수 없게 된 것이다. 그리고 이제 행복이란 꿈도 꿀 수 없는 그늘진 생활이 새로 시작되었다. 해가 기울면 올렌카는 현관 층계도 앉아 있었다. 야외극장에서는 음악 소리와 폭죽이 터지는 소리가 예나 다름없이 들려왔지만, 그러나 지금은 아무런 감흥도 일어나지 않았다. 아무 생각도 없이, 그리고 아무 욕망도 없이 그저 멍하니 텅 빈 정원을 바라보고 있을 따름이었다. 그러다가 밤이 오면 잠자리에 들어가서 폐허 같은 자기 집 정원을 다시 꿈속에 보았다. 음식은 마지 못해 먹는 흉내만 냈다.

그러나 그녀에게 무엇보다도 가장 큰 불행은 이미 아무 일에도 자기 의견을 가질 수 없게 되었다는 것이었다. 물론 자기 주위의 사물이 눈에 띄었고, 또 주위에서 일어나는 일을 알기는 했지만, 그런 일에 대해 아무런 자기 의견도 내세울 수 없었을 뿐더러 무슨 얘기를 해야 할지 갈피를 잡을 수가 없었다. 자기 의견을 가질 수 없다는 것이 그녀에게는 얼마나 무서운 일이었는지 모른다. 가령, 병이 놓여 있다든지, 비가 온다든지, 농부가 달구지에 올라타고 간다든지 하는 것을 보았다 해도, 무엇 때문에 있는 병이며, 무엇 때문에 비는 오며, 또 농부는 무엇 하러 가는지 제 생각으로는 얘기할 수 없었다. 아마 1천 루블을 줄 테니 말해 보라 해도 뭐라 입을 뗄 재주가 없었을 것이다. 쿠우킨이나, 푸스토발로프나, 그 다음 수의관과 함께 지낼 때는 모든 일에 대해 설명할 수 있었고, 그럴싸한 자기 의견을 말할 수 있었다. 그러나 지금 그녀의 머릿속과 가슴속은 자기 집 뜰처럼 공허했다. 그것은 소름이 끼치도록 무섭고 괴로운 일이었다.

시가지는 점점 사방으로 퍼져 나와서 츠이간스카야 슬로보드카도 이제는 큰 거리가 되었다. 치볼리 극장과 목재상이 있던 자리에는 집들이 즐비하게 들어서서, 이리저리 골목길이 생겼다. 참으로 세월은 빠르다. 올렌카의 집은 연기에 그을리고, 지붕은 녹이 슬고, 헛간은 한쪽으로 기울고, 뜰에도 잡초와 가시나무가 무성했다. 집주인인 올렌카의 얼굴에도 흉하게 주름이 늘어갔다. 여름이면 허전한 마음으로 시름없이 층계에 나와 앉아 있었고, 겨울에는 눈이 내리는 것을 바라보며 들창가에 앉아 있었다. 훈훈한 봄바람이 불기 시작하고 그 바람을 타고 교회의 종소리가 들려오면 문득 지난날의 추억이 한꺼번에 되살아나서 가슴이 미어질 것 같았다. 그리고 저도 모르게 눈물이 흘러내렸다. 그러나 그 눈물도 오래가는 것은 아니었다. 다시금 무엇 때문에 사는지 알 수 없는 공허감이 그 자리를 차지했다. 브리스카라는 새까만 고양이가 야옹거리며 곁에 와서 재롱을 부렸으나, 그러한 고양이의 재롱이 올렌카의 마음을 건드릴 수는 없었다. 그녀에게 고양이의 재롱이 무슨 소용이 있겠는가? 그녀에게 필요한 것은 자기의 모든 존재, 자기의 이성과 영혼을 독점하고 생각할 수 있는 힘과 생활의 방향을 제시해

주며, 식어가는 피를 다시 따뜻하게 해 줄 수 있는 그러한 사랑이었다. 그녀는 옷
깃에 매달리는 고양이를 떼어 내 밀어 버리며 싫은 소리를 했다.

"저리 가거라! 귀찮다!"

날이면 날마다 아무런 기쁨도, 아무런 자기 주견도 없이 이렇게 세월을 보내
며 해가 거듭되었다. 살림은 식모 마브라가 하는 대로 맡겨 두었다.

무더운 6월 어느 날 저녁 무렵이었다. 시외로 나갔던 가축들이 집 안에 온통
먼지를 뒤집어씌우며 지나갈 무렵 누군가 대문을 두드렸다. 올렌카가 나가서 문
을 열었다. 그리고 밖을 보았을 때 하마터면 기절을 할 뻔했다. 문 밖에는 이미
머리가 희끗희끗한 수의관이 평복을 하고 서 있었다. 순간 그녀에게 잊어버렸던
모든 과거가 되살아왔다. 그녀는 어쩔 줄 몰라, 한마디 말도 입 밖에 내지 못한
채 그의 가슴에 머리를 파묻고 흐느꼈다. 걷잡을 수 없는 흥분 속에서 그다음 두
사람이 어떻게 집으로 들어오고 어떻게 차를 마시러 식탁에 와서 마주 앉았는지
알 수 없었다.

"당신이 오셨구려!"

기쁨에 떨리는 목소리로 그녀는 속삭이듯 말했다.

"블라디미르 플라토니치! 어디 계시다 이렇게 찾아오셨어요?"

"아주 이 고장에 와서 살기로 했습니다."

수의관이 입을 열었다.

"군대도 그만두고, 이젠 내 맘껏 일을 해서 자리 잡힌 생활을 해 보려고 왔지
요. 그리고 아들놈도 학교에 입학시킬 때가 되었습니다. 다 자랐어요. 알고 계신
지 모르겠지만 마누라와 화해를 했습니다."

"그럼 부인은 어디 계신데요?"

올렌카가 물었다.

"어린애하고 여관에 있습니다. 그래서 지금 셋방을 얻으러 다니는 길이지요."

"아니 셋방이라니 그게 무슨 말씀이세요. 우리 집에 와 계시면 될 텐데. 왜 여기
가 마음에 안 드시나요? 빙세는 한 푼도 안 받을 테니 우리 집으로 오세요, 네!"

올렌카는 다시 흥분하여 눈물을 흘렸다.

"이 방을 쓰도록 하세요. 나는 건넌방 하나면 되니까. 그렇게 하시면 얼마나 좋을지 몰라요!"

이튿날 지붕에는 벌써 페인트칠을 하고 벽도 희게 칠하게 했다. 올렌카는 가슴을 펴고 두 손을 허리에 얹고서 집 안을 돌아다니며 여러 가지로 일을 감독했다. 얼굴에는 예전과 같은 웃음이 떠올랐으며, 마치 오랜 잠에서 깨어난 듯 그녀의 온몸에서는 활기가 넘치는 것 같았다. 수의관의 마누라가 아들과 함께 이사를 왔다. 믿게 생긴 얼굴에 머리를 짧게 자른, 성미가 까다로울 것 같은 여윈 몸집의 여자였다. 아들 사샤는 열 살 난 어린애치고는 키가 작고 뚱뚱한 편이었는데, 눈이 파랗고 볼따구니엔 오목하게 파인 보조개가 있었다. 아이는 뜰에 들어서기가 무섭게 고양이를 쫓아서 달려 나가더니 곧이어 명랑하고 즐거운 웃음소리가 들려왔다.

"아주머니, 이거 아주머니네 고양이죠?"

사샤가 올렌카에게 물었다.

"새끼 낳으면 우리 하나 주세요. 우리 어머닌 쥐를 제일 싫어해요."

차를 따라주며 사샤와 이야기를 하노라면 올렌카는 가슴이 훈훈해 오고, 이 아이가 제 자식처럼 사랑스럽게 여겨졌다. 저녁에 사샤가 책상에 앉아 복습을 하면 그녀는 대견스럽게 그것을 바라보며 이렇게 속으로 중얼거렸다.

"참 귀엽기도 하지……. 어쩌면 어린것이 저렇게 똑똑하고, 저렇게 깨끗하담!"

"섬은 사면이 바다로 둘러싸인 육지의 한 부분입니다."

사샤가 소리를 내어 읽었다.

"섬은 사면이 바다로 둘러싸인……."

올렌카도 받아 읽었다. 이것이 여러 해 동안 자기 주견이라는 것을 모르고 침묵 속에서만 살아온 그녀가 자신을 가지고 입 밖에 낸 맨 처음 의견이었다. 이제야 올렌카는 자기 자신의 의견을 가지게 되었다. 밤참 때 그는 사샤의 양친과 이야기하면서 중학교 과목은 어린애들에게 어렵긴 하지만 실업 교육을 받게 하는 것보다는 역시 기초적인 고전들을 교육시키는 중학교가 장래를 위해서 더 좋다고 했다. 즉 중학교를 마치면 의사라든가, 기술자라든가, 자기가 원하는 대로 진출할 수 있는 길이 트이기 때문이라는 것이었다.

사샤는 중학교에 다니게 되었다. 그의 어머니는 하리코프에 있는 자기 언니네 집에 가서 돌아오지 않았고 아버지는 매일같이 가축 검사를 하러 출장을 가 어떤 때는 2, 3일씩 묵었다가 왔다. 그러고 보면 사샤는 자기 가정에서 거추장스러운 존재가 되었고, 따라서 완전히 버림을 받은 것이나 다름이 없었다. 올렌카는 사샤가 그러다가 굶어 죽지나 않을까 걱정되었다. 그래서 아이를 데려다가 자기가 거처하는 건넌방에 붙은 조그만 방 하나를 마련해 주었다.

사샤가 올렌카에게 와서 살게 된 지도 벌써 반년이 지났다. 아침이 되면 그녀는 아이 방으로 들어갔다. 사샤는 한쪽 뺨 밑에 손바닥을 고이고 죽은 듯이 잠자고 있었다. 아이를 깨우는 것이 가엾어서 그녀는 늘 망설였다.

"얘, 사센카!"

올렌카는 애처로운 듯이 아이를 불렀다.

"이젠 일어나거라, 학교에 갈 시간이 되었어!"

사샤는 일어나서 옷을 갈아입고 아침 기도를 드린 다음, 차 석 잔과 커다란 도넛 두 개와 버터 바른 빵을 조금 먹었다. 아침 식사는 잠이 채 깨지 못해서 뾰로통한 채 먹기가 일쑤였다.

"그런데 사센카, 너 학교에서 배운 그 우화 똑똑히 따라 외지 못했더구나."

마치 아이를 어디 먼 곳으로 떠나보내기라도 하는 것처럼 그녀는 이렇게 타일렀다.

"나는 항상 네 일이 걱정이란다. 열심히 공부하고…… 선생님 말씀도 명심해 들어야 해, 알겠니?"

"아이, 그런 말 제발 그만둬요!"

사샤는 이렇게 내쏘곤 했다.

이윽고 소년이 자기 머리보다 훨씬 큰 모자를 쓰고 책가방을 둘러메고 한길에 나와 학교 쪽으로 걸어가면, 올렌카도 그 뒤를 슬금슬금 따라나섰다.

"사센카!"

뒤에서 불러 세워서는 대추나 캐러멜을 손에 쥐어주기도 했다. 학교가 있는 골목길로 접어들면 사샤는 몸집이 큰 여자가 따라오는 것이 부끄러워서 뒤를 돌아보며 말했다.

"이젠 돌아가요, 아주머니. 나 혼자라도 갈 수 있어."

올렌카는 멈추어 서서 소년이 학교 문 안으로 사라질 때까지 물끄러미 바라보았다. 소년에 대한 그녀의 애정이 얼마나 깊었는지 아는 사람은 없다. 과거에 사랑한 일이 있는 어느 누구에게도 그처럼 깊은 애정을 바친 적은 없었다. 모성으로서의 사랑이 날이 갈수록 불타오르는 지금처럼 그렇게 헌신적이고 순결하며, 자기에게 희열을 주는 애정이 그녀의 영혼을 독차지해 버린 일은 결코 없었다. 자기와는 아무 혈연관계도 없는 이 소년에게, 볼에 박힌 오목한 보조개에, 커다란 학생모에, 그녀는 자기의 한평생을 눈물과 기쁨을 가지고 바칠 수 있었다. 어째서 그런지 누가 대답할 수 있으랴!

사샤를 학교에 바래다주고 올렌카는 흡족하고 평온한 마음으로 천천히 집으로 돌아왔다. 이 반년 동안에 한결 젊어진 그녀의 얼굴에는 밝은 웃음이 떠날 줄 몰랐다. 길에서 만나는 사람들은 옛날처럼 그녀에게 친밀감을 느끼며 말을 걸어오게 되었다.

"안녕하시오, 귀여운 올리가 세묘노브나! 요새 어떻게 지내십니까?"

"중학교 학과가 아주 어려워졌더군요."

시장에서 올렌카는 이런 말을 했다.

"글쎄 어제는 1학년 애들에게 우화 암송과 라틴어 번역과 또 수학 문제까지 숙제를 내주었으니, 그게 말이 됩니까……. 아직 어린 아이들에게 부담이 너무 과하지 않겠어요?"

그리고 올렌카는 교원들이며, 학과며, 교과서 등에 대해 사샤에게서 들은 얘기를 그대로 늘어놓기 시작했다.

오후 세 시에 점심을 먹고, 저녁에는 함께 예습을 하느라 땀을 빼곤 했다. 사샤를 잠자리에 눕히며 그녀는 몇 번이나 성호를 긋고 입속으로 기도를 드렸다. 그다음에야 자기도 자리에 누웠다. 그러고는 사샤가 대학을 마치고 의사나 기술자가 되어 마구간과 마차까지 있는 커다란 저택을 가지게 되고, 또 결혼하여 자식을 낳고……. 이와 같이 아득히 먼 미래에 대한 환상에 잠겼다. 눈을 감고 그런 생각을 하노라면 뺨에는 하염없이 눈물이 흘러내렸다. 겨드랑이 밑에서 고양이가 가르릉가르릉 코를 골았다.

밤중에 별안간 대문을 꽝꽝 두드리는 소리가 났다. 올렌카는 겁을 먹고 일어나 앉았다. 숨이 막혔다. 가슴에서는 방망이질을 했다. 잠깐 사이를 두고 다시 노크 소리가 들렸다.

"하리코프에서 전보가 왔구나!"

온몸을 후들후들 떨면서 올렌카는 이렇게 생각했다.

"사샤의 어머니가 그 애를 하리코프로 보내라고 전보를 쳤나봐……. 아…… 이 일을 어쩌면 좋아!"

올렌카는 실망 속에 빠져들어 갔다. 머리와 사지가 얼음처럼 얼어들었다. 그리고 이 세상에서 자기보다 더 불행한 사람은 다시없을 거라고 생각했다. 그러나 잠시 후 목소리가 들렸다. 수의관이 클럽에서 돌아온 것이다.

"아이, 고마워라!"

그녀는 한숨을 몰아쉬었다. 가슴속에 뭉쳤던 무거운 것이 차차 풀리며, 다시 가벼워졌다. 올렌카는 옆방에서 깊이 잠든 사샤를 생각하며 자리에 누웠다. 이따금 사샤의 잠꼬대가 들려왔다.

"난 싫어, 저리 가, 때리지 마!"

『체호프 단편선』(안톤 체호프, 김학수 옮김, 문예출판사, 2006)

" 올렌카는 사랑 중독자일까? "

1. 다음 인물의 행동과 태도에 대하여 자신의 의견을 말하고 그렇게 생각한 까닭을 이야기해 봅시다.

- 극장 지배인과 사랑할 때는 극장과 연극이, 목재상 주인과 사랑할 때는 목재에 관한 것이, 수의관을 사랑할 때는 동물과 관련된 것이 올렌카 인생의 전부가 되며, 그들의 의견이 곧 올렌카의 의견이 된다.

  의견1 : 이해할 수 있는 행동이다.

  근거 : 사랑에 빠지면 사랑하는 사람의 눈으로 세상을 바라보게 되는 것은 당연하다.

  의견2 : 어리석은 행동이다.

  근거 : 사랑을 한다고 자기의 입장과 취향을 모두 버리고 상대에게 맞추어서는 안 된다.

- 올렌카는 쿠우킨이 죽은 후, 푸스토발로프와 같이 앉아 있다 십 분도 되지 않았을 때 그를 사랑하게 되었다.

  의견 :

  근거 :

- 사람들은 올렌카를 '귀여운 여인'이라 부르며 비난하지 않았다.

  의견 :

  근거 :

- 올렌카는 사샤를 아들처럼 정성으로 돌보았다.

  의견 :

  근거 :

2. 다음 쟁점에 대하여 자신의 입장을 정하고 근거를 제시해 봅시다.

  쟁점1 올렌카는 사랑하는 대상 없이 살 수 없는 사랑 중독자이다.

입장	그렇다	아니다
근거		

  쟁점2 올렌카의 사랑은 진정한 사랑이 아니다.

입장	그렇다	아니다
근거		

자신을 버리고 온전히 타인을 받아들일 줄 아는 올렌카의 사랑은 고귀하고 순수해. 타인을 위해 자신을 희생한다는 의식조차 없잖아. 사랑을 하면서 매번 자신을 비워가며 사랑에 몰두하는 모습을 보고 있으면 정말 '귀여운 여인'이란 생각이 들어.

사랑밖에 모르는 올렌카는 얼핏 보기엔 귀여울지 모르지만 다른 사람을 통해서만 생기를 가지게 되는 의존적이고 가여운 여인이야. 올렌카의 자존감 없는 사랑은 주체가 없는 맹목적인 사랑일 뿐이야.

사랑을 할 때 상대방과 완전히 동화된 올렌카를 봐 봐. 그녀의 사랑에는 어떠한 계산도 없어. 상대가 자기에게 무엇을 줄지, 어떤 이득을 가져올지 같은 건 생각조차 하지 않아. 또 올렌카는 누군가의 강요로 자신의 생각을 버린 게 아니야. 스스로의 선택인 것이지. 쿠우킨과 푸스토발로프와 결혼 생활을 할 때 올렌카는 그 누구보다 행복하고 생기가 넘치는 '귀여운 여인'이었어. 진심으로 그들을 사랑했기에 자신을 버리고 그들로 자기 자신을 온통 채울 수 있었던 거야.

'자기 자신'이 바로 서야 사랑도 올바르게 할 수 있다고 생각해. 올렌카는 자라면서 자연스럽게 아버지, 작은 어머니, 프랑스어 선생님을 사랑했지. 그들도 올렌카를 사랑스러워 했고. 그런 성장 과정을 거치면서 홀로 서지 못하는 타인지향적인 삶을 살게 된 것 같아.

극장 지배인을 사랑하면서 극장과 연극이, 목재상 주인을 사랑할 때는 목재에 대한 것이, 수의관을 사랑할 때는 동물에 관한 것이 올렌카 삶의 전부가 되었어. 자신이 좋아하는 사람이 말하는 것이 곧 올렌카의 의견이 되었고 자신이 좋아하는 사람의 취향이 바로 올렌카의 취향이 된 거야. 올렌카 자신의 관점이나 판단은 단 하나도 없어. 다 남의 생각일 뿐이지. 상대방의 생각을 아무런 여과도 없이 앵무새처럼 옮기는 게 진정한 사랑일까?

사랑하는 사람의 생각이 자신의 생각이라고 믿는 것이야 말로 자신을 완전히 버린 희생적이고 이타적인 사랑의 모습 아닐까? 자기 자신을 세운답시고 끊임없이 자신을 내세우고 상대방에게 자신의 생각을 강요하는 것을 진정한 사랑이라 볼 수는 없어. 올렌카는 사랑에 몰두하며 사랑을 통해 자신의 가치를 느끼는 여인이기에 '주체성'이 없는 여인이라기보다 오히려 사랑의 당당한 주체라고 볼 수 있어.

올렌카가 사랑을 통해 자기 가치를 느낀다고 해서 사랑의 주체가 되는 것은 아니야. 자기 자신을 스스로 사랑할 줄 알고, 그러면서 다른 사람도 사랑할 줄 아는 사람 이 사랑의 진정한 주체가 될 수 있겠지. 나와 상대방 사이에 놓인 수많은 '차이'를 지혜롭게 조율해 가는 과정에서 진정한 사랑의 의미를 찾을 수 있는 것 아닐까?

사랑하는 순간, 온 마음을 다하는 것이 진정한 사랑이라 생각해. 올렌카는 사랑하는 사람의 생각을 모방한 게 아니야. 상대를 진정 사랑했기 때문에 그들의 생각을 아무 의심 없이, 기꺼이 자신의 생각으로 받아들인 거야. 결국 올렌카의 사랑은 가장 완성된 형태인 모성애로까지 확대되잖아. 우리 모두가 올렌카처럼 자기를 온전히 버리고 상대를 받아들이기는 어렵겠지만 올렌카의 사랑은 우리에게 '진정한 사랑'의 의미를 일깨워 줘.

올레카는 상대방이 어떤 생각을 가지고 있든, 사랑하기만 하면 그 생각을 무조건 다 받아들여. 사랑하는 사람 이 사라지면 생기를 잃고 너무나 불행해지고. 사샤 를 사랑하는 것도 모성애라기보다 집착에 가깝지. 이렇게 상대에게 모든 걸 의존하는 올렌카의 사랑은 고귀하다기 보다 오히려 위험한 것 아냐? 자신의 모든 삶과 운명을 다 상대방에게 내맡겨 버리잖아.

1. 다음은 톨스토이의 '체호프의 단편 「귀여운 여인」 뒤에 부친 글'에 나오는 내용입니다. 이 글을 읽고 「귀여운 여인」에 대한 톨스토이의 평가가 적절한지 생각해 봅시다.

작가는 분명히, 한때는 쿠우킨과 함께 연극 때문에 마음을 졸이고, 한때는 목재 장사에 열중하거나 수의사의 영향을 받아 가축의 결핵과 싸우는 것이 가장 중요하다고 여기고, 나중에는 커다란 학생모를 쓴 어린 학생의 문법 문제와 그 밖의 관심사에 완전히 마음을 빼앗기기도 하는 '귀여운 여인'이라는, 그의 판단에 의하면 참으로 가련한(그러나 개인의 주관에 따라서는 그렇지 않은) 여성을 조롱하고 싶었으리라. 쿠우킨이라는 이름도 우스꽝스럽고, 그의 병과 자신의 죽음을 알리는 전보 얘기도 이상하고, 단정하고 장중한 목재상의 모습도, 수의사와 그 아이도 모두 우스꽝스럽지만 자신이 사랑하는 사람에게 전심전력을 바치는 능력을 가진 '귀여운 여인'의 아름다운 마음은, 우스꽝스럽기는커녕 오히려 성자의 마음이라 하지 않을 수 없다. 내 생각에는 작가가 이 「귀여운 여인」을 썼을 때 그의 마음이 아니라 머릿속에 남녀 평등론 위에 계몽되고 교양을 갖춘, 남자 이상은 아니라도 남자 못지않게 독립적으로 사회를 위해 일하는 새로운 시대의 여성, 여성해방을 소리 높여 주장하는 여성이 어렴풋이 떠오르지 않았을까 한다. 그리고 「귀여운 여인」을 쓰기 시작할 때는 오로지 남자에게 헌신하는 연약하고 순종적이고 무지한 그녀를 부정적으로 쓸 생각이었을 거라고 짐작한다.

그러나 나는 작품 전체에 흐르는 훌륭하고 경쾌한 유머에도 불구하고 이 멋진 작품의 몇몇 군데는 눈물 없이 읽을 수가 없었다. 나는 그녀가 모든 것을 바쳐서 쿠우킨을 사랑하고 또 쿠우킨이 사랑한 모든 것을 사랑한 것에, 또 그것과 마찬가지로 목재상과 수의사를 사랑한 것에 감동하고, 나아가서 그 이상으로 그녀가 혼자가 되어 사랑할 대상을 잃고 고뇌하는 모습에 감동하고 마지막으로 여성 특유의 모성애(실제 어머니로서 직접 경험한 것은 아니지만)로 커다란 학생모를 쓴 어린 학생, 미래를 짊어진 소년에 대한 한없는 사랑에 몰입한 것에 감동했다.

작가는 그녀에게 염치없는 쿠우킨과 보잘것없는 목재상, 불쾌한 수의사를 사랑하게 했는데, 아마 사랑이라는 것은 그 대상이 쿠우킨이든 스피노자든 파스칼이든 실러든, 또 「귀여운 여인」의 경우처럼 끊임없이 대상이 바뀌든 평생을 통해 단 한 사람이든, 그 신성함에는 조금도 다를 바가 없을 것이다.

　상당히 오래전 일이지만 나는 〈새시대〉의 문예란에서 아트 씨의 여자에 관한 훌륭한 글을 읽은 적이 있다. 그는 그 글 속에서 여자에 대한 매우 지혜롭고 심오한 사상을 전개하고 있다. '여자들은', 하고 그는 시작한다. '우리에게 우리 남자들이 할 수 있는 일은 뭐든지 자신들이 할 수 있다는 것을 보여 주려고 노력하고 있다. 나는 그 사실을 부정하기는커녕 여성들이 우리 남성이 하는 일을 모두 할 수 있다는 것, 어쩌면 우리 남성 이상으로 잘할 수도 있을지 모른다는 것에 쾌히 동의한다. 그러나 슬프게도 문제가 되는 것은 우리 남성들은 여성들이 할 수 있는 것을 흉내조차 내지 못한다는 사실이다.' 정말 그렇다! 그것은 출산과 수유와 초기의 육아뿐만 아니라, 원래 남성에게는, 인간을 가장 신에게 다가갈 수 있게 하는 숭고하고 선하고 아름다운 그 사랑의 행위, 수많은 여성들이 훌륭하고도 참으로 자연스럽게 수행해왔고 지금도 수행하고 있으며 앞으로도 수행할, 사랑하는 사람을 위해 온몸을 바쳐 헌신하는 사랑의 행위는 불가능한 것이다. 만약 여성에게 그러한 특성이 없고, 또 있어도 그것을 발휘하지 않는다면, 세상은, 그리고 우리 남성은 과연 어떻게 될까! 여의사와 여기사, 여변호사, 여성학자와 여성작가는 없어도 상관없지만, 어머니와, 남성 속에 있는 모든 좋은 것을 사랑하며 그 좋은 모든 것을 알게 모르게 남성의 마음에 불어넣어 지키고 키워 주는 여성 협력자, 여성 친구, 여성의 위로의 손길이 없다면, 그러한 여성이 없다면, 이 세상은 얼마나 따분한 것이 되겠는가! 만약 그리스도에게 마리아와 막달레나가 없었더라면, 아시시의 프란체스코에게 클라라가 없었더라면, 유형지의 12월 당원*에게 그 아내들이 없었더라면, 두호보르파*에게 그들을 말리지 않고 오히려 의를 위한 순교를 지지한 아내들이 없었더라면, 누구보다도 사랑의 위로가 필요한 주정꾼이나 무능력자, 방탕아들에게 그들을 위로해 주는 고귀한 덕을 지닌 무수한 이름 없는 여성들(이름 없는 여성이야말로 진정으로 숭고하다)이 없었더라면 세상은 과연 어떻게 되었을까! 그 사랑이 쿠우킨에게 돌아가든 그리스도에게 돌아가든, 그러한 애정이야말로 가장 중요하고 위대하며 무엇과도 바꿀 수 없는 여성의 힘이다. 체호프는 「귀여운 여인」을 썼을 때, 여성해방이라는 생각의 영향을 받고 있었지만, 자신도 모르게 그 사랑스러운 여성에게 신비로운 빛의 옷을 입혔고, 그래서 그녀는 자기 자신도 행복해지고, 운명이 자신과 짝지어 준 사람도 행복하게 만드는 여성의 전형으로서 영원히 남게 된 것이다. 이 단편은 그러한 의도치 않은 무의식 속에서 태어났기 때문에 이러한 걸작이 될 수 있었다.

* 12월 당원
1825년 12월 26일(구력 12. 14)에 무장봉기를 일으킨 러시아 혁명가들을 통틀어 일컫는 말.

* 두호보르파
러시아 정교회의 분리파 중 하나로 '영혼을 위해 싸우는 자'들이라는 뜻. 제정 러시아 시절에 기독교 평화주의에 근거한 양심적 병역거부 때문에 탄압을 받았다.

2. 헨리크 입센의 희곡 「인형의 집」에 나오는 주인공 노라는 올렌카와는 사뭇 다른 여성의 모습을 그리고 있습니다. 희곡의 줄거리를 살펴보고 노라의 입장에서 올렌카에게 어떤 조언을 해줄 수 있을지 생각해 봅시다.

주인공 노라는 변호사의 사랑받는 아내이자 세 아이의 어머니이다. 노라는 자신을 종달새라고 부르는 남편의 사랑 속에서 아이들을 기르며 행복하게 살고 있었다. 그런데 남편이 새해에 은행장으로 취임하게 되어 기쁨 속에 행복하게 크리스마스를 준비하는 노라에게 친구인 란데 부인이 찾아오면서 노라의 생활은 산산조각이 난다. 사실 노라에게는 한 가지 비밀이 있는데, 그것은 바로 남편 몰래 빌려 쓴 돈이다. 그러나 그 돈은 신혼 무렵, 아직 직업이 없던 남편이 큰 병을 앓아 요양을 해야 할 때 남편을 살리기 위해 빌린 돈이었다. 노라는 그 당시 임종 직전이던 아버지의 이름을 보증인 자리에 거짓으로 서

명해 고리대금업자 크로그스타트에게 돈을 빌린 뒤, 남편의 자존심과 명예를 생각해 이 사실을 남편에게 비밀로 한 채 생활비를 아껴 가며 조금씩 그 돈을 갚아 왔던 것이다. 그런데 남편이 바로 그 고리대금업자가 근무하는 은행의 은행장이 되면서 그를 해고하려는 일이 벌어졌다. 고리대금업자는 노라에게 노라의 거짓 서명이 들통 나면 남편의 명예가 땅에 떨어질 것이라며 자신의 해고를 말려 줄 것을 협박한다. 노라는 행복한 가정이 깨질까 두려워 남편에게 아무 말도 못한 채 그저 고리대금업자를 해고시키지 말아 달라고 부탁했지만, 남편은 그를 해고시키고 그 자리에 처지가 어려워 찾아온 란데 부인을 취직시켜 버렸다. 해고된 고리대금업자는 크리스마스 날 우편함에 모든 것을 폭로하는 편지를 던져 넣어 버리고, 남편이 결국 모든 사실을 알게 된다. 노라는 사랑하는 남편이 자신의 애정과 노력을 이해해 주리라 굳게 믿었지만, 남편은 노라를 위선자라고 심하게 비난하며 죄인 취급을 했다. 그들의 결혼생활은 남들에게 보여 주기 위한 것이었을 뿐, 남편은 혹시나 이 사실이 외부에 알려질까만을 걱정하는 것이었다. 그러나 며칠 후 고리대금업자가 협박 편지를 회수하고 사건이 순조롭게 해결되자, 남편은 마치 아무 일도 없었던 듯 다시 노라에게 잘해 주기 시작했다. 남편이 힘들었을 때 그를 위해 한 일이었고, 오로지 남편의 자존심을 지켜 주기 위해 알리지 않고 오랫동안 두려움과 조바심 속에 남편과 아이들을 위해 모든 것을 맞춰 가며 살아왔는데도 상황에 따라 손바닥 뒤집듯 변하는 남편의 행동에 노라는 깊은 충격을 받게 된다. 그리고 아내와 어머니의 자리를 버리고 한 인간으로서의 자기 자신을 찾기 위해 집을 나온다.

그레고르의 죽음에 가족의 책임이 있을까?

가족과 소외

변신
프란츠 카프카

어느 날 아침, 잠에서 깨어난 한 남자는 자신이 한 마리의 흉측한 벌레로 변해 있다는 것을 깨닫습니다. 카프카의 「변신」은 이렇게 너무나 비현실적인 장면으로 이야기를 시작합니다. 그런데 이토록 황당한 이야기 안에서, 우리는 우리 일상의 한 단면, 바로 현대사회의 '가족'이 겪는 소외 문제를 발견하게 됩니다.

가족을 부양하는 데 지친 그레고르가 어느 날 아침 벌레로 변신하자, 가족들의 삶은 달라지기 시작합니다. 지금까지 외판원으로 성실하게 일하며 집안 경제를 책임져 온 그레고르가 이제 더 이상 아무것도 하지 못하게 되자, 지금껏 그레고르에게 의지해서 생활해 왔던 가족들은 새로운 일거리를 찾아 나설 수밖에 없습니다. 가족들은 점차 삶에 지쳐 가고, 그레고르를 이전처럼 대할 수 없게 됩니다.

우리에게 충격으로 다가오는 것은 벌레로 변신한 그레고르의 모습이지만, 함께 생각해 보아야 할 중요한 문제는 가족들의 또 다른 '변신'입니다. 지금까지 성실하게 가족을 부양해 온 그레고르가 그 책임을 다하지 못하고 벌레가 되자, 그들은 그를 더 이상 가족이 아닌 골칫거리 벌레로만 여기고 외면하기에 이릅니다. 가족들의 무관심 속에서 그레고르는 결국 쓸쓸히 죽음을 맞고 말지요.

흔히 사람들은 가족과 집을, 무조건적인 사랑이 존재하는 따뜻한 인간관계이자 소중한 공간이라고 여깁니다. 이런 생각에 비추어 본다면 가족 구성원이 효용성을 상실했다는 이유로 소외시키고 외면한다는 것은 잔인하고 몰인정하기 이를 데 없습니다. 그렇지만 또 한편으로는, 어떤 가족 구성원 때문에 다른 가족들의 생활이 점점 힘들어지는 등 큰 희생이 따라야 하는 경우 가족 간의 무조건적인 사랑을 강요할 수만은 없어 보입니다.

그레고르와 그의 가족들의 이야기를 들여다보면서, 현대사회에서 가족 관계가 어떻게 변하고 있는지, 그것이 현대인의 삶의 방식과 어떻게 맞닿아 있는지 생각해 봅시다

앞부분 줄거리

어느 날 아침, 불안한 꿈에서 깨어난 그레고르는 자신이 한 마리의 흉측한 벌레로 변해 있음을 발견하게 된다. 오년 전 파산한 아버지를 대신하여 부모님과 열일곱 살인 여동생 그레테를 부양하며 집안의 가장 역할을 하고 있던 그는 자신이 끔찍한 벌레로 변한 것보다 당장 출근에 대한 걱정이 더 크다. 출근 시간이 지났는데도 그레고르가 방에서 나오지 않자 가족들은 계속 방문을 두드리고, 얼마 후 회사 매장의 지배인이 직접 집으로 찾아온다. 그레고르는 안으로 잠긴 문을 통해 자신의 처지를 호소하려고 애쓰지만 그의 목소리는 아무도 알아들을 수 없다. 문을 열지 않는 그레고르의 행동에 불쾌해진 지배인은 그레고르의 행동을 회사 문제와 연관시켜 의심하며 해고하겠다고 위협한다. 얼마 후, 가까스로 문을 열고 나간 그레고르의 모습을 본 지배인은 기절할 듯 도망치고 가족들은 큰 충격에 휩싸인다. 그레고르는 변명을 하기 위해 지배인을 쫓아가려고 하지만 아버지는 위협적인 동작으로 그레고르를 막는다. 그 과정에서 상처를 입고 문틈 사이에 끼게 된 그레고르는 아버지의 무지막지한 발길질로 큰 상처를 입은 채 방에 갇히게 된다.

어두워질 무렵에야 비로소 그레고르는 실신 상태와 같은 괴로운 잠에서 깨어났다. 누가 방해하지 않아도 그 이상 더 오래 잘 수는 없었을 것이다. 그는 실컷 잠을 자고 충분한 휴식을 취한 것이다. 재빠르게 걸어가는 발소리와 현관방으로 통한 문이 조심스럽게 닫히는 소리에 잠이 깬 것처럼 느껴졌다. 가로등이 여기저기 천장과 가구 위를 푸르스름하게 비추고 있었다. 그러나 아래쪽 그레고르의 침대 부근은 깜깜했다. 그는 슬금슬금 기어서 그때야 비로소 소중함을 느끼게 된 촉각으로 불안스럽게 더듬어 가며, 무슨 일이 일어났는지 알아보려고 문 쪽으로 몸을 밀어 갔다. 왼쪽 옆구리에 기다란 상처가 나서 불쾌하게 당기는 것 같았다. 그래서 그는 두 줄로 달린 작은 발들을 번갈아 절름거리며 걸어야 했다. 아침에 사고가 났을 때 발 하나에 심한 상처를 입었기 때문에 ─ 아무튼 발 하나만 상했다는 것은 거의 기적이라고 할 수 있었지만 — 그 다리를 힘없이 질질 끌었다.

　문 옆에까지 와서야 그는 비로소 무엇이 자기를 문으로 이끌었는가를 깨달았다. 그것은 어떤 음식물 냄새였다. 거기에는 달콤하게 구미를 돋우는 우유가 가득히 들어 있고 그 위에 흰 빵 조각이 둥둥 떠 있는 그릇이 놓여 있었다. 너무나 기쁜 나머지 그는 소리 내어 웃을 뻔했다. 아침보다도 훨씬 더 배가 고팠기 때문이었다. 그는 곧 눈 위까지 잠기도록 머리를 우유 속에 처박았다. 그러나 그는 이내 실망하여 다시 머리를 들었다. 왼편 옆구리가 거북해서 먹기가 곤란했을 뿐더러 — 온몸을 숨 가쁘게 헐떡이며 함께 움직이면 먹을 수는 있었지만 — 무엇보다도 평소에 자기가 가장 좋아했던 음식이었기 때문에 아마 누이동생이 일부러 들여다 놓아준 우유였지만, 전혀 맛이 없었다. 혐오감을 느낀 그는 그릇에서 몸을 돌려 방 한가운데로 기어 왔다.

　그레고르가 문틈으로 내다보니 거실에는 가스등이 켜져 있었다. 그런데 전 같으면 이 시간에 늘 아버지가 석간신문을 어머니나 때로는 누이동생에게 소리 높여 읽어 주었는데, 지금은 아무런 소리도 들리지 않았다. 누이동생이 늘 자기에게 이야기도 하고 편지로 적어 보내기도 했던 이 신문 낭독도 아마 이제는 그만둔 모양이었다. 그러나 분명히 집을 비우지는 않았을 텐데 주위가 너무나 고요했다.

　"어쩌면 이렇게도 식구들이 조용히 지낼까."

　하고 그레고르는 혼잣말을 하며 가만히 눈앞의 어둠을 바라보았다. 부모와 누이동생이 이런 훌륭한 생활을 할 수 있도록 해 준 자신이 자랑스러웠다. 그런데 만약 지금 이렇게 모든 것이 안정되고 풍요롭고 충족된 생활로부터 갑자기 무서운 종말을 고해야 한다면 어찌할까? 이러한 불길한 생각에 잠기지 않으려고 그레고르는 몸을 움직이며 방 안을 이리저리 기어 다녔다.

　긴 저녁 시간이 흐르는 동안, 한 번은 옆에 있는 문이 또 한 번은 다른 쪽 문이 조금 열렸다가 그만 닫혀 버렸다. 누가 방 안으로 들어오려다가 망설였던 모양이다. 그레고르는 주저하고 있는 방문자를 어떻게 해서든 안으로 끌어들이든가,

그렇지 않으면 적어도 그것이 누구인지 알아볼 작정으로 문 옆에 착 붙어 섰다. 그러나 그 이상 문이 열리지도 않고 기다려 보아도 소용이 없었다. 아침에 문이 잠겨 있었을 때에는 모두들 방 안에 들어오고 싶어 했는데, 이제는 자기가 한쪽 문을 열어 놓고, 다른 쪽 문들도 확실히 낮 동안 계속 열려 있었지만 아무도 들어오지 않았다. 오히려 반대로 밖에서 잠근 채 열쇠가 꽂혀 있었다.

밤늦게 비로소 거실의 불이 꺼졌다. 그래서 부모님과 누이동생이 늦게까지 잠을 자지 않고 있었다는 것을 쉽사리 알 수 있었다. 왜냐하면 그때 세 사람이 모두 발끝으로 사뿐사뿐 걸어 멀어져 가는 소리가 똑똑히 들려왔기 때문이다. 물론 다음 날 아침까지 아무도 그레고르의 방에 들어온 사람은 없었다. 그래서 그는 아무런 방해도 받지 않고 자기 생활을 새로 어떻게 꾸미면 좋을까 하고 조용히 생각해 볼 시간을 충분히 가질 수 있었다. 그러나 어쩔 수 없이 바닥에 벌렁 드러누워 있어야 할, 오 년 동안이나 살아온 높고 텅 빈 방이 어쩐지 은근히 싫어졌다. 그리고 거의 무의식중에 몸을 돌려 부끄러움을 느끼며 소파 밑으로 기어들어 갔다. 약간 등허리가 짓눌리고 머리도 들 수 없었지만, 곧 편안한 기분이 되었다. 다만 몸집이 뚱뚱해서 소파 밑으로 쑥 들어갈 수 없는 것이 안타까웠다.

그는 밤새도록 소파 밑에 누워서 때로는 반쯤 졸다가 배가 고파서 깜빡 잠이 깨기도 하고, 때로는 걱정과 막연한 희망에 잠기기도 하며 하룻밤을 새웠다. 그러나 아무리 생각해도 결론은 한가지였다. 즉, 지금으로서는 자신이 냉정한 태도를 취하고 꾹 참으면서 가족들의 입장을 충분히 고려하여, 현재 자기의 상태로 인해 그들이 필연적으로 겪고 있는 여러 가지 불쾌한 기분을 그들이 참을 수 있도록 해 주어야 한다는 것이었다.

날이 채 밝지 않은 새벽녘에 그레고르는 자기가 굳게 결심한 바를 시험해 볼 기회가 생겼다. 거실에서 이미 옷을 다 입은 누이동생이 문을 열고 긴장된 표정으로 방 안을 들여다보았다. 누이동생은 그를 곧 발견하지 못했다. 그러나 소파 밑에 있는 자기를 발견하더니 — 아! 어디건 방 안에 있을 수밖에 없지 않는가. 날아서 달아날 수도 없는 노릇이 이넌가 — 깜짝 놀라 어쩔 줄 모르고 밖에서 다시 문을 닫아 버리고 말았다. 그러나 누이동생은 자기의 태도를 후회하듯 곧 다시 문을 열고 들어왔다. 그레고르는 소파 가장자리까지 바짝 머리를 내밀고 누이동생을 쳐다보고 있었다. 누이동생은 과연 자기가 우유를 마시지 않고 그대로 남겨 둔 것을 눈치챘을까? 사실은 배가 고프지 않아서 남겨 놓은 것은 아닌데, 더 입에 맞는 다른 음식을 방으로 날라다 주면 얼마나 좋을까 하고 생각했다. 그러나 누이동생은 자진*해서 가져다 줄 것 같지도 않았고, 또 동생에게 그렇게 하도록 주의를 주어야 한다면 차라리 그대로 굶어죽는 편이 낫지 않겠는가?

사실은 소파 밑에서 기어 나와 누이동생 발밑에 몸을 던지고 어떤 맛있는 음식이라도 청하고 싶은 생각이 간절했다. 그러나 누이동생은 우유가 주위에 약간 흘러 있을 뿐 아직 그릇 안에 그대로 남은 걸 보자 몹시 놀란 것 같았다. 누이동생은 곧 그릇을 들어 올렸다. 그것도 제 손으로가 아니라 걸레 조각으로 싸들고 밖으로 나가 버렸다. 그레고르는 그 대신에 무엇을 가져다 줄 것인가 호기심을 느끼며 이것저것 상상해 보았다. 그러나 누이동생이 친절한 마음으로 가지고 온 것을 보았을 때, 그는 누이동생이 무슨 생각으로 그랬는지 도무지 알 수가 없었다. 누이동생은 오빠가 좋아하는 것을 시험해 보려고 여러 가지 음식을 골라 와서는 그것을 낡은 신문지 위에 펼쳐 놓았다. 오래되어서 썩어 가는 야채가 있는가 하면, 흰 소스가 주위에 말라붙은, 저녁 식사 때 먹다 남긴 뼈도 있었다. 건포도와 편도가 몇 알, 이틀 전에 그레고르가 맛이 없다고 한 치즈, 아무것도 바르지 않은 한 조각의 빵, 버터 바른 빵, 버터를 바르고 소금을 뿌린 빵, 이밖에 아마도 그레고르 전용으로 정해 놓은 듯한 그릇에 물을 떠다 주었다.

그러고 나서 자기 앞에서는 그레고르가 먹지 않을 것이라는 점을 알아차린 듯 급히 나가 버렸다. 그리고 자기 마음대로 즐겁게 먹어도 좋다는 것을 그레고르에게 알리기 위해 밖에서 자물쇠까지 채웠다. 그의 상처는 어느덧 다 아물었는지 조금도 불편을 느낄 수 없었다. 그것에 대해서 그도 매우 놀랐다. 생각해 보니

■ 자진(自進) 남이 시키는 것을 기다리지 아니하고 스스로 나섬.

180

한 달 전에 칼로 손가락을 약간 베었는데, 엊그제까지도 매우 아팠었다.

'혹시나 감각이 둔해진 것은 아닐까?'

그는 이렇게 생각하고 여러 가지 음식 가운데 우선 그의 구미를 강하게 당긴 치즈를 먹었다. 연달아 쉴 새 없이, 그리고 흐뭇한 나머지 눈물까지 흘리며 치즈, 야채, 소스 등을 차례로 먹어 치웠다. 도리어 신선한 음식은 맛이 없었다. 신선한 음식은 냄새조차 맡기 싫었다. 그는 먹고 싶은 것을 약간 옆으로 끌어 갔다. 이윽고 음식들을 다 먹어 치우고 빈둥거리며 그 자리에 누워 있을 때 누이동생이 천천히 열쇠를 돌렸다. 그것은 얌전히 제자리로 돌아가라는 신호였다. 어느덧 스르르 잠이 들었던 그는 그 소리에 깜짝 놀라서 다시 소파 밑으로 재빨리 기어들어 갔다. 누이동생은 잠깐 동안 방 안에 있었지만, 소파 밑에 들어가 꾹 참고 있으려니 그것도 이만저만 힘든 일이 아니었다. 왜냐하면 음식을 많이 먹어 배가 부른 그는 비좁은 소파 밑에서 숨도 제대로 쉴 수 없었기 때문이다. 그가 때때로 숨 막힐 듯 답답한 상태에서 쑥 튀어나온 눈으로 보고 있으려니까 아무것도 눈치를 채지 못한 누이동생은 먹다 남은 찌꺼기뿐만 아니라 그레고르가 전혀 손을 대지 않은 음식까지도 마치 더 이상 소용이 없다는 듯이 모조리 쓸어 모았다. 그리고는 쓰레기를 성급히 통 속에 붓더니 나무뚜껑으로 덮어 들고 방에서 나가 버렸다. 누이동생이 나가나마자 그레고르는 소파 밑에서 기어 나와 사지를 쭉 뻗고 기지개를 켰다.

그레고르는 매일 이렇게 식사를 했다. 한 번은 아침에 부모님과 하녀가 아직 잠을 자고 있을 때, 또 한 번은 식구들 모두가 점심을 먹은 다음이었다. 왜냐하면 부모님은 점심 식사 후에 잠시 낮잠을 자고 하녀는 누이동생의 심부름으로 시장에 가고 없기 때문이었다. 그에게 이런 시간에 식사가 주어지는 것을 보면, 결국 식구들은 그의 식사 시간을 피하려 마음먹은 것 같았다. 물론 집안 식구들이 그레고르를 굶겨 죽이고 싶지는 않았겠지만, 아마 그레고르의 식사에 관해서는 누이동생의 말을 통해 간접적으로 아는 것만으로도 충분하다고 생각했던 모양이다. 또 누이동생으로서도 가족들이 심한 고통을 겪고 있었기 때문에 아마 가족들의 슬픔을 덜어 주려고 마음먹었을 것이다.

첫날 아침에 불러왔던 의사와 열쇠 수리공에게 무슨 말을 하고 돌려보냈는지 그레고르는 전혀 알 수 없었다. 왜냐하면 아무도 그레고르가 하는 말을 이해할 수 없었고, 따라서 누구나 그레고르가 다른 사람들이 하는 말을 이해할 수 있으리라고 생각하지 않았기 때문이다. 누이동생도 역시 마찬가지였다. 그래서 그는 누이동생이 자기 방에 들어왔을 때에도, 그녀가 가끔 한숨을 쉬거나 성자의 이름을 부르는 소리를 듣는 것으로 만족해야만 했다. 얼마 후 누이동생이 자기를 보살피는 데 약간 익숙해졌을 때 — 완전히 익숙해지는 것은 바랄 수 없었지만 — 이따금 친절한 말씨나 또는 친절하다고 해석되는 말을 들을 수 있었다. 그레고르가 식사를 남김없이 다 먹어 치웠을 땐 누이동생은 "아! 오늘 식사는 맛이 있었나 봐!" 하고 말한다. 그러나 반대의 경우에는 — 그런 경우가 사실 잦았지만 — 언제나 "어머, 또 그대로 남겼네." 하고 쓸쓸한 표정을 지으며 뇌까리기가 일쑤였다.

그러나 그레고르는 새로운 소식은 하나도 직접 들을 수가 없었기 때문에 늘 옆방에서 말하는 소리를 엿듣고 있었다. 옆방에서 말소리가 들려오기만 하면 그는 즉시 그 방문 옆으로 기어가서 온몸을 문에 바싹 대는 것이었다. 특히 처음에는 은밀하게 이야기를 나누었는데, 그에 대한 말이 화제의 중심이 되지 않을 때가 없었다. 이틀 동안은 식사를 할 때마다 어떻게 처리하면 좋을지를 상의하고 있는 소리가 들렸다. 사실 누구도 혼자서 집에 남아 있고 싶어하지 않았고, 또 어떠한 경우에라도 집을 그대로 비워 둘 수 없었기 때문에 언제나 적어도 두 사람은 집에 남아 있어야 했다. 하녀는 바로 첫날에 — 이 사건에 관해서 무엇을 얼마나 알고 있었는지는 확실치 않았지만 — 곧 내보내 달라고 어머니에게 애원했다. 십오 분 후 작별 인사를 할 때, 하녀는 내보내 주는 것이 이 집에서 베풀어 준 가장 큰 은혜라는 듯 눈물을 흘리며 감사의 말을 되풀이했다. 이쪽에서는 아무도 그녀에게 부탁하지 않았는데 이 일을 다른 사람에게 절대로 말하지 않겠다고 엄숙히 맹세했다. 그래서 누이동생은 어머니와 함께 요리를 만들지 않으면 안 되었다. 그러나 식구들 모두가 거의 아무것도 먹지 않았기 때문에 그다지 힘이 들지는 않았다. 식구들이 서로 식사를 권하지만 "고마워, 많이 먹었어."라든가 그와 비슷하게 대답하는 소리를 그레고르는 가끔씩 들을 뿐이었다. 아마 술도 마시지 않는 것 같았다. 때로는 누이동생이 아버지에게 맥주를 마시지 않겠느냐 고 묻고, 자기가 직접 가져오겠다고 정답게 말하는 소리가 들렸다. 아버지가 아무 대답도 하지 않고 있으면 누이동생은 아버지에게 쓸데없는 염려를 덜어 드릴 생각에서인지 "그럼 문지기 할머니를 보낼까요?" 하고 묻는다. 그러면 이어서 아버지가 커다란 목소리로 "안 마신다니까." 하고 엄숙하게 대답을 한다. 그러면 그 이야기는 더 이상 계속되지 않는다.

사건이 일어난 첫날에 벌써 아버지는 어머니와 누이동생에게 모든 재정 상태와 앞날의 일들에 대해 설명했다. 때때로 아버지는 탁자 옆을 떠나 작은 금고 속에서 증서라든지 장부 같은 것을 꺼내 왔다. 그 금고는 오 년 전 그가 사업에 실패하여 파산했을 때 간신히 건져 냈던 물건이었다. 아버지가 그 복잡한 자물쇠를 열고 찾는 물건을 끄집어낸 다음 다시 그걸 닫는 소리가 들렸다. 이와 같은 아버지의 설명은 어떤 점에 있어서는 그레고르가 감금 생활을 시작한 이래 처음으로 들을 수 있었던 흐뭇한 이야기였다. 그레고르는 아버지의 사업이 파산 상태에 이르렀으니 아버지에게는 돈이라곤 한 푼도 남지 않았으리라고 생각했었다. 적어도 아버지는 그에 대해서 그와 반대되는 말은 한 번도 한 일이 없었다. 그래서 그레고르 역시 아버지에게 물어보지도 않았다. 그 당시 그레고르의 심적인 고통은 이만저만이 아니었으며, 다만 온 식구들을 절망에 빠뜨린 파산의 불행을 가족들로 하여금 될 수 있는 한 속히 잊어버리게 하는 데 온갖 힘을 다했던 것이다. 그래서 그때 그는 맹렬히 일하기 시작하여 순식간에 일개 보잘것없는 점원으로부터 외판 사원까지 올라갔던 것이었다. 외판 사원이 되면서부터 그는 여러 다른 방법으로 돈을 모을 수가 있었고, 일의 결과는 즉각 일정 비율에 따른 보상 형식으로 즉시 현금으로 바뀌었다. 그는 그 돈을 집으로 갖고 와서 탁자 위에 늘어놓아 가족들을 깜짝 놀라게도 하고 기쁘게도 히였다. 그때는 남부러울 것이 없었다.

그 후에도 그레고르는 온 가족들의 생활비를 부담할 만큼 많은 돈을 벌었고 또 생계를 유지해 나갔지만, 지난날의 찬란한 시절은 돌아오지 않았다. 가족들이나 그레고르는 그것에 익숙해졌다. 가족들은 고마운 마음으로 돈을 받고 그레고르도 기꺼이 돈을 내놓았지만, 서로 각별히 따뜻한 감정은 오가지 않았다. 그러나 누이동생만은 변함없이 그레고르와 가까웠다. 자기와는 달리 누이동생은 음악을 좋아했고, 바이올린을 잘 켰다. 그는 누이동생을 다음 해에 음악학교에 보내려고 은밀히 마음먹고 있었다. 물론 많은 비용이 들겠지만 그 비용은 다른 수단으로 벌어들일 수 있다고 생각했다. 그레고르가 잠깐 집에 머무르며 누이동생과 대화를 나눌 때면 종종 음악학교 이야기가 나오곤 했다. 그러나 그것은 언제나 실현 가능성이 없는 아름다운 꿈으로서였으며 부모들이 이런 순진한 이야기를 듣고 기뻐한 것도 절대로 아니었다. 그러나 그레고르는 그 일에 대해서 확고한 신념을 가지고 있었고 크리스마스 날 저녁에는 엄숙히 선언하리라 작정하고 있었다.

문에 꼿꼿이 기대서 이야기 소리에 귀를 기울이고 있는 동안에 현재의 자기 입장으로는 아무 소용도 없는 이런 생각들이 그레고르의 머릿속을 주마등처럼 스쳐 갔다. 때로는 온몸이 피곤한 나머지 엿듣고 있기가 힘들어 자기도 모르게 문턱에 머리를 부딪치기도 했는데, 그럴 때면 다시 문을 꼭 붙드는 것이었다. 왜냐하면 그런 일로 인하여 야기되는 소리는 아무리 작더라도 곧 옆방에 있는 사람들에게까지 들려 집안사람들의 입을 일제히 다물게 해 버리기 때문이었다. "또 무슨 짓을 하는구나." 하고 잠시 후면 아버지가 문 쪽을 향해 분명히 말하였다. 그리고 난 다음에야 비로소 끊어졌던 이야기가 차츰 다시 이어지는 것이었다.

그레고르는 그런 대화를 자세히 들을 수가 있었다. 왜냐하면 아버지는 늘 자기의 설명을 되풀이했는데, 그것은 이런 일에 대해서 얘기해 본 것이 벌써 오래 전이었고, 또한 어머니는 무슨 말이건 첫마디에 곧 알아듣지 못했기 때문이다. 그가 똑똑히 들은 바에 의하면, 모든 불운한 일이 겹쳤음에도 불구하고 과거의 재산이 아직도 조금 남아 있고, 그동안에 손도 대지 않고 내버려 둔 이자가 약간 불어나게 되었다는 사실이다. 그밖에도 그레고르가 매달 집에 벌어 온 돈도 전부 소비해 버리지는 않았다고 했다. 그레고르 자신은 용돈으로 불과 2, 3굴덴■밖에는 쓰지 않았다. 그래서 조그마한 밑천이 생겼던 것이다. 문 뒤에서 그레고르는 머리를 끄덕이며 열심히 듣고 있었다. 그리고 기대하지 않았던 이와 같은 신중한 태도와 애써 절약하려는 마음씨가 고마웠다. 사실 옛날에 이렇게 여분으로 남겨 놓은 돈이 있었다면 사장에게 진 아버지의 빚을 대뜸 갚아 버렸을 것이다. 그렇게 되었다면 그는 벌써 그러한 직장에서 발을 뺄 수 있었을지도 모른다. 그러나 이렇게 되고 보니 아버지의 처사가 집안의 행복을 위해서 훨씬 나았다는 것은 의심할 여지가 없었다.

그러나 돈을 모아 두었다고는 하지만 그 이자로 가족이 생활을 꾸려 가기에는 너무나 보잘것없는 금액이었다. 아마 일 년, 길면 이 년이나 살아나갈까, 그 이상 버티어 나가기는 어려웠다. 즉 그 돈은 애당초 손을 대서는 안 되고, 만일의 경우를 생각해서 남겨 놓아야 할 정도의 금액에 지나지 않았다. 그래서 생활비만은 꼬박꼬박 벌어야 했다. 사실 아버지는 몸은 건강하지만 이미 늙어서 지난 오 년 동안이나 아무 일도 하지 못하고 있고, 게다가 생활에 그리 자신이 있는 것도 아니었다. 아버지는 지난날을 고생만 하고 아무 보람 없이 지내 왔는데, 그는 평생 처음 얻은 이 오 년간의 휴가 동안에 몹시 뚱뚱해지고 매우 동작이 둔해졌다. 그러면 어머니라도 돈을 벌어야 할 텐데, 그녀도 나이가 많은데다 천식을 앓고 있어서 뜻대로 되지 않았다. 어머니는 집 안을 잠시만 돌아다녀도 힘이 들어 이틀에 한 번은 으레 호흡곤란으로 창문을 열어 놓고 그 옆에 있는 소파 위에서 지내는 형편이었다. 그렇다면 누이동생이 돈벌이를 해야 할 텐데, 그녀는 아직 열일곱 살의 소녀였으므로 전적으로 그녀에게 기댈 수는 없는 노릇이었다. 그녀가 이제까지 해온 생활이란 몸단장이나 하고, 실컷 자고, 집안일이나 도와주고, 때

■ 굴덴(Gulden) 독일과 네덜란드 등 유럽 여러 나라에서 사용된 예선 화폐단위.

로는 값싼 구경이나 하러 다니고, 무엇보다도 바이올린이나 켜며 지내는 게 고작이었다. 그러니 어떻게 가족을 책임질 수 있겠는가. 옆방에서 돈이 필요하다는 이야기가 나올 때마다 그레고르는 문 옆을 떠나서 창가의 차디찬 가죽 소파 위에 몸을 던지는 것이었다. 너무나 부끄럽고 서글퍼서 몸에 불이 붙는 것만 같았기 때문이었다.

그가 밤새도록 소파 위에 누워서 잠을 이루지 못하고 오랫동안 가죽만 쥐어뜯고 있을 때가 종종 있었다. 때로는 힘드는 줄도 모르고 의자 하나를 창가로 밀어다 놓은 다음 창턱에 기어올라 의자에 몸을 버티고 창에 기대서, 전에 그가 창가에 서서 밖을 내다보며 느꼈던 해방감을 되씹어 보기도 했다. 날마다 그렇게 바라보고 있다 보니 그리 멀리 떨어져 있지 않은 것들도 점점 희미하게 보였다. 전에는 아침저녁으로 보이던 맞은편의 병원을 끔찍이 싫어했었지만, 그것도 이제는 전혀 보이지 않았다. 그리고 만일 그가 한적하기는 하지만 도시 한복판의 샤로텐 거리에 살고 있다는 사실을 확실히 알지 못하고 있었더라면, 회색 하늘과 회색 대지가 서로 합쳐져서 지평선이 분간되지 않는 광야를 창가에서 내다보고 있다고 생각했을지도 모를 일이었다.

무슨 일에나 세심한 누이동생은 의자가 창가에 있는 것을 단지 두 번밖에는 발견하지 못 했으면서도, 방을 치우고 나면 항상 의자를 창가에 밀어 놓고, 게다가 그때부터는 안쪽 창문까지도 열어 놓곤 했다.

그레고르는 누이동생과 대화를 나눌 수 있어 자기를 위한 그녀의 모든 일에 대해서 감사를 전할 수만 있다면, 그녀의 봉사를 훨씬 편한 마음으로 받아들일 수 있을 것 같았다. 그러나 그렇지 못했기 때문에 그레고르는 몹시 안타까웠다. 물론 누이동생은 될 수 있으면 여러 가지 불쾌한 기분을 씻어 버리려고 애썼고, 시일이 지날수록 점점 나아졌다. 그리고 그레고르도 역시 시간이 경과함에 따라서 모든 일을 훨씬 정확하게 관찰하게 되었다. 그러나 이제 누이동생이 들어오기만 해도 그는 불안해졌다. 그전 같으면 그레고르의 방을 아무에게도 보이지 않으려고 온갖 주의를 다하던 누이동생도 이제는 방 안에 들어서자마자 문을 닫을 겨를도 없이 곧장 창가로 뛰어가서 마치 숨이라도 막힌다는 듯이 성급히 창문을 열어젖히고, 아무리 추운 날이라 할지라도 잠시 창가에 서서 심호흡을 하는 것이었다. 이처럼 뛰어다니며 소란을 떨어 누이동생은 하루에 두 번씩 그레고르를 놀라게 했다. 누이동생이 방 안에 있는 동안 그는 계속해서 소파 밑에서 떨었다. 물론 자기가 거처하는 이 방 안에서 누이동생이 창문을 닫은 채 있을 수만 있다면 누이동생은 자기를 이런 일로 괴롭히지는 않았을 것이라는 사실을 그도 잘 알고 있었다.

그레고르가 변신한 지 거의 한 달이 지난 어느 날이었다. 이미 누이동생은 그레고르의 모습을 보고 놀라거나 하는 일은 없었다. 어느 날 누이동생이 다른 때보다도 일찍 들어왔기 때문에, 그녀는 창밖을 내다보고 있던 그레고르와 마주치고 말았다. 그녀는 기절할 듯 놀랐다. 그레고르는 자기가 창가에 서 있어서 누이동생이 창문을 여는 데 방해가 되기 때문에 설사 누이동생이 방 안에 들어오지 않았더라도 그것을 이상하게 여기지는 않았을 것이다. 그러나 누이동생은 들어오지 않았을 뿐더러 뒤로 물러서며 문을 닫았다. 모르는 사람은 아마 그레고르가 누이동생을 기다리고 있다가 물어뜯으려 했다고 생각했을지도 모를 정도였다. 물론 그레고르는 곧 소파 밑에 숨어 버렸다. 그러나 아무리 기다려도 누이동생은 점심때가 되도록 나타나지 않았다. 그리고 다른 때보다 훨씬 불안한 듯이 보였다. 그레고르의 추한 꼴을 본다는 것이 누이동생으로서는 여전히 참을 수 없는 일이며 앞으로도 그럴 것이라는 사실을 누이동생의 태도를 보고 짐작할 수 있었다. 소파 밑에서 불쑥 나와 있는 자기 몸뚱이의 일부를 힐끗 보고도 도망치지 않는 것은 누이동생이 대단한 인내심을 발휘하고 있는 것이라고 그는 생각했다. 누이동생에게 이러한 자기 모습을 보여 주지 않으려고 그는 어느 날 자기 등에다 시트를 지고 소파 위에 날라다 놓은 다음, 자기 몸이 다 가려질 수 있도록 시트를 정돈하였다. 그가 이 일을 마치는 데는 네 시간이나 걸렸다. 그리하여 누이동생이 아무리 몸을 굽히고 들여다본다 해도 보이지 않도록 꾸며 놓았다. 만일 시트를 뒤집어쓰는 것이 쓸데없는 일이라고 생각했다면 누이동생은 이를 건

어치웠을 것이다. 그레고르가 재미 삼아 몸을 숨기는 것이 아니라는 것쯤은 누이동생도 알고 있었기 때문에 시트를 그대로 내버려 두었다. 한번은 그레고르가 누이동생이 이 새로운 설비를 어떻게 생각하나 살펴보려고 머리로 시트를 약간 들추어 보자, 누이동생이 감사의 뜻이 어린 눈초리로 힐끗 자기를 쳐다보는 것처럼 느껴졌다.

처음 두 주일 동안은 부모들도 감히 그의 방에 들어오질 못했다. 그러나 이제는 부모들이 누이동생이 지금 하고 있는 일을 매우 칭찬하는 것을 종종 들을 수 있었다. 이제까지 누이동생은 부모에게 있어 쓸모없는 딸자식 정도로만 여겨졌고, 그래서 그 동생이 그레고르의 방 안에서 청소를 하면 아버지와 어머니는 방 안이 어떻게 되어 있으며 그레고르가 무엇을 먹었는가, 이번에는 거동이 어떻던가, 다소 나아가는 징조가 보이던가, 그런 점에 대해서 부모님께 자세히 설명하지 않으면 안 되었다. 그래서 어머니는 가능한 한 빨리 그레고르를 만나 보려고 했으나, 아버지와 누이동생은 그럴듯한 이유를 내세워 어머니를 만류했다. 그 이유를 그레고르는 주의 깊게 듣고 자기도 그것이 지당한 일이라고 생각했다. 그러나 어머니가 계속 고집을 부리게 되자 나중에 그들은 어머니를 억지로 붙들었다. 그러자 어머니는 큰 소리로 외쳤다.

"그레고르에게 가게 해 줘요. 뭐니 뭐니 해도 그는 불행한 내 아들이에요. 도 대체 가 봐야 한다는 것을 왜 이해하지 못 하는 거예요."

그럴 때 그레고르는 매일은 아니더라도 일주일에 한 번만이라도 어머니가 들어와 주었으면 정말 좋겠다고 생각했다. 누가 뭐래도 어머니는 누이동생보다는 모든 일을 훨씬 더 잘 이해하고 있다. 누이동생은 확실히 대담하긴 하지만 아직도 어리니까 아마도 어린애처럼 가벼운 기분으로 이런 힘든 일을 맡게 되었을 것이다.

어머니를 보고 싶은 그레고르의 소원은 곧 이루어졌다. 낮에는 부모님을 염려해서 창가에 나타나지 않았다. 그러나 2, 3평방미터 밖에 안 되는 방바닥을 기어 다녀 봤자 별 재미가 없었고, 밤에도 가만히 누워 있자니 괴로움을 느낄 정도였다. 식사에 대해서도 흥미를 잃어버렸기 때문에 그는 끊임없이 벽이나 천장을 가로 세로 위아래로 기어 다니면서 기분을 전환시켜 보려고 애썼다. 특히 천장에 매달리기를 좋아했다. 그것은 방바닥에 누워 있는 것과는 전혀 다른 기분이었다. 숨도 자유로이 쉴 수 있었고 가벼운 진동이 온몸에 퍼졌다. 이따금 그는 천장에 매달려 매우 흐뭇한 기분으로 방심 상태에 빠져 그만 발을 떼는 바람에 방바닥에 철썩 떨어져 스스로 깜짝 놀라는 일도 있었다. 그러나 이제는 전과는 달리 자기의 몸을 자유자재로 움직였기 때문에 이처럼 높은 곳에서 떨어져도 다치는 일은 없었다. 누이동생은 그레고르가 혼자서 고안한 이 새로운 취미를 곧 알아채고는 — 그는 기어 다닐 때 여기저기 찐득한 점액질의 발자국을 남겨 놓았다 — 그레고르가 될 수 있는 한 넓은 데서 기어 다닐 수 있도록 방해가 되는 가구들을, 무엇보다 우선 옷장과 책상을 치워 버리려고 마음먹었다. 그러나 이런 일을 혼자서 할 수는 없었다.

그렇다고 아버지에게는 감히 도와달라고 청할 수가 없었고, 또 하녀도 자기를 도와줄 것 같지 않았다. 열여섯 살의 이 하녀는 전의 하녀가 나간 후로는 모든 일을 도맡아서 끈기 있게 참아 왔던 것이다. 그녀는 부엌은 꼭 잠가 두고 있었는데, 다만 특별한 용무로 주인이 부를 때만 문을 열겠다고 미리 허가를 받아 놓고 있었다. 그래서 아버지가 안 계신 때 어머니를 불러오는 수밖에 딴 도리가 없었다. 어머니는 기뻐서 어쩔 줄 모르며 떠들면서 달려왔다. 그러나 그레고르의 방 앞에서 목소리가 뚝 그쳤다. 물론 누이동생은 방 안에 있는 모든 것이 제대로 정돈되어 있는가 살펴보고 나서 비로소 어머니를 방으로 안내했다. 그레고르는 부랴부랴 시트를 깊숙이 뒤집어쓰고 더 많이 심하게 주름이 잡히게 했기 때문에 시트 전체가 단지 우연히 소파 위에 던져진 것처럼 보였다. 그레고르는 이번에도 시트 밑에서 내다보고 싶은 충동을 꾹 참았다. 어머니의 얼굴이 보고 싶었으나, 그만 단념하고 말았다. 그저 어머니가 와 준 것만으로도 그는 기쁠 따름이었다.

"들어오세요. 오빠는 보이지 않아요."

누이동생이 이렇게 말하며 어머니의 손을 잡아 끌어들이는 모양이었다. 연약한 여자 두 사람이 그 무거운 옷장을 이제까지 놓였던 자리에서 밀어 옮기는 소리가 들렸다. 누이동생이 일의 대부분을 맡아서 하는지 너무 무리해서는 안 된다고 어머니가 염려스럽게 몇 번이나 주의를 주었는데, 누이동생은 끝내 듣지 않는 것 같았다. 매우 오랜 시간이 걸렸다. 십오 분이나 작업을 계속하고 나서 어머니가 말했다.

"이 옷장은 역시 여기에 그대로 남겨 두는 것이 좋겠다. 너무 무거워서 아버지가 돌아오시기 전에는 일을 끝낼 수 없을 것 같구나. 그리고 이 옷장을 방 한가운데 놓아두면 그레고르가 다니는 데 거치적거려서 방해가 될 것이고, 또 가구들을 죄다 치워 버렸다고 해서 과연 그레고르가 좋아할지 어떨지 확실히 모르지 않니. 차라리 그전대로 놓아두는 것이 좋을 듯하구나. 옷장을 치우고 텅 빈 벽을 보니 어쩐지 마음이 허전해서 못 견디겠어. 그레고르도 오랫동안 이러한 가구들에 정이 들었을 테니, 방 안이 텅 비게 되면 틀림없이 쓸쓸한 감을 느낄 거야. 그러니 이래서는 안 되겠어."

어머니는 속삭이듯 나직한 목소리로 말했다. 그레고르가 어디 숨어 있는지 모르지만 그에게 자기 목소리가 들리지 않기를 바라는 듯했다. 어머니는 그레고르가 설마 사람 목소리를 알아들을 수 있으리라고는 꿈에도 생각지 못 하는 것 같았다.

"그렇게 가구를 치워 버리면 우리들은 그 애의 병이 완쾌되리라는 기대를 완전히 단념하고, 그 애를 돌봐 주지도 않고 혼자 내버려 두는 셈이 되지 않니? 방은 전과 같은 상태로 놓아두는 것이 가장 좋을 것 같은데, 네 생각은 어떠냐? 그러면 그레고르가 병이 다 나아서 사람으로 되돌아왔을 때 방 안이 전과 변함이 없으면 그동안의 일을 잊어버리기가 훨씬 쉬울 것이 아니냐."

그레고르는 이러한 어머니의 말을 들었을 때, 자기가 직접 사람의 말을 하지 못하며 가족들 사이에서 단순하고 지루한 생활에 얽매인 채 두 달이 지나는 동안에 틀림없이 머리가 이상해졌다는 것을 깨달았다. 왜냐하면 방이 비기를 진심으로 바란다는 것은 머리가 이상해진 탓이라고 밖에는 설명할 수 없기 때문이다. 가구를 모조리 치워 버린 방이면 물론 자유롭게 사방으로 기어 다닐 수는 있지만, 그와 동시에 그는 자기의 인간으로서의 과거를 완전히 잊어버리게 될 것이다. 대대로 물려받은 가구가 기분 좋게 놓여 있는 아늑한 나의 방을 동굴로 변하게 하려는 생각을 어찌 할 수 있단 말인가? 이미 자기의 과거는 거의 잊어버리게 되지 않았는가? 다만 오랫동안 듣지 못했던 어머니의 목소리가 그의 마음을 뒤흔든 것이 아닌가. 역시 하나도 치워서는 안 된다. 전부 그대로 두어야 한다. 그러한 가구가 현재 자기 상태에 미치는 좋은 영향을 없애서는 안 된다. 그리고 가구가 있기 때문에 쓸데없이 기어 다니는 데 방해가 된다고 하더라도, 결국 그것은 자기에게 이익은 될망정 해가 되지는 않을 것이다.

그러나 누이동생의 의견은 유감스럽게도 그와는 다른 것 같았다. 그레고르의 문제가 논의될 때 누이동생은 으레 소식통으로 간주되었으며, 특히 그의 사정을 아는 데는 부모들보다 훨씬 나았던 것이다. 누이동생이 그렇게 자부하는 데도 이유가 없는 것은 아니었다. 누이동생은 처음에는 옷장과 책상만 치워 버리려고 생각했었는데, 어머니의 그러한 충고를 듣고서 그것뿐만이 아니라 없어서는 안 되는 소파를 제외한 나머지 가구를 모조리 치워 버리자고 고집을 부리기 시작했다. 누이동생이 이렇게 요구하고 주장을 내세우게 된 것은 물론 어린애다운 반항심이나, 요즈음 뜻밖에도 어려운 가운데서도 갖게 된 자부심 탓만은 아니었다. 누이동생은 그레고르가 기어 다니려면 넓은 장소가 필요하고, 그와 반대로 누가 보더라도 명백한 것처럼 가구들은 전혀 소용이 없다는 사실을 정말로 잘 알고 있었다. 아마도 그 나이의 소녀들이 가질 수 있는 열광적인 경향도 크게 작용하고 있었을 것이다. 그러한 경향은 기회가 있을 때마다 만족을 찾게 마련이다. 그래서 그 경향은 지금 그레테를 충동하여 이제까지보다 더 그레고르에게 봉사한다는 명분으로 그레고르의 입장을 한층 비참하게 만들려는 것이었다. 왜냐하면 텅 비어 있는 방에 그레고르만이 혼자 있다면 그레테 이외에는 감히 그의 방으로 들어오려는 사람은 없을 것이기 때문이었다. 누이동생은 어머니의 충고에도 불구하고 자기의 결심을 번복*하려고 하지 않았다. 어머니는 이 방 안에 있는 것만으로도 어쩐지 불안했는지 곧 입을 다물고 묵묵히 옷장을 밖으로 내놓으려는 누이동생을 도와주었다.

그런데 그레고르로서는 옷장은 없어도 그럭저럭 지낼 수 있지만 책상만은 남겨 두어야 했다. 그리하여 두 여자가 헐떡이며 옷장을 밀고 밖으로 나가자마자 그레고르는 소파 밑에서 머리를 내밀었다. 그리고 어떻게 하면 자기가 신중하고, 또 가능한 한 조심스레 일에 간섭할 수 있을까 생각하면서 주위를 살펴보았다. 그러나 불행히도 어머니가 먼저 방으로 돌아왔다. 그레테는 옆방에서 옷장에 매달린 채 혼자 이리저리 움직여 보았으나 그렇다고 옷장을 이동시킬 수는 없었다. 어머니는 그레고르의 모습에 익숙하지 않았기 때문에 자칫 큰 충격을 줄 염려가 있었다. 그래서 당황한 나머지 그레고르는 재빨리 소파의 다른 쪽 모퉁이로 뒷걸음질쳤는데, 그때 시트 앞쪽이 약간 움직인 것은 어쩔 수 없는 노릇이었다. 그것만으로도 어머니의 주의를 끌기에는 충분했다. 어머니는 그걸 보고서 멈칫하더니, 순간적으로 가만히 서 있다가 갈피를 못 잡고 그레테에게로 되돌아갔다.

그레고르는, 별다른 일이 생긴 것도 아니고 단지 두서너 개의 가구를 옮길 뿐이라고, 몇 번이고 자기 자신에게 타일렀다. 그런데도 불구하고 여자들이 드나드는 소리와 나직하게 부르는 소리, 마룻바닥에서 가구가 찍찍 끌리는 소리가 섞여 들려 — 곧 그레고르 자신도 인정하지 않으면 안 되었던 것처럼 — 마치 사방에서 엄청난 소동이 밀어닥치는 것 같은 무서운 인상을 받았다. 그는 될 수 있는 대로 머리와 발을 움츠리고 몸을 마룻바닥에 꼭 대고 있었으나, 이제 더 이상은 참을 수 없는 상태에 이르렀다. 그들은 자기 방을 완전히 비우려고 하고 있었다. 자기가 좋아하는 모든 것을 빼앗아 가고 있었다. 수공용 실톱과 그 밖의 모든 도구들이 들어 있는 옷장은 이미 밖으로 들려 나가 있었다. 다음으로 두 사람은

■ 번복(翻覆) 이리저리 뒤집힘.

마룻바닥에 꼭 박혀 있는 책상을 흔들고 있었다. 그는 그 책상에서 상과 대학생으로서, 중학생으로서, 아마 그보다 훨씬 전에는 초등학교 시절부터 숙제를 한 일이 있었다. 사태가 이쯤 되고 보니 이미 그로서는 두 여자들이 가지고 있는 좋은 의도를 시험해 볼 만한 여유조차 없었다. 사실 그들이 그 자리에 있다는 것조차 잊어버리고 있었다. 이미 지칠 대로 지친 두 여자는 묵묵히 일에만 열중하고 있었기 때문에, 그들이 무겁게 발을 구르는 소리만 들릴 뿐이었다.

그는 재빨리 소파 밖으로 기어 나와 — 어머니와 누이동생은 숨을 돌리기 위해 마침 옆방에서 책상에 기대고 있었다 — 우선 어디로 갈까 망설이면서 네 번이나 기어가는 방향을 바꿨다. 사실 무엇을 남겨 놓아야 할지 자기도 분간할 수 없었다. 그때 이미 텅 빈 벽에, 온통 모피로 몸을 감싼 뚱뚱한 여인의 그림이 하나 걸려 있는 것이 유난히 눈에 띄었다. 그는 재빨리 기어 올라가서 유리 위에 몸을 붙였다. 유리에 몸이 닿자, 후끈거리던 배가 시원해지면서 기분이 좋아졌다. 그레고르가 온몸으로 가리고 있는 이 그림만은 아무에게도 빼앗기고 싶지 않았다. 그는 여자들이 돌아오는 것을 살피기 위해 거실로 통하는 문 쪽으로 머리를 돌렸다.

그들은 별로 오랫동안 쉬지도 않고 곧 다시 돌아왔다. 그레테는 어머니의 몸에 한쪽 팔을 감고 거의 안다시피 하여 부축하고 있었다.

"자, 이번엔 무엇을 치울까요?"

그레테는 이렇게 말하고 두리번거렸다. 그때 그레테의 시선과 벽에 붙어 있는 그레고르의 시선이 마주쳤다. 아마도 누이동생은 바로 옆에 있는 어머니를 의식하여 자신을 억제하려고 애쓰는 모양이었다. 어머니가 주위를 둘러볼 수 없도록 고개를 어머니에게로 숙이고 온몸을 떨면서 분별도 없이 말했다.

"가요, 잠깐 거실로 돌아가죠."

그레테의 의도는 그레고르도 잘 알 수 있었다. 어머니를 안전하게 모셔 놓고 그다음에 자기를 벽에서 쫓아내려고 하는 것이다. 어디 할 수 있으면 마음대로 해 보라지! 그는 그림 위에 달라붙은 채 그림을 내주지 않으리라 마음먹었다. 그림을 내주느니 차라리 그레테의 얼굴에 뛰어내리려고 했다. 그러나 그레테의 말은 도리어 어머니의 마음을 불안하게 했다. 어머니는 옆으로 걸음을 옮기더니 꽃무늬 벽지 위의 커다란 갈색 물체를 발견하자, 그것이 그레고르라는 것을 확실히 깨닫기도 전에 거칠고 날카로운 목소리로 외쳤다. "어머나, 저게 뭐냐?" 그러고는 두 팔을 벌리고 절망한 듯이 소파 위에 쓰러지더니 꼼짝도 하지 않았다. "어머나, 오빠!" 누이동생은 주먹을 휘두르며 날카로운 눈초리로 쏘아보면서 이렇게 외쳤다. 이것은 그레고르가 변신한 이래 누이동생이 직접 그에게 건넨 첫 말이었다.

누이동생은 어머니의 정신을 차리게 할 수 있는 각성제를 찾으려고 옆방으로 뛰어갔다. 그레고르도 도와주고 싶었다. 그림은 아직 구해 낼 수 있었다. 그러나 그는 유리에 착 달라붙어 있었기 때문에 거기에서 떨어지는 데 몹시 힘이 들었다. 그러고 나서 자기도 옆방으로 기어갔다. 예전과 같이 누이동생에게 어떤 충고를 해 줄 수 있을 것 같았다. 그러나 막상 당하고 보니 충고는커녕 누이동생 뒤에 우두커니 서 있을 수밖에 없었다. 누이동생은 여러 가지 병 속을 휘젓고 있다가 한번 뒤를 돌아다보고는 깜짝 놀랐다. 병 하나가 마루에 떨어져 산산이 부서지고 말았다. 깨어진 조각 하나가 그레고르의 얼굴에 상처를 입혔다. 어떤 부식제 같은 약물이 그의 몸에 흘러내렸다. 그레테는 이번엔 조금도 지체하지 않고 될 수 있는 대로 여러 개의 약병을 손에 들고서 어머니에게로 뛰어갔다. 그러고는 문을 발로 쾅하고 닫았다. 그레고르는 어머니로부터 차단된 것이다. 어머니는 아마 그레고르의 잘못으로 빈사* 상태에 빠진 것 같았다. 누이동생은 어머니 옆에 붙어 있어야만 하므로 자기가 들어가서는 안 될 것이다. 자기가 들어감으로써 누이동생을 쫓아내고 싶지는 않았다. 그는 그대로 기다리는 수밖에 다른 도리가 없었다. 그는 가책과 근심으로 견딜 수 없어 이리저리 기어 다니기 시작했다. 벽과 가구와 천장을 여기저기 기어 다녔다. 어느덧 방 전체가 자기 주위에

■ 빈사(瀕死) 반죽음.

서 빙글빙글 돌기 시작함을 느꼈을 때, 그는 절망한 나머지 드디어 큰 책상 위에 보기 좋게 떨어지고 말았다.

잠시 시간이 흘렀다. 그레고르는 힘없이 누워 있었다. 주위는 고요했다. 아마도 좋은 징조일 것이다. 그때 초인종이 울렸다. 물론 하녀는 부엌에 틀어박혀 있었기 때문에 그레테가 문을 열러 나가야 했다. 아버지가 돌아온 것이다.

"무슨 일이 있었니?"

이것이 그의 첫마디였다. 그레테의 표정을 보고 모든 것을 알아챈 모양이다. 그레테는 아버지 가슴에 얼굴을 파묻고 머뭇거리며 이렇게 대답했다.

"어머니가 기절하셨어요. 그러나 이젠 괜찮아요. 글쎄 그레고르가 기어 나왔지 뭐예요."

"내 그럴 줄 알았다."

아버지가 말했다.

"내가 늘 말하지 않더냐. 도대체 내 말을 통 들으려 하지 않으니 이 꼴이지."

그레고르는 아버지가 그레테의 너무나 간단한 보고로 나쁜 인상을 받아 그레고르가 어떤 난폭한 짓을 저지른 것으로 오해했다는 사실을 확실히 알아차릴 수 있었다. 그래서 그레고르는 우선 아버지의 마음을 가라앉히려고 시도를 해 보려고 했다. 그러나 아버지에게 사정을 설명할 시간이 없었을 뿐만 아니라 그런 가능성조차 없었으므로 그는 자기 방문 옆으로 재빨리 기어가서 문에다 몸을 바싹 붙이고 기댔다. 그렇게 함으로써 아버지는 현관에서 여기로 들어오자마자 그레고르가 착하게도 자기 방으로 곧 돌아가려고 생각하고 있으니 굳이 쫓아 보낼 필요도 없으며, 단지 문을 열어 주기만 하면 자기 방으로 사라져 버릴 것이라는 사실을 쉽사리 알아차릴 것이라고 생각했던 것이다.

그러나 아버지는 이러한 미묘한 생각을 이해할 만한 기분이 아니었다. 아버지는 방 안으로 들어서자마자 분노인지 희열인지 알 수 없는 목소리로 "아!" 하고 외쳤다. 그레고르는 머리를 문에서 돌려 아버지를 쳐다보았다. 지금 자기 앞에 서 있는 아버지의 모습은 이제껏 상상조차 해 본 적이 없었다. 특히 최근에 와서는 이리저리 기어 다니기에 정신이 팔린 나머지, 전과 같이 집안에서 일어나는 사건에 관심을 갖지 못하고 있었다. 그는 전과 다른 사정에 부닥쳐도 그리 당황하거나 놀라는 일이 없도록 대비를 하고 있어야만 했었다. 그런데도 불구하고 아버지가 지금 웬일일까? 전에 그레고르가 회사 일로 여행을 떠날 때면 침대에 푹 파묻혀 누워 있던 바로 그 아버지란 말인가? 또 그가 저녁에 돌아올 때면 잠옷을 입은 채 안락의자에 앉아서 자기를 맞아 주던 바로 그 아버지란 말인가? 그때 아버지는 제대로 일어서지도 못 하고, 반갑다는 표시로 두 팔만 쳐들고 맞아주었다. 일 년에 두서너 번 일요일이나 큰 축제일에 어쩌다가 가족들과 함께 산책을 하게 되면, 그러잖아도 걸음이 느린 그는 그레고르와 어머니 사이에 끼어 그보다 더 느린 속도로 걸음을 옮기곤 했었다. 그때 그는 낡은 외투를 몸에다 두르고 언제나 조심스럽게 지팡이를 짚으며 걸어갔고, 무슨 말이라도 하려면 언제나 걸음을 멈추고 가족들을 자기 가까이 불러 모으곤 했다. 그 아버지가 바로 이분이란 말인가?

그런데 아버지는 지금 꼿꼿한 자세로 서 있었다. 마치 은행 수위들이 입는 것같은 노란 금단추가 달려 있는 팽팽한 파란 빛깔의 정복을 입고 있었다. 윗도리의 높고 빳빳한 칼라 위에는 불룩하게 두 겹으로 군턱이 생겨 있었다. 짙은 눈썹밑에는 까만 눈동자가 생기 있고 날카롭게 빛나고 있다. 전에는 헝클어지고 더부룩했던 흰 머리칼도 단정하게 가르마를 타서 빗어 내린 듯 머리에 착 붙어서 번지르르하게 빛을 내고 있었다. 아버지는 제모*를 내던졌다. 제모에는 노란 금실로 큰 글자가 수놓아져 있었는데, 그것은 은행 마크가 분명했다. 제모는 방 안에서 아치형의 곡선을 그리며 소파 위에 떨어졌다. 아버지는 기다란 제복 웃옷의 옷자락을 활짝 뒤로 젖히고 두 손을 바지 호주머니에 넣은 채 못마땅한 듯이 상을 찌푸리면서 그레고르를 향해 걸어왔다. 그는 자기가 어떤 행동을 하려는지 잘 모르는 듯했다. 아버지가 여느 때와는 달리 발을 번쩍 쳐들며 걸어오자, 그레

■ **제모(制帽)** 학교, 관청, 회사 따위에서 정하여진 규정에 따라 쓰도록 한 모자.

고르는 넓은 장화 바닥을 보고 깜짝 놀랐다. 그러나 그레고르도 가만히 있지 않았다. 그는 자기의 새 생활이 시작된 첫날부터 아버지가 자기에게 아주 엄격한 조치를 취하리라는 것을 익히 알고 있었다. 그래서 그는 아버지가 서면 자기도 멈추고 아버지가 움직이는 기색이 보이면 앞으로 피해 달아났다. 이렇게 그들은 별다른 소동도 일으키지 않은 채 몇 번이나 방 안을 빙빙 돌아다녔다. 아버지의 동작이 느렸기 때문에 겉으로는 별로 추격하는 것처럼 보이지도 않았다. 만일 벽이나 천장으로 도망을 치면 특별한 악의에서 그런 행동을 한 것이라고 아버지에게 오해를 받을 염려가 있었으므로 그는 잠시 마룻바닥에 머물러 있기로 했다. 어쨌든 그레고르는 이렇게 기어 다니는 일도 오래 계속되지는 못 하리라 생각했다. 아버지가 한 발짝 옮겨 놓는 동안에 자기는 무수한 운동을 해야만 되었기 때문이다. 벌써 그는 숨이 찼다. 변신 전에도 그는 그다지 튼튼한 폐를 가지고 있지 못했기 때문에 어느덧 숨이 찬 것도 무리는 아니었다.

그는 이렇게 안간힘을 다해서 기어 다니며 비틀거리고 있는 동안에 눈도 제대로 뜨지 못할 지경이 되었다. 머리가 흐려져서 이제는 마룻바닥을 기어서 도망치는 것밖에는 다른 도리가 없을 것 같았다. 자유롭게 벽을 기어 올라갈 수도 있었지만 그것조차 잊어버리고 있었다. 그런데 지난날의 이 방의 벽들은 온통 톱니 모양과 뾰족한 장식으로 가득 차 있는 세밀하게 조각된 가구들로 말미암아 막혀 있었던 것이다. 그때 그의 바로 옆에 무엇인가 가볍게 던져져 그의 앞으로 굴러 왔는데, 그것은 사과였다.

곧 두 번째 사과가 날아왔다 그레고르는 겁에 질린 나머지 그만 그 자리에서 발을 멈췄다. 앞으로 달아나도 소용이 없었다. 아버지가 사과로 자기를 때리려고 결심했기 때문이었다. 아버지는 천장 위에 있는 과일 접시에서 사과를 집어 주머니에 잔뜩 집어넣더니 처음에는 겨누지도 않고 사과를 연달아 던졌다. 이 조그마한 빨간 사과들은 마치 전기장치처럼 마루 위를 데굴데굴 굴러다니며 서로 부딪치기도 했다. 살짝 던져진 사과 하나가 그레고르의 등을 스쳤지만, 다치지는 않고 빗나갔다. 그러나 나음에 날아온 사과가 그레고르의 등을 정통으로 맞히고 말았다. 뜻밖에 받은 심한 고통이 자리를 이동함으로써 사라지기라도 한다는 듯 그레고르는 천천히 앞으로 몸을 밀고 나가려고 했다. 그러나 그는 못 박힌 것처럼 옴짝달싹 못하고 온 감각이 마비되어 그 자리에 뻗어 버렸다. 단지 마지막 시선으로 간신히 그는 자기 방의 문이 열리며 비명을 지르는 누이동생 앞으로 어머니가 속옷 바람으로 뛰어나오는 것을 볼 수 있었다. 누이동생은 어머니가 기절했을 때, 호흡곤란을 일으키지 않도록 어머니의 옷을 벗겨 놓았었다. 어머니는 아버지에게로 달려갔다. 그 도중에 풀어 놓았던 스커트들이 하나씩 연달아 마룻바닥에 흘러내렸다. 어머니는 비틀거리며 흘러내린 스커트와 속옷을 밟고 넘어 아버지에게로 달려가더니 꼭 껴안고 — 그때 그레고르의 시력은 말을 듣지 않았기 때문에 더 이상 쳐다볼 수가 없었다 — 아버지의 뒷머리에 손을 감으며 그레고르의 목숨을 살려달라고 애원하는 것이었다.

그레고르가 한 달 이상이나 고생한 이 증상은 — 아무도 꺼내 주지 않았기 때문에 사과는 등살 속에 박힌 채 그 사건이 남긴 두드러진 선물로서 남아 있었다 — 그레고르가 현재 아무리 비참하고 징그러운 모습을 하고 있을지라도 분명히 가족의 한 사람이므로 그를 원수처럼 대해선 안 될 뿐만 아니라, 그에 대한 불쾌한 감정을 억제하며 인내하는 것이 가족으로서 당연한 의무임을 아버지로 하여금 깨닫게 한 것 같았다.

그레고르는 부상으로 말미암아 영원히 활동력을 잃어버린 듯했고, 얼마 동안은 자기 방을 건너가는 데도 늙은 상이군인처럼 오랜 시간이 걸렸는데 — 하물며 높이 기어 올라가는 것은 상상조차 못할 일이었다 — 이처럼 자기의 상태가 악화된 반면에 자기 생각으로는 다음과 같은 방법으로 충분히 만족할 만한 보상을 받게 된 셈이었다. 즉 매일 저녁이 되면 거실로 통하는 문이 열렸던 것이다. 그레고르는 한 시간이나 두 시간 전부터 언제나 그 문을 뚫어지게 바라보았다. 그레고르가 어두운 자기 방에 누워 — 거실에서는 이쪽이 잘 보이지 않았다 — 환히 비치는 탁자 주위에 둘러앉아 있는 가족들을 바라보면서 그들의 이야기를 듣는 것이 전과는 아주 다르게, 어느 정도 공공연하게 묵인되어 있었다.

물론 그전에 그레고르가 어느 작은 호텔방에서 지칠 대로 지친 피로한 몸으로 축축한 침대에 누워 언제나 그립게 생각했던 그런 활기를 띤 대화 분위기는 아니었다. 이제는 대개 조용한 가운데 이야기가 계속되었다. 아버지는 저녁 식사를 하고 나면 곧 자기 안락의자에 앉아 잠이 들었고, 어머니와 누이동생은 서로 조용히 하라고 경고했다. 어머니는 불 밑으로 바짝 몸을 구부리고 유행 양장점에서 맡아 온 고급 속옷을 바느질하고 있었다. 여점원으로 취직한 누이동생은 장차 더 좋은 취직자리를 얻으려고 저녁때면 속기술과 프랑스어를 공부하고 있었다. 때때로 아버지는 자다가 깨어나 자기가 잠들었던 사실을 전혀 모르는 듯이 어머니에게 말을 걸었다. "뭘 오늘도 그렇게 늦게까지 꿰매고 있어!" 그리고 바로 또 잠이 들었다. 어머니와 누이동생은 서로 피로한 표정으로 미소를 지었다.

아버지는 한사코 고집을 부려 집에 와서도 수위 제복을 벗기를 거부했다. 잠옷은 아무 쓸모도 없이 옷걸이에 그냥 걸려 있었다. 언제나 아버지는 마치 직장에서 일에 임할 준비라도 갖추고 있는 것처럼, 집에서도 상관의 명령이라도 기다리는 것처럼 단정하게 제복은 입은 채 자기 자리에 앉아서 졸았다. 그렇기 때문에 지급 받을 때부터 신품이 아니었던 이 제복은 어머니와 누이동생이 더럽히지 않으려고 조심해서 다루었지만 점점 더러워졌다. 그레고르는 저녁 내내 금단추가 달려 있는, 더럽기 이루 말할 수 없는 그 제복을 바라보곤 하였다. 이런 제복을 입은 늙은 아버지는 매우 불편하게 보였지만, 그러나 곤하게 잠들어 있었다.

시계가 열 시를 알리면 어머니는 나지막한 목소리로 아버지를 깨워 침대로 가서 자도록 권유하느라고 무척 애썼다. 의자 위에서는 편히 잠을 잘 수가 없을 뿐만 아니라 아침 여섯 시에 출근하는 아버지에게는 충분한 휴식이 필요했기 때문이다. 그러나 아버지는 수위 일을 하게 된 다음부터 고집불통이 되어 좀 더 오래 탁자 옆에 앉아 있겠다고 억지를 부리면서 늘 잠이 들곤 했다. 그래서 안락의자에서 침대로 잠자리를 옮기도록 권유하기란 무척 어려운 일이었다. 어머니와 누이동생이 아무리 조심스럽게 아버지에게 졸라 보아도 십오 분 동안은 눈을 지그

시 감은 채 느릿느릿 머리를 흔들기만 하고 일어서려고 하지 않았다. 어머니는 아버지의 소매를 잡아당기며 그의 귀에 대고 달콤한 말을 속삭이고 누이동생도 공부를 집어치우고 어머니를 도왔으나, 아버지에 대해서는 아무 효과도 없었다. 아버지는 점점 더 깊숙이 의자 속에 파묻혀 들어갔다. 모녀가 함께 손을 겨드랑이 밑에 넣어 들어 올릴 때에야 아버지는 비로소 눈을 뜨고 어머니와 누이동생을 번갈아 쳐다보고는 으레 다음과 같이 중얼거리는 것이었다.

"이것이 인생이다. 나의 노년의 안식이란 게 겨우 이런 꼴이란 말이냐."

그리고 그는 모녀의 부축을 받으며 마지 못해 일어나기는 하나 자기 자신에게도 몸 전체가 무거운 짐처럼 느껴지는 듯했다. 모녀에게 문 근처까지 끌려가면 이제는 됐다고 끄덕이며 혼자서 걸어갔다. 그러면 어머니와 누이동생은 각각 재봉 도구와 펜을 내던지고 아버지 뒤를 따라가서 부축해 드리곤 했다.

많은 일에 시달리고 지칠 대로 지친 가족들 가운데서 누가 그레고르를 필요 이상으로 친절하게 돌봐 줄 시간 여유를 가질 수 있겠는가? 집안 살림은 점점 궁색해지기 시작하여 하녀까지도 내보냈다. 흩어진 흰 머리칼을 휘날리는 몸집이 크고 뼈대가 굵은 할멈이 아침저녁으로 드나들며 가장 힘든 일을 거들어 주었고, 그 밖의 모든 일은 그렇게 많은 바느질을 해 가면서도 어머니가 맡아서 해치웠다. 게다가 전에 어머니와 누이동생이 회합이나 축제날에 걸치기를 좋아했던 여러 가지 장식품도 팔아 버리게 되었다. 그레고르는 이런 사정을 저녁때 가족들이 물건 판 가격에 대해 이야기하는 것을 듣고서 알았다. 그렇지만 언제나 가장 큰 걱정거리는 현재의 상태로 보아서 너무 넓기는 했지만 이 집을 떠날 수 없다는 사실이었다. 이사를 하려고 해도 어떻게 그레고르를 옮겨야 할지 엄두가 나지 않았기 때문이다. 그러나 그레고르는 이사하는 데 방해가 되는 것은 단지 자기에 대한 걱정만은 아니라는 사실을 잘 알고 있었다. 자기 하나쯤은 알맞은 궤짝 속에 넣어서 공기가 통하는 구멍을 두서너 개 뚫어 놓기만 하면 쉽사리 운반할 수 있었다. 가족들이 이사를 하지 못하는 가장 큰 원인은 오히려 깊은 절망감과, 이제까지 친척들이나 친구들 가운데서 아무도 겪어 본 일이 없는 비참한 불행을 당하고 있다는 피해 의식 때문이었다. 세상 사람들이 불쌍한 사람들에게 요구하는 것을 그의 가족들은 최대한도로 실천하고 있었다. 아버지는 하급 은행원들에게까지도 아침 식사를 날라다 주고, 어머니는 알지도 못하는 사람들의 속옷 바느질에 갖은 희생을 다했으며, 누이동생은 손님들이 주문하는 대로 카운터 뒤에서 이리저리 뛰어다녔다. 가족들은 이미 그 이상 더 일할 여력이 없었다.

어머니와 누이동생은 아버지를 침대로 데려다 주고 거실로 돌아오면 하던 일을 멈추고서 서로 뺨이 닿을 정도로 바짝 다가앉는다. 어머니는 그레고르의 방을 가리키며, "그레테야, 저 문을 닫아라!" 하고 말한다. 그러면 그레고르는 또다시 어둠 속에 혼자 남아 있게 된다. 옆방의 모녀는 함께 눈물을 흘리거나 또는 눈물조차 말랐는지 탁자만 뚫어지게 바라본다. 그럴 때면 그레고르는 등의 상처가 새삼스레 아프기 시작하는 것처럼 느껴졌다. 때때로 그는 다음에 문이 열리면 가족들의 여러 가지 일을 전과 같이 도맡아서 해 봐야지 하는 생각을 했다. 그의 머릿속에는 오래간만에 또다시 사장과 지배인, 그리고 직원이나 견습생들, 그리고 우둔한 급사나 다른 직장에서 일하고 있는 두서너 명의 친구들, 지방에 있는 호텔 하녀, 즐거우면서도 허무했던 추억, 그가 진지하면서도 너무나 느리고 지루한 태도로 구혼을 했던 어느 모자점의 여자 회계원 — 이러한 모든 사람들의 모습이 전혀 낯선 사람이나 이미 다 잊어버린 사람들의 모습과 뒤섞여서 자꾸만 떠올랐다. 그러나 이러한 사람들의 모습은 모두들 자기와 가족들을 도와주기에는 너무 멀리 있었다. 따라서 그는 그들의 모습이 머릿속에서 사라지기를 은근히 바랐다. 그런가 하면 그레고르는 전혀 가족에 대해 걱정할 기분이 나지 않을 때도 있었는데, 그럴 땐 자기를 학대하는 데 대해서 그저 화가 날 뿐이었다.

그는 어떤 음식을 먹고 싶은지 알 수도 없고 또 배도 고프지 않았으나, 어떻게 해서든지 식당까지 기어가서 그래도 구미에 맞는 음식을 먹어 보려고 계획을 꾸몄다. 누이동생은 무엇을 주어야 그레고르가 기뻐할 것인지 그런 것은 생각지도 않고 그저 아침과 낮, 바삐 상점에 나가기 전에 닥치는 대로 간단히 아무 음식이나 그레고르의 방 안에 발끝으로 밀어 넣었다. 그리고 저녁때가 되면 그러한 음식을 조금 먹었거나 또는 전혀 입을 대지도 않은 데 대해서는 신경 쓰지도 않고 빗자루로 밖으로 쓸어내 버렸다.

누이동생은 언제나 저녁때마다 해 주던 방 청소를 이제는 아무렇게나 되는 대로 빨리 해치웠다. 그 때문에 더러운 자국이 그대로 벽에 남아 있고, 여기저기 먼지와 쓰레기, 그리고 오물들이 흩어져 있었다. 처음에 그레고르는 누이동생이 들어오면 일부러 그러한 더러운 구석에 누워서 누이동생에게 좀 핀잔을 주려고 했었다. 그러나 몇 주일이나 그런 곳에 누워 있었지만 누이동생은 태도를 고쳐 줄 것 같지가 않았다. 누이동생도 자기와 마찬가지로 더러운 물건들을 빤히 바라보면서도 그것을 그냥 내버려 두기로 결심했던 것이다. 사실 대체로 가족들은 모두 신경과민에 걸렸지만, 누이동생도 그레고르의 방을 청소한다는 자기의 특권이 침해당하지 않도록 이제까지의 그녀에게서는 볼 수 없었던 태도로 유달리 신경을 쓰면서 감시하고 있었다. 어느 날 어머니는 물을 몇 통 길어다가 그레고르의 방을 대청소한 일이 있었는데 — 온통 물 천지가 되는 바람에 그레고르는 몹시 불쾌한 기분이 되어 꼼짝도 못하고 소파 위에 벌렁 누워 있었지만 — 어머니도 그에 대한 댓가를 톡톡히 치러야 했다. 저녁때 누이동생은 그레고르의 방 안이 달라진 것을 보자 심한 모욕이라도 당한 듯 화를 내면서 안방으로 뛰어 들어갔다. 어머니는 애원하다시피 손을 처들고 달래 봤지만 누이동생은 몸부림을 치면서 울음보를 터뜨렸다. 부모님은 — 아버지는 놀라 안락의자에서 벌떡 일어섰다 — 어쩔 줄을 모르고 바라보고만 있었다. 마침내 부모님은 간신히 마음을 가다듬고 움직이기 시작했다. 왼편에서는 아버지가 왜 그레고르 방의 청소를 누이동생에게 맡겨 두지 않았느냐고 어머니를 나무라는가 하면, 또 오른쪽에서는 누이동생이 이제부터는 절대로 그레고르의 방을 청소하지 않겠다고 찢어지는 소리로 앙탈을 부렸다.

한편 어머니는 너무 흥분해서 거의 정신을 잃은 아버지를 침실로 끌고 가느라고 몹시 애를 쓰고 있었다. 누이동생은 흐느껴 울며 분을 참지 못하여 조그마한 주먹으로 탁자를 두들겨 댔다. 그레고르는 문을 닫아 주기만 하면 이런 추태와 소동을 보지 않을 수가 있는데도 아무도 문을 닫아 주려고 생각하는 사람이 없었기 때문에 화가 치밀어서 씩씩거리고 있었다.

그러나 아무리 누이동생이 일에 시달리는 나머지 전과 같이 그레고르를 돌봐주는 데 싫증을 느끼게 되었다고 하더라도 누이동생 대신에 어머니가 들어와야 할 필요는 조금도 없었으며, 그레고르 역시 소홀히 취급당할 이유가 없었다. 그 늙은 할멈이 있었기 때문이다. 그 할멈은 한평생 아무리 어려운 일이나 심한 역경도 그의 강한 체력으로 능히 감당할 수 있었으리라고 생각되었는데, 처음부터 그레고르의 흉한 꼴을 보기 싫어하는 기색은 조금도 없었다. 언젠가 그 할멈은 호기심에서가 아니라 우연히 그레고르의 방문을 연 적이 있었다. 그때 그레고르는 누구에게 쫓기는 것도 아닌데 매우 당황하여 갈피를 못 잡고 이리저리 기어다니기 시작했다. 할멈은 두 손을 아랫배 위에 모아 쥐고 놀란 표정으로 그레고르의 모습을 보며 그 자리에 우두커니 서 있었다. 그때부터 할멈은 아침과 저녁에는 언제나 서슴지 않고 방문을 살그머니 열고서 그레고르 쪽을 들여다보곤 했다. 처음 얼마 동안 할멈은 자기로서는 그래도 친절을 베푼다는 말투로, "이리 오너라, 늙은 말똥벌레야!"라든가, "저 늙은 말똥벌레 좀 봐!" 하고 그레고르를 자기 옆으로 불러 보려고 했다. 이런 말을 듣고도 그레고르는 문이 열린 것도 모르는 듯이 꼼짝도 않고 자기 자리에 누워 있었다. 할멈이 제멋대로 그렇게 쓸데없이 그레고르를 괴롭힌다면 차라리 매일같이 방이나 청소하라고 시켰으면 얼마나 좋을까 하고 생각했다.

어느 이른 아침에 — 어느덧 다가오는 봄날을 알리는 듯 세찬 비가 창문에 들이치고 있었는데 — 할멈이 또다시 전과 같은 말투로 놀리기 시작했기 때문에, 그레고르는 몹시 화가 나서 느릿느릿 힘없는 동작으로 덤벼들려는 듯이 할멈에게로 몸을 돌렸다. 그러나 할멈은 무서워하기는커녕 문 옆에 놓여 있던 의자를 높이 들어 올렸다. 할멈이 입을 딱 벌리고 서 있는 꼴을 보니 그의 참뜻을 알 수 있었다. 그것은 높이 들어 올린 의자가 그레고르의 등을 내리친 후에야 비로소 할멈이 입을 다물 작정이라는 뜻이었다.

"자아, 더 덤비지는 못 하겠지?"

할멈은 그레고르가 슬며시 몸을 돌리는 것을 보자 그렇게 다짐하며 의자를 가만히 방구석에 갖다 놓았다.

이제 그레고르는 거의 아무것도 먹지 못했다. 다만 기어 다니다가 우연히 가져다 놓은 음식 옆을 지나가게 되면 장난삼아 조금 입에 넣어 보지만, 삼키지도 않고 그냥 입속에서 몇 시간 동안 물고 있다가 대개는 그대로 뱉어 버리고 말았다. 식욕이 나지 않는 것은 자기의 비참함을 슬퍼하는 탓이라고 생각했지만, 그는 방의 변화에 대해서는 곧 순응하게 되었다. 식구들은 이제 마땅히 둘 데가 없는 물건들은 무엇이든 이 방에 들여놓기 일쑤였다. 그런 물건은 이 집 안에 굉장히 많았다. 왜냐하면 살림방 하나를 세 사람의 하숙인에게 빌려 주었기 때문이었다. 이 점잖은 신사들은 — 그레고르가 어느 날 문틈으로 확인한 바에 의하면, 세 사람 모두 수염이 텁수룩했다 — 환경 정리에 대해서 관심이 많은 사람들이었는데, 자기들은 물론이고 일단 이 집에 하숙한 이상 집 안 전체에 대해, 특히 부엌의 청결 문제까지 참견했다.

그들은 폐물이나 더러운 물건을 보면 참지를 못했다. 게다가 그들은 자신들의 가구를 많이 갖고 들어왔기 때문에 많은 물건들이 남아돌게 되었다. 그러나 팔아 버리기에는 너무 억울하고 또 아까워서 내버리고 싶지 않은 물건들이라 이러한 물건들이 모조리 그레고르의 방으로 옮겨졌다. 부엌에서는 내버리는 상자와 쓰레기통까지 들어왔다. 우선 당장에 필요치 않은 물건들은 언제나 빠른 동작으로 일하는 할멈이 무조건 그레고르의 방으로 끌고 왔다. 다행히 그레고르는 대개 날라다 놓는 물건이나 그 물건을 들고 오는 할멈의 손밖에 보지 못했다. 할멈은 적당한 시기에 그런 물건들을 다시 가져가거나 한꺼번에 갖다 버리려고 했으나, 그 물건들은 내내 처음 내던져진 장소에 그대로 놓여 있었다. 그레고르는 이런 잡동사니들 사이를 구불구불 누비고 돌아다닐 수가 없어서 처음에는 자유스럽게 기어 다닐 통로를 만들기 위해 부득이 그 잡동사니들을 옆으로 치워 버렸다. 그러자 나중에는 그렇게 힘든 일을 기어 다니며 하고 나니, 몸은 몹시 고단하고 마음은 한없이 슬퍼져서 몇 시간 동안이나 옴짝달싹할 수가 없었다. 그러나 그러한 물건들을 움직이는 데 차츰 흥미를 느끼게 되었다.

하숙인들이 집에서 저녁 식사를 할 때면 가끔 가족들이 공동으로 쓰고 있는 거실을 사용했기 때문에 저녁이면 거실 문이 닫혀 있는 일이 많았다. 그러면 그레고르는 아예 단념하고 문을 억지로 열려고 하지 않았다. 전에 저녁마다 문이 열려 있었을 때에도 그레고르는 그 문을 이용하지 않고 가족들의 눈에 띄지 않도록 컴컴한 자기 방 한구석에 있었다. 그런데 언젠가 할멈이 거실 문을 약간 열어 놓은 채 그대로 둔 적이 있었다. 그 문은 저녁때 하숙인들이 거실로 들어와 불을 켤 때까지 열려 있었다. 그 하숙인들은 전에 아버지와 어머니와 그레고르가 앉았던 식탁 윗자리에 자리 잡고 냅킨을 펴더니 나이프와 포크를 손에 들었다. 그러자 수북이 고기를 담은 접시를 들고 어머니가 나타났고, 바로 뒤이어 감자를 가득 담은 그릇을 들고 누이동생이 따라왔다. 음식은 김이 무럭무럭 오르고 냄새는 구미를 돋우었다. 하숙인들은 마치 먹기 전에 검사나 해 보려는 듯이 자기들 앞에 놓인 접시 위로 허리를 구부렸다. 특히 그들 중에서 한가운데에 앉은 우두머리 격인 남자가 접시에서 고기 한 점을 베더니 그것이 너무 연하지는 않은가, 부엌으로 되돌려 보내지 않아도 좋은가를 다른 사람들 앞에서 음미해 보았다. 그는 맛을 보고 나서 만족한 모양이었다. 긴장한 표정으로 지켜보고 있던 어머니와 누이동생은 안도의 한숨을 내쉬고 미소를 지었다. 가족들은 부엌에서 식사를 했다. 그래도 아버지만은 부엌으로 가기 전에 거실에 들어와서 제모를 손에 든 채 인사를 하고 식탁 주위를 한번 둘러보았다. 하숙인들도 모두 일어나서 수염에 가려진 입으로 무슨 말인가를 중얼거렸다.

하숙인들은 자기들만 남게 되자 거의 아무 말도 하지 않고 조용히 식사를 했다. 그레고르는 식사하는 동안 내내 이상한 소리를 들었는데, 그것은 이로 음식을 씹는 소리였다. 그 소리가 그레고르에게는 마치 음식을 먹으려면 이가 필요하고, 이 없는 턱은 아무리 훌륭하게 보여도 전혀 쓸모가 없다는 사실을 알려 주기 위해서 들려오는 듯 느껴졌다. "나도 구미가 당기는데." 하고 그레고르는 걱정스러운 듯 혼자서 중얼거렸다.

"그러나 저런 음식은 싫어. 저 하숙인들은 저리 잘도 먹는데, 나는 이처럼 비참하게 죽어가는구나!"

바로 이날 저녁에 — 그레고르는 변신 이후로 바이올린 소리를 들어 본 기억이 나지 않았다 — 부엌 쪽에서 바이올린 소리가 들려왔다. 하숙인들은 벌써 저녁 식사를 끝마치고 한가운데 앉은 남자가 신문을 끄집어내어 두 사람에게 한 장씩 나눠 주었다. 그들은 모두 의자에 몸을 기댄 채 신문을 읽으며 담배를 피우고 있었다.

바이올린 소리가 들려왔을 때, 그들은 그 소리가 신기하다는 듯 호기심을 느끼며 일어나 현관방의 문을 향해 발끝으로 소리를 죽이며 살금살금 걸어가서 문앞에 모여 섰다. 부엌에서도 그들의 발소리가 들린 모양이었다. 그래서 아버지가 소리를 질렀다.

"여러분, 바이올린 소리가 듣기 싫으신가요? 곧 그만두게 하지요."

"천만에요."

그 우두머리 격인 남자가 대답했다.

"아가씨께서 이쪽 방으로 와서 연주해 주실 수 없을까요? 그쪽이 훨씬 편하고 기분도 흐뭇할 것 같은데요."

"네, 그러지요."

아버지는 마치 자기가 바이올린을 켜기나 했다는 듯 대답했다. 하숙인들은 거실로 돌아와서 기다리고 있었다. 이윽고 아버지는 악보대를, 어머니는 악보를, 누이동생은 바이올린을 들고 방 안으로 들어왔다. 누이동생은 침착한 태도로 연주할 준비를 갖추었다. 이제까지 한 번도 방을 빌려 준 일이 없었기 때문에 부모님은 하숙인들에게 지나치게 예의를 지키느라고 감히 자기들 자리에 앉을 생각을 못했다. 아버지는 문에 기대서 제복의 단추를 꼭 채운 채 단추 사이에 오른손을 집어넣고 있었다. 그러나 어머니는 하숙인 한 사람이 의자를 권했기 때문에 자리를 얻어 앉았다. 그 자리는 한쪽 구석이었지만 어머니는 의자를 갖다 놓아 준 대로 그곳에 자리 잡고 앉았다.

누이동생은 바이올린을 켜기 시작했다. 아버지와 어머니는 제각기 자리 잡은 위치에서 주의 깊게 딸의 두 손의 움직임을 바라보았다. 그레고르는 바이올린 소리에 마음이 끌려 자기도 모르게 약간 앞으로 나아가서 머리를 거실 쪽으로 내밀었다. 그는 요즘 다른 사람들에게 주의를 기울이지 않고 생활해 왔는데, 그것이 조금도 이상하게 여겨지지 않았다. 그는 전에는 스스로가 다른 사람의 입장을 고려해 줄 수 있다는 것을 자랑으로 여겼기 때문에 지금 같은 상황이라면 다른 사람의 눈앞에서 몸을 숨겼을 것이다. 방 안에는 구석구석 먼지가 소복이 쌓여 있어서 조금만 몸을 움직여도 먼지가 펄펄 날리고 온몸이 먼지투성이가 되었기 때문에 그는 실오라기, 머리털, 먹다 남은 음식 찌꺼기 같은 것을 등허리와 옆구리에 붙인 채 끌고 돌아다녔다. 이제 그는 모든 것에 무관심한 태도를 보였다. 그래서 전에는 하루에도 몇 번씩 그랬지만, 요사이는 벌렁 등을 대고 누워서 양탄자에 몸을 비비는 일도 없었다. 이러한 상태에도 불구하고 그는 티끌 하나 떨어져 있지 않은 깨끗한 거실 바닥 위를 기어가면서도 전혀 거리낌이 없었고 부끄러운 줄도 몰랐다.

그가 기어 나온 것을 눈치챈 사람은 아무도 없었다. 가족들은 완전히 바이올린 연주에 사로잡혀 있었다. 하숙인들은 처음에는 두 손을 바지 주머니 속에 넣고 누이동생의 악보대 바로 뒤에 자리 잡고 앉아 있었다. 그래서 그들은 모두 악보를 들여다볼 수 있었는데, 누이동생에게는 그것이 확실히 방해가 되었을 것이다. 그들은 이내 머리를 수그리고 나직한 목소리로 속삭이면서 창문 옆으로 물러섰다. 아버지는 염려하는 눈초리로 창문 옆에 머무르는 그들을 쳐다보고 있었다. 사실 누가 보더라도, 아름답고 훌륭한 바이올린 연주를 들을 수 있으리라고 기대했다가 그 기대가 어긋나서 실망하고 싫증이 났지만 체면을 생각하고 예의를 지키기 위해 할 수 없이 듣고 있다는 눈치가 명백했다. 특히 그들이 모두 담배 연기를 허공으로 내뿜는 모습은 보는 사람으로 하여금 그들의 초조한 기색을 느끼게 하고도 남음이 있었다. 그래도 누이동생은 매우 훌륭하게 연주했다. 고개를 옆으로 갸웃하고 눈빛은 감상에 젖은 듯 슬픈 표정으로 악보의 줄을 더듬고 있었다. 그레고르는 조금 더 앞으로 기어 나갔다. 그리고 혹시 누이동생의 시선과 마주칠 수 있을까 기대하면서 고개를 마루 위에 바짝 대다시피 수그리고 있었다. 이처럼 음악 소리에 감동을 느끼는데도 그가 벌레란 말인가?

그는 마치 자신이 그리던 마음의 양식을 얻는 길이 열리는 것처럼 느껴졌다. 그는 누이동생 옆으로 기어가려고 했다. 누이동생의 스커트 자락을 끌어당겨 누이동생에게 바이올린을 가지고 자기 방으로 와 주었으면 하는 뜻을 알리려고 했다. 왜냐하면 거기에는 아무도 자기만큼 그 연주를 칭찬해 주는 사람이 없었기 때문이다. 그는 자기가 살아 있는 동안 누이동생과 자기 방에서 함께 지내고 싶었다. 그의 흉측한 모습이 아마 처음으로 그에게 도움이 될 것 같았다. 그는 자기 방의 모든 문을 단단히 지켜 서 있다가 들어오는 다른 사람들을 무섭게 공격하리라 마음먹었다. 그러나 누이동생에게 강요해서는 안 되며, 그녀의 의사에 따라 자기 옆에서 지내게 해야 할 것이다. 그러면 누이동생은 자기와 나란히 소파에 앉아 자기 쪽으로 귀를 기울일 것이다.

그럴 때면 그는 누이동생에게 그녀를 음악학교에 보내 주려고 구체적인 계획을 세우고 있었다는 것과, 이런 불행한 사건만 일어나지 않았더라면 어떤 반대가 있었다 하더라도 그에 구애되지 않고 지난 크리스마스 저녁에 — 크리스마스가 아마 벌써 지나가 버렸겠지? — 여러 사람들 앞에서 명백히 자기 계획을 발표했을 것이란 사실을 알려 줄 수 있을 것이다. 이런 이야기를 하면 누이동생은 틀림없이 감격한 나머지 울음을 터뜨릴 것이다. 그러면 그레고르는 어깨까지 기어올라가 누이동생의 목에 키스를 해 주리라 생각했다. 누이동생은 직장에 나가게 되면서부터 리본도 칼라도 없이 목을 내놓고 다녔던 것이다.

"잠자 씨!"

우두머리 격인 남자가 아버지에게 소리쳤다. 그리고 그는 더 이상 아무 말도 하지 않고 천천히 앞으로 기어 나오는 그레고르를 손가락으로 가리켰다. 바이올린 소리가 멈췄다. 그 남자는 우선 고개를 돌려 친구들에게 미소를 던지고, 다시 그레고르 쪽을 돌아다보았다. 아버지는 그레고르를 쫓아내는 일보다 하숙인들을 진정시키는 일이 더 중요하다고 생각하는 것 같았다. 그러나 하숙인들은 흥분하기는커녕 바이올린 연주보다도 도리어 그레고르에게 더 흥미를 느끼는 것 같았다. 아버지는 그들에게로 뛰어가서 두 팔을 벌리고 하숙인들을 방으로 돌려보내려고 애쓰는 동시에 자기 몸으로 그레고르가 보이지 않도록 가리려고 했다. 그때 그들은 약간 화를 내는 듯했다. 아버지의 행동에 화를 내는지, 아니면 그레고르 같은 것이 옆방에 살고 있었다는 사실을 꿈에도 모르다 이제야 알게 되어 화를 내는지는 알 수 없었다. 그들은 아버지에게 해명을 요구하고 그들 쪽에서도 팔을 쳐들며 불안스럽게 수염을 비틀면서 천천히 자기들 방으로 물러갔다.

그동안 누이동생은 별안간 연주를 중단하고 나서 잠시 멍청히 서 있다가 바로 정신을 차리고 한동안 축 늘어뜨린 두 손에 바이올린과 활을 쥐고 아직도 연주를 계속하고 있는 것처럼 악보를 들여다보더니 갑자기 몸을 일으켰다. 그리고 누이동생은 어머니 — 숨이 막히는 듯 가슴을 들먹거리며 아직도 의자에 앉아 있다 — 무릎 위에 악기를 놓고 하숙인들의 방으로 앞질러 뛰어들어 갔다. 하숙인들은 아버지에게 쫓겨 그들의 방으로 가고 있었다. 누이동생은 익숙한 솜씨로 침대 위에 놓여 있던 이부자리와 베개를 톡톡 털더니 순식간에 보기 좋게 침대를 정돈하고 하숙인들이 방으로 들어오기 전에 살짝 빠져나왔다. 아버지는 또다시 고집이 발동하여 늘 하숙인에게 베풀던 존경심조차 잊어버린 것 같았다. 아버지는 계속 그들을 밀치며 방으로 쫓았다. 드디어 방문까지 다다랐을 때 우두머리 격인 남자가 쾅하고 발을 굴러 아버지도 할 수 없이 걸음을 멈추었다.

"나는 이 자리에서 선언하지만……."

그 남자는 한쪽 손을 쳐들고 어머니와 누이동생을 힐끗 바라본 다음 이렇게 말했다.

"현재 이 집과 이 가족들 속에 감돌고 있는 이 불쾌한 분위기를 고려해서 — 여기서 그 남자는 결심이라도 한 듯 마루에 침을 뱉었다 — 나는 방을 해약합니다. 물론 내가 지금까지 살아온 기간의 방세에 대해서는 한 푼도 지불할 수 없습니다. 그 대신 나는 앞으로 — 내 말을 똑똑히 들으십시오 — 아주 쉽게 근거를 제시할 수 있는 어떠한 손해배상 청구를 당신에게 제기하게 될 것인지, 이 점을 신중히 고려해 볼 작정입니다."

그 남자는 입을 다물고 마치 무엇을 기대하려는 듯이 똑바로 앞을 바라보았다. 그러자 두 친구들도 바로 입을 열었다.

"우리도 역시 이 자리에서 당장에 해약하겠습니다."

그러고 나서 그 우두머리 격인 남자는 문의 손잡이를 쥐고 탕하고 요란스럽게 문을 닫았다.

아버지는 허우적거리며 비틀거리더니 힘없이 의자 위에 쓰러지고 말았다. 겉으론 손발을 축 늘어뜨리고 전과 같이 저녁잠을 자는 것처럼 보였으나, 쉴 새 없이 고개를 끄덕거리고 있는 것으로 보아 결코 잠을 자는 것이 아님을 알 수 있었다. 그레고르는 그동안 자기가 하숙인들에게 들켰던 바로 그 자리에 조용히 누워 있었다. 자기 계획이 실패한 데 대한 실망과 너무 오랫동안 굶주린 탓으로 몸이 극도로 쇠약해진 그는 도저히 움직일 수가 없었다. 그는 지금 당장이라도 자기 몸 위에 여러 가지 물건들이 한꺼번에 무자비하게 던져질 것이라고 확신하면서 그 순간을 기다리고 있었다.

"어머니! 아버지!" 하고 누이동생은 이야기를 끄집어내기 전에 손으로 탁자를 쳤다.

"더 이상 못 견디겠어요. 어머니와 아버지는 아직 사정을 모르시겠지만 저는 잘 알고 있어요. 저는 이런 괴물 앞에서 오빠의 이름을 부르고 싶지 않아요. 그래서 제 뜻은 저것을 없애야 한다는 거예요. 저것을 먹여 살리려고 참고 견디며 우리들은 인간으로서 할 수 있는 짓은 다해 왔어요. 아무도 우리를 나무랄 사람은 없어요."

"그래, 네 말이 옳다."

아버지는 중얼거리듯 말했다. 아직도 완전히 숨을 돌리지 못한 어머니는 얼이 빠진 눈빛으로 손으로 입을 가리고 기침을 하기 시작했다.

누이동생은 어머니 옆으로 달려가서 이마를 짚어 주었다. 아버지는 누이동생의 말을 듣고서 무슨 결심이라도 한 것처럼 보였다. 아버지는 의자 위에 똑바로 앉아 하숙인들이 저녁 식사를 끝낸 다음, 아직도 식탁 위에 놓여 있는 접시들 사이에서 수위의 제모를 만지작거리며 가끔 가만히 누워 있는 그레고르 쪽을 바라보았다.

"우리는 저것을 없애버려야만 해요."

아버지를 바라보며 누이동생은 다짐하듯이 말했다. 어머니는 기침을 하느라고 아무 말도 듣지 못했다.

"저것이 아버지와 어머니의 목숨을 빼앗을 거예요. 어쩐지 저는 그렇게만 생각돼요. 저희들은 모두 갖은 고생을 다하면서 일해야 하는데 이처럼 끝없는 두통거리를 집 안에 두고 어떻게 참을 수가 있겠어요. 저는 더 이상 참을 수가 없어요."

이렇게 말하고 누이동생은 왈칵 울음을 터뜨렸다. 그 눈물이 어머니의 얼굴에 흘러내리자 누이동생은 그저 기계적으로 손을 움직여 어머니의 얼굴에서 눈물을 닦아 냈다.

"얘야." 하고 아버지가 동정하듯이, 그리고 유달리 부드러운 투로 이렇게 말했다. "그러면 우리들은 어쩌면 좋단 말이냐?"

누이동생은 아버지에게 아무런 구체적인 방안도 없다고 어깨를 움츠렸을 뿐이다. 그녀는 울고 있는 동안에, 앞서 그처럼 단호했던 태도와는 정반대로 정말 어쩌면 좋을지 갈피를 잡지 못 했다.

"저놈이 우리 마음을 조금이라도 알아주었으면."

아버지는 반쯤 물어보듯이 말했다. 누이동생은 울면서 그런 일은 전혀 생각해 볼 여지조차 없다는 듯이 한쪽 손을 성급히 내저었다.

"저놈이 우리 마음을 조금이라도 알아주었으면……."

아버지는 같은 말을 되풀이하고, 그런 일은 도저히 있을 수 없다는 누이동생의 확신을 자기도 그대로 받아들이려는 듯 지그시 눈을 감았다.

"그렇다면 저놈하고 타협할 수도 있을 텐데. 그러나 저 모양이니……."

"내쫓아야 해요." 하고 누이동생이 외쳤다.

"그렇게 하는 수밖에 없어요. 아버지! 저것이 오빠라는 생각을 버리셔야 해요. 우리들이 이제까지 그렇게 믿어 왔던 것이 우리들의 불행이었어요. 어째서 저것이 그레고르란 말이에요. 만일 정말 그레고르라면 사람이 저런 벌레와 함께 살 수 없다는 것쯤은 벌써 알아차리고 자기 스스로 나가 버렸을 거예요. 그러면 오빠는 없어질망정 우리는 안심하고 살아나갈 수 있고, 언제까지나 오빠를 소중하게 회상할 수 있었을 거예요. 그런데 저것은 우리들을 괴롭히고 하숙인들을 쫓아낼 뿐더러, 나중에는 아마 이 집 전체를 차지한 채 우리들까지 거리에서 잠을 자게 할 거예요. 저것 좀 보세요, 아버지!"

하고 누이동생은 갑자기 외쳤다.

"또 장난을 시작했어요!"

그레고르로서는 이해가 가지 않는 괴상한 공포에 사로잡힌 듯 누이동생은 어머니 곁을 버리고 펄쩍 뛰며 뒤로 물러났다. 그리고는 아버지 뒤로 달려갔다. 아버지도 누이동생의 행동을 보고 당황한 나머지 자리에서 일어나 누이동생을 보호하려는 듯 두 팔을 앞으로 쳐들었다.

그러나 그레고르는 누이동생은 물론 아무에게도 공포심을 불러일으키게 하려는 생각이 없었다. 그는 단지 자기 방으로 돌아가려고 몸을 돌리기 시작했던 것이다. 그의 비참한 상태로는 몸을 약간 돌리는 것도 힘이 들었기 때문에 머리의 반동을 이용해야 했다. 그래서 몇 번이고 머리를 쳐들었다가는 마룻바닥 위에 내리쳤다. 말할 것도 없이 그의 이런 괴상한 동작은 그들의 주의를 끌었다. 그는 동작을 멈추고 사방을 두리번거렸다. 그래도 그레고르가 악의가 없다는 것만은 알아주는 듯했다. 사람들은 그저 순간적으로 놀랐을 따름이었다. 이제 가족들은 모두 입을 다문 채 슬픈 표정으로 그를 바라보고 있을 뿐이었다. 어머니는 의자에 앉은 채 두 다리를 모아서 쭉 뻗고 있었다. 극도로 피로한 탓인지 눈꺼풀이 거의 덮일 것만 같았다. 아버지와 누이동생은 나란히 앉아 있었다. 누이동생은 한쪽 손으로 아버지의 목을 감고 있었다.

'자, 이제는 방향을 돌려도 상관없겠지.'

그레고르는 그렇게 생각하고 다시 돌기 시작했다. 그는 지쳐서 숨이 가쁘고 호흡이 거칠어졌기 때문에 숨을 돌리려고 이따금 쉬기도 했다. 그렇지만 아무도 그를 쫓으려는 사람은 없었다. 무엇이든 그가 하는 대로 내버려 두었다. 그는 방향을 돌리고 나서 곧장 자기 방을 향해 기어가기 시작했다. 그는 자기 방까지의 거리가 이다지도 먼 데 대해서 크게 놀랐다. 조금 전에 쇠약한 몸을 이끌고 어떻게 이처럼 먼 거리를, 멀다는 의식도 없이 기어 왔는지 도무지 납득이 가지 않았다. 그저 빨리 기어가려고만 생각했기 때문에 그는 가족들이 말을 걸지도, 소리도 치지 않으면서 자기를 방해하지 않았다는 사실도 거의 눈치채지 못했다. 겨우 문 앞까지 갔을 때 비로소 한 번 고개를 돌려 보려고 했으나 제대로 되지 않았다. 목이 굳어진 것처럼 느껴졌다. 자기 뒤에서는 아무 변화도 일어나지 않았고, 다만 누이동생의 서 있는 모습이 눈에 띄었을 뿐이다. 그의 마지막 시선이 어머니를 힐끗 스쳤는데, 어머니는 그때 깜빡 잠이 들어 있었다.

그가 방에 들어가는 것과 동시에 성급히 문이 닫히더니 열쇠가 채워져 그는 그대로 방에 갇히고 말았다. 요란스러운 소리 때문에 그레고르는 놀란 나머지 다리가 휘청거려 부러질 지경이었다. 누이동생이 미리 기다리다가 그레고르가 방에 들어가자마자 번개같이 달려와 문을 잠갔던 것이다. 그녀는 열쇠를 자물쇠 구멍에 넣어 돌리며,

"이젠 됐어요!"

하고 부모를 향해 외쳤다.

"자, 이제부터 어쩐다?"

그레고르는 자기 자신에게 물어보며 어둠 속에서 주위를 둘러보았다. 그는 곧 자기가 더 이상 움직일 수 없다는 사실을 깨달았다. 그러나 별로 이상하게 여겨지지 않았다. 오히려 이와 같이 가느다란 다리로 여기까지 기어 올 수 있었다는 것이 신기하게 생각될 정도였다. 그렇더라도 비교적 기분은 좋았다. 사실 그는

온몸이 아팠지만, 점점 통증이 사라지고 그것도 머지 않아 완전히 가라앉을 것 같았다. 등에 박힌 썩은 사과도, 부드러운 먼지에 감싸인 그 주위의 염증도 벌써 거의 느끼지 않게 되었다. 그는 무한한 감동과 애정을 가지고 가족들을 돌이켜 생각해 보았다. 자기가 없어져야 한다는 그의 생각은 누이동생의 그것보다 아마 훨씬 더 절실했을 것이다. 교회에서 시계탑이 새벽 세 시를 칠 때까지 그는 이처 럼 허전하고 고요한 명상에 잠겨 있었다. 창밖이 훤하게 밝아오기 시작한 것을 그는 짐작할 수 있었다. 그때 그의 머리가 자기도 모르게 밑으로 푹 수그러졌다. 그리고 그의 콧구멍에서 마지막 숨이 힘없이 새어 나왔다.

아침 일찍 도착한 할멈은 ― 그런 짓만은 제발 하지 말라고 지금까지도 몇 번 이나 주의를 주었는데, 막무가내로 문을 모조리 여닫아 보아 이 할멈이 오면 집 안사람들은 편히 잠도 잘 수 없는 지경이었다 ― 보통 때처럼 슬쩍 그레고르의 방을 들여다보았으나 처음에는 아무런 이상도 발견하지 못 했다. 할멈은 그가 감정이 상해서 일부러 꼼짝도 않고 누워 불쾌한 태도를 취하고 있는 것이라고만 생각했다. 할멈은 그가 모든 것을 다 눈치채고 있다고 생각했던 것이다. 할멈은 때마침 손에 기다란 빗자루를 들고 있었는데, 그것을 문밖에서 들이밀어 그레고 르를 간질이려고 시도해 보았다. 그래도 아무 효과가 없자 할멈은 바짝 약이 올 라 그레고르의 몸을 약간 쑤셔 보았다. 그레고르가 아무 반항도 하지 못하고 그 자리에서 떠밀려 가자, 비로소 할멈은 이상하다는 듯 유심히 살펴보았다. 곧 사 태를 알아차리자 할멈은 눈이 휘둥그래져서 자기도 모르게 휘파람을 획하고 불 었다. 그리곤 더 이상 그 자리에서 머뭇거리지 않고 갑자기 잠자 부부의 침실 문 을 열어젖히며 어둠 속을 향해 큰 소리로 이렇게 외쳤다.

"좀 가 봐요. 뻗었어요. 저기 자빠져서 그만 뻗어 버리고 말았어요!"

잠자 부부는 후다닥 침대에서 일어나 할멈이 왜 소리치는지 알아보기도 전에, 우선 할멈 앞에서 놀라움과 당황한 모습을 감추려고 애썼다. 잠자 부부는 기겁 을 하며 침대 좌우로 내려와, 잠자 씨는 어깨에 담요를 걸치고 부인은 잠옷을 입 은 채 침실에서 나와 그레고르의 방으로 들어갔다. 그러는 동안에 거실 문도 열렸다. 하숙생을 둔 다음부터 그레테가 거실에서 자고 있었다. 그레테는 밤새 한숨도 못 잤는지 옷매무새가 단정했다. 무엇보다도 창백한 얼굴빛이 그것을 증명하는 듯했다.

"죽었다니?"

잠자 부인은 이렇게 말하면서 믿을 수 없다는 듯 할멈을 쳐다보았다. 물론 자기가 직접 알아보아도 알 수 있고, 알아보지 않아도 알 수 있는 일이었다.

"죽은 것 같아요."

할멈은 이렇게 말하며 마치 증거라도 보이려는 듯이 빗자루로 그레고르의 시체를 옆으로 멀찍이 쭉 떠밀어 보였다. 잠자 부인은 그러지 못하게 막으려는 몸짓을 했으나 실제로 막지는 않았다.

"자아, 이제 우리는 하느님께 감사해야 할 거야."

잠자 씨는 이렇게 말했다. 그는 가슴에 십자가를 그었다. 어머니와 딸도 그가 하는 대로 따라서 똑같은 동작을 했다. 그때까지 쭉 시체에서 눈을 떼지 않고 있던 그레테가 입을 열었다.

"좀 보세요, 오빠는 어쩌면 이렇게 말랐을까요. 벌써 오래 전부터 아무것도 먹지를 않았어요. 음식을 가져다 주어도 그냥 그대로 내보냈지 뭐예요."

사실 그레고르의 몸은 너무 말라서 뱃가죽이 등에 착 달라붙어 있었다. 이미 다리들이 몸뚱이를 떠받치고 있는 것도 아니었고, 그 밖에 사람들의 주의를 다른 데로 돌리게 할 것이 아무것도 없게 된 지금에야 비로소 사람들은 그 사실을 똑똑히 알게 되었다.

"그레테야, 이리 오너라."

하고 잠자 부인은 슬픈 미소를 지으며 말했다. 그레테는 시체를 돌아다보며 부모의 뒤를 따라 침실로 들어갔다. 할멈은 문을 닫고 창문을 활짝 열어젖혔다. 아직 이른 아침이지만 신선한 공기 속에는 어딘지 훈훈한 기운이 감돌고 있었다. 어느덧 삼월 말이었다.

세 하숙인들은 방에서 나와 어리둥절한 표정으로 아침 식사를 찾았다. 그러나 모두들 하숙인의 존재조차 잊어버리고 있었다.

"아침 식사는 어디 있어요?"

하고 그들 가운데 우두머리 격인 남자가 투덜거리며 할멈에게 물었다. 그러나 할멈은 말없이 손가락을 입에 대고, 어서 그레고르의 방으로 가 보라는 눈짓을 했다. 그들은 그레고르의 방으로 가서 낡은 웃옷 주머니에 두 손을 넣은 채 그레고르의 시체를 둘러싸고 서 있었다. 방 안은 이미 환하게 밝아졌다.

그때 침실 문이 열렸다. 수위 제복을 입은 잠자 씨가 한쪽 팔을 아내에게, 또 다른 쪽 팔은 딸에게 부축을 받으며 나타났다. 세 사람의 얼굴에는 운 것 같은 흔적이 있었다. 그레테는 때때로 아버지의 팔에 얼굴을 파묻었다.

"당장 우리 집에서 나가 주시오!"

잠자 씨는 이렇게 말하고 여전히 아내와 딸의 부축을 받은 채 현관 쪽을 가리켰다.

"무슨 말씀인지요?"

그 우두머리 격인 남자가 약간 놀란 표정으로 싱긋 미소를 지으며 말했다. 나머지 두 사람은 뒷짐을 진 채로 끊임없이 손을 비비고 있었다. 마치 자기들에게 유리하게 벌어지게 될 언쟁을 마음속으로 은근히 기다리는 것 같았다.

"지금 내가 말한 그대로요."

잠자 씨는 이렇게 대답하고 아내와 딸을 옆에 거느린 채 하숙인 앞으로 곧장 걸어갔다. 처음에는 우두머리 격인 남자는 꼼짝도 않고 그 자리에 서 있었는데, 머릿속에서 여러 가지 일을 다시 정리하는 듯 잠시 바닥을 내려다보고 있었다. 그러더니 이윽고

"그렇다면 나가지요."

하고 말하며 잠자 씨를 쳐다보았다. 그 남자는 갑자기 자기를 엄습해 온 겸손한 기분 속에 자신의 결정에 대해 주인에게 새삼 승인을 얻으려는 것 같았다. 그러나 잠자 씨는 눈을 부릅뜨고 그저 몇 번이고 고개를 끄덕일 뿐이었다. 그리하여 그 남자는 곧 현관방을 향해 뚜벅뚜벅 걸어갔다. 다른 두 사람은 손가락 하나

까딱하지 않고 잠시 귀를 기울이고 있더니 곧 그의 뒤를 쫓아갔다. 마치 잠자 씨가 자기들보다 먼저 방에 들어가 자기들과 우두머리 사이를 갈라놓을까 봐 두려워하듯이. 현관에서 그 세 사람은 옷걸이에 걸린 모자를 떼어 들고 지팡이를 세워 두었던 곳에서 꺼낸 다음 무뚝뚝하게 인사를 하고 집을 나섰다. 전혀 근거도 없는 의심을 품고 — 그 의혹이 터무니없는 것이었다는 사실은 바로 밝혀졌지만 — 잠자 씨는 아내와 딸을 데리고 계단 앞으로 나아가 난간에 기대서 떠나가는 세 사람의 뒷모습을 내려다보았다. 세 사람은 천천히, 그리고 규칙적으로 발을 옮겨서 긴 계단을 내려갔는데, 아래층으로 내려가는 데 따라서 층계마다 중간의 층계참에 이르자 언뜻 자취를 감추었다가 곧 다시 모습을 나타내곤 했다. 그들이 밑으로 내려갈수록 그들에 대한 잠자 가족의 관심도 점점 사라져 갔다. 처음에는 밑에서 세 사람 쪽을 향해 올라오던 정육점의 심부름꾼이 마침내 그들을 지나쳐서 머리에 짐을 이고 뽐내듯이 퉁탕거리며 계단을 올라왔다. 그때 비로소 잠자 씨는 아내와 딸을 데리고 난간을 떠나 가벼운 기분으로 집 안으로 들어왔다.

그들은 오늘 하루를 쉬면서 산책이나 하기로 결의했다. 일을 쉴 만한 충분한 이유가 그들에게는 있었을 뿐만 아니라, 반드시 필요한 일이기도 했다. 그래서 그들은 책상 앞에 앉아서 잠자 씨는 자기 지배인에게, 잠자 부인은 바느질 주문자에게, 그리고 그레테는 상점 주인에게 각각 결근계를 썼다. 결근계를 쓰고 있을 때 할멈이 아침 일을 다 마쳤으니 집으로 돌아가겠다고 했다. 글을 쓰고 있던 그들은 쳐다보지도 않고 고개만 끄덕거렸다. 그러나 할멈이 계속 그 자리에 서 있었으므로 그들은 못마땅한 표정으로 고개를 들었다.

"왜 그러고 있어요?"

하고 잠자 씨가 물었다. 할멈은 문 옆에서 미소를 지었다. 마치 할멈은 가족들에게 매우 반가운 소식을 전해 주려고 왔지만 상대방이 캐묻지 않으면 선뜻 알려 주지 않으려는 사람 같았다. 할멈의 모자 위에는 조그마한 타조의 깃이 하나 꽂혀 있었는데 가볍게 이리저리 흔들리고 있었다. 할멈이 자기 십에서 일하는 동안에도 잠자 씨는 그 깃털이 몹시 비위에 거슬렸었다.

"대체 무슨 일이에요?"

하고 잠자 부인이 물었다. 할멈은 이 집에서 부인을 가장 존경하고 있었다.

"네……."

할멈은 이렇게 대답을 하고 정답게 웃느라고 말을 계속하지 못했다.

"저, 옆방에 있는 그것 걱정은 조금도 하지 마세요. 벌써 제가 다 치워 버렸으니까요."

잠자 부인과 그레테는 결근계를 계속해서 쓰려는 듯이 다시 고개를 숙였다. 잠자 씨는 할멈이 모든 일을 자세히 설명하려는 것을 눈치채고 손을 내밀며 한사코 거절했다. 할멈은 거절을 당하자 자기도 매우 바쁜 몸이라는 사실을 깨닫고 기분이 상한 듯 "여러분, 안녕히 계세요." 하고 외치고 홱 돌아서더니 요란스럽게 문을 닫고서 나가 버렸다.

"저녁에 돌아오면 할멈을 내보내."

잠자 씨가 이렇게 말했지만 부인이나 딸은 아무 대답도 하지 않았다. 간신히 얻은 마음의 안식이 할멈 때문에 다시 수포로 돌아간 것처럼 느껴졌기 때문이다. 아내와 딸은 자리에서 일어나 창문 옆으로 가서 서로 부둥켜안고 있었다. 잠자 씨는 의자에 앉은 채 몸을 두 사람 쪽으로 돌리더니 잠시 조용한 눈빛으로 그들을 바라보았다. 마침내 그가 입을 열었다.

"자, 그만 이리 좀 와. 지난 일을 더 생각해서 뭘 해. 자, 이제는 나도 좀 생각해 달란 말이야!"

아내와 딸은 아버지에게로 달려가 그를 위로한 다음 서둘러 결근계를 완성했다.

그런 후에 세 사람은 함께 집을 나섰다. 몇 달 동안이나 이런 일은 없었다. 세 사람은 전차를 타고 교외로 나갔다. 전차 안에는 그들 세 사람뿐이었다. 따뜻한 햇볕이 차 안으로 흘러들어 왔다. 그들은 편안하게 좌석에 몸을 기대고 장래 일에 대한 이야기를 주고받았다. 자세히 생각해 보면, 그들의 앞날은 전혀 희망이 없는 것도 아니었다. 왜냐하면 이제까지 서로 물어볼 기회조차 없었지만 막상 서로 이야기를 해 보니 세 사람의 직업은 퍽 훌륭한 것이며, 특히 앞으로는 더욱 유망했기 때문이다. 우선 당장은 집안 환경을 개선하는 것이 가장 큰 문제였는데, 그것은 이사를 가기만 하면 쉽사리 해결될 것 같았다. 그들은 지금까지 그레고르가 택한 집에서 살아왔던 것이다. 그런데 앞으로 그들은 지금의 집보다 작고 집세가 싼, 그러나 위치가 좋고 무엇보다도 훌륭한 주택을 원했다. 그들이 이와 같이 이야기하고 있는 동안 잠자 부부는 점점 활기를 띠는 딸의 모습을 바라보고 거의 동시에 다음과 같은 사실을 눈치챘다. 즉, 그레테는 최근에 얼굴빛이 창백해지도록 심한 고생을 했지만, 이제는 탐스럽게 피어난 처녀로 성장해 있었던 것이다. 잠자 부부는 점점 말수가 적어지고 또 거의 무의식중에 눈과 눈으로 마음을 주고받으면서, 이제는 서서히 딸을 위해서 훌륭한 신랑감을 구해 주어야 할 때가 왔다고 생각했다. 드디어 전차가 목적지에 닿았을 때 딸은 제일 먼저 일어나 싱싱한 팔다리를 쭉 뻗었다. 잠자 부부의 눈에는 딸의 그런 모습이 그들의 새로운 꿈과 아름다운 계획을 다짐해 주는 확증처럼 보였다.

『심판·변신』(프란츠 카프카, 이덕중 옮김, 홍신문화사, 2006)

" 그레고르의 죽음에
가족의 책임이 있을까? "

1. 다음 인물의 행동과 태도에 대하여 자신의 의견을 말하고 그 의견에 대한 근거를 제시해 봅시다.

• 누이동생은 벌레가 된 그레고르의 방을 잠그고 부모님이 그레고르를 보지 못하도록 했으며, 매일 먹을거리를 넣어 주는 일 등을 도맡았다.

의견1 : 가족을 위하는 마음에서 우러난 갸륵한 행동이다.

근거 : 부모님이 충격을 받을 것이 걱정되고, 생계를 책임졌던 오빠에 대한 고마운 마음에서 흉측한 모습도 꾹 참고 정성껏 돌보아 준 것이다.

의견2 : 자신을 과시하기 위한 이기적인 행동이다.

근거 : 전에 그레테는 집안에서 별 쓸모없는 존재였으나 이제 흉측한 벌레를 돌보아 주는 고마운 존재가 되었고 이를 과시하려는 마음이 생겨났다. 오빠를 진심으로 생각해서 한 행동이 아니다.

• 세 식구가 돈을 벌기 위해 일을 시작한 후로, 그레고르에 대한 관심과 보살핌이 예전에 비해 소홀해졌다.

의견 :

근거 :

• 그레고르의 모습을 보고 어머니가 기절한 후, 아버지는 그레고르에게 사과를 던져 상처를 입혔다.

의견 :

근거 :

• 그레고르가 죽고 난 후 가족들은 홀가분한 마음으로 나들이를 떠났다.

의견 :

근거 :

2. 다음 쟁점에 대하여 자신의 입장을 정하고 근거를 제시해 봅시다.

쟁점1   가족들이 그레고르에게만 경제적으로 의존한 것은 이기적이다.

입장	그렇다	아니다
근거		

쟁점2   가족들이 그레고르를 방치한 것은 비난받아 마땅하다.

입장	그렇다	아니다
근거		

쟁점3   그레고르가 죽은 것은 가족들 때문이다.

입장	그렇다	아니다
근거		

그레고르의 가족들은 지금껏 그레고르에게만 의지하며 생활을 영위해 왔어. 그런데 그레고르가 벌레로 변했다고 해서 그를 소외시키다니, 정말 잔인하지 않아? 지금껏 가족들이 큰 어려움 없이 살 수 있었던 건, 매일 새벽같이 출근해서 힘들게 번 돈으로 집안의 빚을 갚아 온 그레고르의 희생 덕분이었는데 말이야.

글쎄, 그걸 꼭 그레고르의 희생이라고만 보아야 할까? 아버지와 어머니는 연로하고, 누이동생은 아직 어려. 그레고르가 그 집안의 경제 활동에 중심이 되었던 건 어찌 보면 자연스러운 일이었어. 게다가 나는, 그레고르가 자신의 일을 스스로 즐겼다고 생각하는데? 열심히 일해서 집안을 일으킨 것에 대해 그레고르 스스로도 뿌듯하게 여겼고, 가족들도 충분히 고맙게 여겨 왔어.

문제는, 그레고르가 벌레로 변하고 난 후야. 벌레로 변하고 나서도 그레고르는 일을 하러 나가려고 안간힘을 썼고, 달라진 상황에 적응하려고 노력했어. 그런데 가족들은 어땠지? 그를 징그러운 벌레라고만 여기면서 방 안에 몰아넣고 냉대했지. 그와 진심으로 소통할 생각은 눈곱만큼도 없었다고 봐.

벌레로 변한 그레고르에게 가족들이 보인 태도에는 충분히 성의가 있었어. 방 안에 가둔 것은 다른 이들이 그레고르를 해치지 못하도록 보호해 준 것일 수도 있잖아? 무엇보다, 누이동생이 그레고르를 위해 매일같이 했던 일은 결코 쉬운 것들이 아니야. 하루도 빠짐없이 먹을거리를 잊지 않고 챙겨 주고, 그레고르가 좋아할 수 있게 방 안의 환경도 신경 써 주었지.

그렇다고 해도, 결국 그레고르의 죽음은 가족들의 폭력과 무관심이 초래한 일이야. 그레고르에게 몇 번이고 사과를 던졌던 아버지는 정말 무자비했어. 그레고르를 더 이상 가족으로 여기지 않고 벌레 취급을 한 것이지. 등에 깊이 박힌 사과, 몸 여기저기서 곪아 가는 상처, 그리고 무관심과 냉대 속에서의 굶주림 때문에 그레고르가 죽고 만 거야. 가족들 누구도 지켜보지 않는 가운데 쓸쓸하게.

그레고르가 죽기 전까지 가족들이 치러야 했던 희생을 생각해 본다면 이야기는 달라지지 않을까? 그레고르가 벌레로 변하고 난 후 가족들의 경제적, 심리적 고통은 점점 더 커져 갔잖아. 가족 모두가 끝없는 희생을 감수하면서까지 그레고르를 돌보아야만 하는 걸까? 가정 경제를 운영해야 하는 상황에서 그레고르의 가족들이 보인 태도는 어쩔 수 없는 측면이 많아.

가족이라면 당연히 그 모든 걸 극복하며 그레고르에 대한 사랑을 지켰어야지. 가족은 어떤 어려운 상황에서도 서로를 무조건적으로 사랑할 수 있고 사랑해야 하는 따뜻한 공동체야. 돈을 벌어 올 때만 가족으로 인정하고, 쓸모가 없다고 판단되는 순간 외면하고 소외시키는 가족은 진정한 가족이라 할 수 없지 않을까.

가족이 따뜻한 사랑을 기반으로 한 공동체라는 건 그야말로 이상적인 이야기지. '사랑'이란 이름으로 가족들에게 무조건적인 희생을 강요할 수는 없다고 봐. 그레고르 가족들의 모습은 오늘날 우리 주변에서도 많이 볼 수 있어. 치매 노인을 돌보지 못해 요양원에 맡기는 자식들도 있고 가정 형편이 너무 어려워 자식을 다른 집에 입양 보내는 부모도 있어. 그 사람들이 모두 이기적이고 못된 사람들일까? 그런 사람들을 나쁘다고 비난할 게 아니라 개인들을 점점 소외시키고 물질의 노예로 만들어가는 오늘날의 삶의 방식을 문제 삼아야 하는 것 아닐까?

1. 그레고르가 가족들에 대해 느꼈던 책임감을 떠올려 보며 다음 시를 감
상해 봅시다.

생활이란 때로
꽃밭과 같은 기쁨의 방석이기도 하지만
생활이란 때로 그 기쁨의 방석을 송두리째 걷어 가는 낮도둑들이나
넝마주이 같은 것이기도 하다.

넝마 같은 꽃방석이지만,
그것을 걷어들여 집 안에 깔아 놓으면
그래도 거기 그 방석 위에 좋아라 잠이 드는 나의 권솔(眷率)들

어제는 또 내가
어떤 종류의 꽃방석을, 넝마를 걷어 들여왔을까.

새벽잠이 깨어
미닫이에 햇살 퍼부을 때까지
나는 아직 뜬눈이로고나.

오늘은 또 내가
어디로 넝마를 주우러 갈까.
아직 부엉이 같은 눈이로구나.

넝마주이 : 넝마나 헌 종이 등을 주워 모으는 사람. 또는 그런 일.
권솔(眷率) : 한 집에 거느리고 사는 식구. 식솔.

박성룡, 「생활」

2. 다음은 이근삼의 희곡 「원고지」입니다. 이 글을 읽고 그레고르와 교수의 삶을 연관 지어 보면서 현대사회의 가족에서 나타나는 소외 현상에 대해 생각해 봅시다.

(전략)

졸음이 오는 지루한 음악과 더불어 철문 도어가 무겁게 열리며 교수 등장. 아래위 양복이 원고지를 덧붙여 만든 것처럼 이것도 원고지 칸 투성이다. 손에는 큼직한 낡은 가방을 들고 있다. 허리에 쇠사슬을 두르고 있는데 허리를 돌고 남은 줄이 마루에 줄줄 끌려다닌다. 쇠사슬이 도어 밖까지 나가 있어 끝이 없다. 도어를 닫고 소파에 힘들게 앉는다. 여전히 쇠사슬을 끌고 다니면서 가방은 자기 옆에 놓고 처음으로 전면을 바라본다. 중년에 퍽 마른 얼굴. 이마에는 주름살이 가고, 찌푸린 얼굴은 돌 모양 변화가 없다. 잠시 후 피곤하다는 듯이 두 손을 옆으로 뻗치면서 크게 기지개를 한다. '아아' 하고 토하는 큰 하품은 무엇에 두들겨 맞아 죽는 비명같이 비참하게 들려 오히려 관객들을 놀라게 한다. 장녀가 플랫폼에 나타난다.

장녀 저의 아버지랍니다. 밖에서 돌아오시면 늘 이렇게 달콤한 하품을 하신답니다. (교수는 머리를 기대고 잠을 자고 있다. 코를 고는데 흡사 고양이 우는 소리다.) 인제 어머님이 돌아오셔요. 어머님은 늘 아버지의 건강을 염려하세요.

적당한 곳에서 처가 나타난다. 과거에는 살도 쪘지만 현재는 몸이 거의 헝클어져 있다. 퇴색한 옷을 입고 있다. 소리를 안 내고 들어와, 잠자는 교수의 주머니를 샅샅이 턴다. 돈을 한 주먹 쥐고 이어 교수의 가방을 턴다. 돈 부스러기 몇 장 찾아내고 그 액수가 적음에 실망을 한다. 잠시 후, 교수를 흔들어 깨운다.

장녀 제 말이 맞았지요?

플랫폼 방 불이 서서히 꺼진다.

처 여보, 여기서 그냥 주무시면 어떡해요. 옷도 안 갈아입으시고.
교수 깜박 잠이 들었군.

교수 일어선다

처 어서 옷을 갈아입으세요. (처는 교수 허리에 칭칭 감긴 철쇄를 풀어헤치고 소파 뒤의 막대기에 감겨 있는 또 하나의 굵은 줄을 풀어 교수 허리에 다시 감아 준다.) 옷을 갈아입으시니 한결 시원하지 않아요?
교수 난 잘 모르겠어.
……(중략)
장녀 (옆방에서 화장을 하며, 장남에게) 얘, 시계가 좀 늦는데 일어선 김에 밥이나 좀 줘라.

장남, 시계에 밥을 준다.

처 여기 좀 계세요. 저 밥을 좀 지을게요.
교수 괜찮아. 밥 먹었어.
처 어디서요?
교수 여기서 먹었던가? 아니야, 거기서 먹었던 것 같기도 하구.
처 언제요?
교수 오늘 아침에도 먹었구, 점심두……. 글쎄…… 그러다 보니 밥을 먹었는지 분간을 못 하겠군.
처 지금 하시는 번역은 언제 끝나요?
교수 지금 하는 번역이 몇 가지나 있지?
처 그러니까 밤낮 원고료를 깔리우지요. 『자존심의 문제』, 『예술에 있어서의 창조성』, 『검둥이와 마녀』, 『어떤 여자의 고백』…… 이렇게 넷뿐인가요?
교수 그렇겠지. 아이 피곤해.

처　어떤 것이건 빨리 끝내야지, 어떻게 해요. 집도 수리해야겠구, 축음기도 사야겠구, 또 이달에 아버지 생일도 있잖아요.

교수　밤낮 생일을 치르고 있으니 어떻게 된 거요? 어제도 아버지 생일잔치를 했는데.

처　당신두 참! 어제는 당신 아버지 생신이었어요. 이번엔 우리 아버지 생일이구.

교수　그저께도 누구 아버지 생일이라구 해서 돈 만 환을 내지 않았소?

처　그건 대식이 동생 사촌의 며느리 뻘 되는 여자의 아버지 생일이래서 그랬지요.

교수　그 바로 전날에도 누구 아버지 생일이라고 해서 돈을 냈는데.

처　그건 순자 언니 조카 뻘 되는 며느리 시누이의 아버지……

교수　됐어, 됐어.(크게 하품을 하며) 아이 피곤해.

(이때 밖에서 시계가 여덟 시를 친다. 교수는 깜짝 놀라 일어선다.) 여덟 시야! 여덟 시! 늦겠군.

처　어디 가세요?

교수　어디 가긴 어디 가. 나 가는 데 모르시오? 옷 갈아입어야지.

전번 모양 철쇄를 졸라맨다. 이어 도어 쪽으로 가서 철문 같은 도어를 열고 밖으로 나간다. 잠시 후 다시 들어온다.

처　왜 또 돌아오세요? 나가시기가 바쁘게.

교수　여덟 시를 치기에 아침 여덟 신 줄 알았지. 대학에 강의하러 나간다고 나섰더니 밖이 캄캄하지 않어. 생각해 보니 밤 여덟 시군. (소파에 누우면서) 오늘 밤은 좀 푹 쉬어야겠군.

처　공부는 안 하세요?

교수　공부?

처　아, 번역 말이에요.

교수　좀 쉬어야겠어.

(후략)

『이근삼 전집 1』(이근삼, 연극과인간, 2008) 중에서

마이더스의
노예들은
정의로울까?

목적과 수단

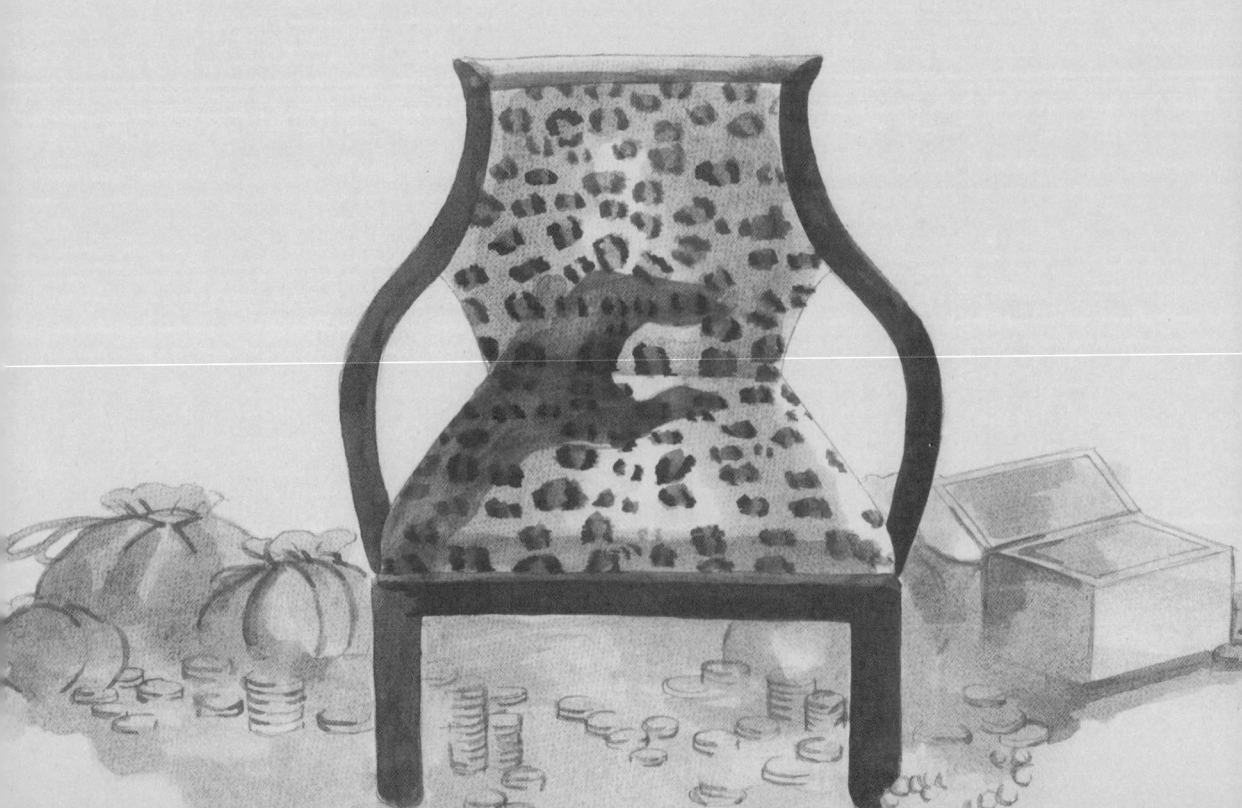

마이더스의 노예들
잭 런던

'마이더스'는 그리스 신화에 등장하는 황금 왕입니다. 그의 손이 닿는 것은 모두 황금으로 변한다고 합니다. 예나 지금이나 동양이나 서양이나 황금은 사람들이 가장 갖고 싶어하는 것이지요. 현대에 들어 황금을 비롯한 '돈'의 위상은 가히 무소불위(無所不爲)라 할 정도입니다. '마이더스의 노예들'은 바로 이런 '돈'과 깊은 관계가 있습니다.

어느 날, 부자 귀족에 사업가이기도 한 에벤 헤일 씨는 거액의 현금을 요구하는 내용의 편지 한 통을 받습니다. 지적(知的)인 프롤레타리아를 표방하는 '마이더스의 노예들'이라는 단체에서 보낸 것입니다. 처음엔 장난으로 여겼지만 그들의 요구는 계속되고 애꿎은 사람들의 희생은 점점 커져만 갑니다. 에벤 헤일 씨는 사회의 근간을 흔드는 불의에 타협하지 않겠다는 원칙을 고수하며 탐정을 고용하는 등 다른 해결 방안을 강구합니다. 그러나 여전히 희생은 계속되고 에벤 헤일 씨는 죄책감에 자살에 이르게 됩니다.

그러면, 마이더스의 노예들은 왜 이런 부당한 요구를 하는 것일까요? 어떤 상황에서 마이더스의 노예들이 생겨난 것일까요? 또, 자신들의 목적을 달성하기 위해 다른 사람의 목숨을 빼앗아도 괜찮은 것인가요? 한편, 헤일 씨는 희생자가 늘어 가는데도 어째서 타협하지 않았을까요? 소중한 생명을 담보로 하면서까지 지켜야 할 원칙은 과연 누구를 위한 것일까요? 그리고 도대체 왜 이런 끔찍한, 이해하기 힘든 일이 생겼을까요? 「마이더스의 노예들」은 짧은 소설이지만 우리에게 간단치 않은 수많은 질문을 던져 줍니다.

오늘날 우리는 역사상 그 어느 때보다도 많은 '황금'을, '돈'을 가지고 살고 있습니다. 돈이면 안 되는 것이 없고 돈으로 못 살 것이 없지요. 하지만 겉으로 보이는 이런 물질적 풍요 속에서 우리가 놓치고 있는 것은 없을까요? 화려함과 풍족함의 빛 아래 그 그림자는 더욱 진해진 것이 아닌지 「마이더스의 노예들」을 읽으며 생각해 봅시다.

웨이드 애슬러는 죽었다. 제 손으로 목숨을 끊었다. 그와 알고 지냈던 소규모 그룹 사람들이 그것을 전혀 뜻밖의 사건이라 말한다면 그것은 거짓말이 될 것이다. 하지만 그와 절친했던 우리가 그런 일이 일어날 가능성에 대해서 내놓고 이야기한 적은 한 번도 없었다. 우리 자신도 이해하기 어려운 어떤 잠재의식적인 방식으로 우리가 이미 그런 사태가 올 것에 대한 마음의 준비가 되어 있었다고 표현하는 것이 옳을 것이다. 그 일이 일어나기 전까지만 해도 우리는 그런 일이 일어나리라고는 꿈에도 생각하지 못 했다. 그런데 막상 그가 죽었다는 사실을 알고 나자 우리는 자신들이 늘 그런 사태가 오리라는 걸 미리 내다보고 있었던 것만 같았다. 지난 일을 찬찬히 돌이켜 볼 때, 그가 큰 고민을 안고 있었다는 사실로 이런 상황을 쉽게 설명할 수 있다. "큰 고민"이라는 이런 표현은 내가 심사숙고한 끝에 사용하는 것이다. 젊고 잘생겼으며, 전차사업계의 거물 에벤 헤일의 오른팔이라는 확고한 지위를 갖고 있는 그가 자신의 운수에 대해서 불평할 이유는 전혀 없어 보였다. 하지만 우리는 어떤 근심걱정, 깊은 슬픔으로 그의 매끄러운 이마에 깊은 세로 고랑들이 파인 걸 지켜봐 왔다. 우리는 작열하는 태양과 극심한 한발로 초록빛 곡식이 타들어 가듯 그의 숱 많던 검은 머리가 금방 성기어지고 잿빛으로 세어 가는 걸 지켜봐 왔다. 그가 생의 마지막에 이를수록 웃고 떠드는 흥겨운 자리를 한사코 찾아다니려 하고, 또 막상 그런 자리들에 가서는 망연자실한 표정이 되거나 음울한 절망감에 빠져 버리던 것을 누가 잊을 수 있겠는가? 흥겨움이 물결치고 좌흥이 절정에 다다를 때마다 별다른 이유도 없이 그의 눈빛이 흐려지면서 그는 이맛살을 찌푸리고 두 손을 꽉 움켜쥐곤 했다. 그리고 미지의 위험이 도사린 심연의 가장자리에서 그가 맞서 싸우고 있는 정신적인 고통의 발작 때문에 그의 얼굴은 일그러졌다.

그는 우리한테 자신의 고민을 털어놓은 적이 없었고, 우리도 역시 분별 있는

■ 한발(旱魃) 심한 가뭄.
■ 좌흥(座興) 여러 사람이 모인 자리의 흥취.

사람들이라 뭣 때문에 그러느냐고 물어보지 않았다. 피차 그러기를 잘했다. 우리가 그에게 캐묻고 그가 얘기해 줬다 해도 우리는 그에게 아무 도움이 되어 주지 못 했을 테니까. 에벤 헤일이 죽었을 때 그가 가장 신임했던 비서 — 아니, 그의 동업자요 그의 양자나 다름없었던 애틀러는 더 이상 우리 모임에 나오지 않았다. 그것은, 내가 지금 알고 있는 바로는 그가 우리와 어울리는 걸 싫어해서가 아니라 그의 번민이 너무 커서 우리의 흥겨운 기분에 맞춰 줄 수가 없고 또 우리와 더불어 한가롭게 쉴 수가 없었기 때문이다. 그 당시 우리는 어째서 상황이 이렇게 돌아가는지 이해할 수가 없었다. 에벤 헤일의 유언장이 공개되었을 때 세상 사람들은 애틀러가 자기 고용인의 엄청난 재산을 상속 받을 유일한 사람이라는 사실을 알게 되었다. 그 유언장에는 에벤 헤일의 막대한 유산을 그에게 상속하는 절차를 아무 조건 없이 즉각 집행하라는 내용이 분명하게 명기되어 있었다. 고인의 친척들에게는 주식 한 장도, 동전 한 개도 돌아가지 않았다. 고인의 직계가족의 경우 그 유언장에는 명확하게 서술한 딱 한 구절만 들어가 있었다. 즉, 웨이드 애틀러가 적당하다고 판단한 금액을 적당하다고 생각하는 시기에 고인의 아내와 아들들과 딸들에게 나눠 주라는 것. 고인의 식구들이 세상에 물의를 일으킬 만한 짓을 저질렀다든가 고인의 아들들이 방탕하고 불성실하다든가 했다면 더없이 괴이한 이런 유언을 한 이유를 조금은 이해할 수도 있었을 것이다. 하지만 에벤 헤일의 식구들은 동네에서 소문이 날 만큼 사이가 좋았고, 그의 아들들과 딸들만큼 건전하고 품행 좋고 분별 있는 이들을 달리 찾아보기 어려울 정도였다. 고인의 아내는 그녀를 가장 잘 아는 이들이 "그라쿠스 형제의 어머니"라는 애정 어린 별명을 붙여 줄 만큼 현숙한 여성이었다. 세상사가 다 그렇듯이, 처음에는 그 유언 내용이 도무지 이해가 가지 않아 쑥덕거렸던 사람들도 차차 조용해졌다. 하지만 곧 유산 싸움이 일어날 것이라 기대했던 사람들은 시간이 가도 그런 기미가 전혀 보이지 않는 것에 실망했다.

■ 로마 공화정 시대의 개혁가들이었던 이들 형제의 어머니인 코르넬리아는 여성의 미덕의 표본이라는 칭송을 받았다.

에벤 헤일이 대리석으로 만든 크고 화려한 묘에 안장된 지 며칠 지나지 않아 웨이드 애츨러도 사망했다. 오늘 아침 조간신문에 그 소식이 실려 있었다. 그리고 나는 조금 전에 우체부가 전해 주는 그의 편지를 받았다. 그 편지는 그가 자진해서 영원의 세계로 뛰어들기 직전에 부친 편지 같았다. 내 앞에 놓인 그 편지는 자필로 쓴 이야기, 오려 낸 신문 기사들, 자기가 받은 편지 사본들로 이루어져 있었다. 그는 자기가 받은 편지 원본들은 경찰이 갖고 있다고 썼다. 그리고 그는 세상 사람들이 사회의 존재 자체를 위협하는 아주 기괴하고 잔학한 위험에 경각심을 갖도록 하기 위해 자기가 아무 죄도 없이 연루된 그 끔찍한 비극적 사건들을 세상에 널리 알려달라고 당부했다. 이에 나는 그가 보낸 두툼한 편지 속에 들어 있는 다음과 같은 내용 전체를 세상에 공개하려 한다:

그 재난이 처음 들이닥친 것은 내가 여름휴가를 마치고 돌아온 직후인 1899년 8월이었어. 그 당시 우리는 그것이 갖는 의미를 제대로 알지 못했지. 우리는 그런 일들이 정말로 현실화될 가능성이 있으리라고는 미처 생각하지 못 했어. 헤일 씨는 그 편지를 뜯어서 읽어 보더니 웃으면서 내 책상에 툭 던져 놓았어. 그 편지를 읽고 나서 나도 웃음을 터트리면서 "고약한 농담이네요, 헤일 씨. 질 나쁜 농담이에요."라고 말했어. 친애하는 존, 다음에 이어지는 것은 문제의 그 편지 내용을 한 자도 빠트리지 않고 그대로 인용한 사본이니 읽어 보도록 하게.

1899년 8월 17일, THE M. OF M. 사무국.

부자 귀족이신 에벤 헤일 귀하:

안녕하십니까. ……우리는 우선 선생이 소유하고 있는 엄청난 재산에서 현금으로 2천만 달러를 양도받아야겠다는 사실을 선생이 알아주셨으면 합니다. 선생은 우리가 요구하는 이 금액을 우리나 우리의 대리인들에게 지불해 주시기 바랍니다. 지불 시한을 정해 놓지는 않겠습니다. 공연히 일을 서두르게 하고 싶지는 않으니까요. 열 번, 열다섯 번, 혹은 스무 번으로 나누어서 지불하는 게 편하다면 그렇게 하셔도 됩니다. 몇 차례로 나눠서 보내든 상관없지만 한 번에 백만 달러 이하의 금액을 보낼 때는 받지 않겠습니다.

친애하는 헤일 씨, 우리가 이런 식으로 행동하는 데 적의나 원한 같은 것은 거의 개재되어 있지 않다는 우리의 말을 믿어 주셨으면 합니다. 우리는 지적인 프롤레타리아￭의 일원들입니다. 그 숫자가 날로 불어나고 있는 지적인 프롤레타리아는 19세기의 이 마지막 시기에 붉은 빛으로 굵은 획을 긋는 존재들입니다. 우리는 경제학을 철저히 연구한 끝에 이 같은 사업에 착수하기로 결정했습니다. 이 사업은 많은 장점을 갖고 있습니다. 그 가운데서 가장 중요한 것은 우리가 아무 자본도 없이 수지맞는 대규모의 일을 벌일 수 있다는 점일 겁니다. 이제까지 우리 사업은 아주 성공적이었습니다. 그리고 우리는 선생과의 거래가 유쾌하고 만족스러운 것이 되기를 바라 마지않습니다.

우리의 견해들을 좀 더 상세히 설명할 테니 부디 잘 경청해 주시기 바랍니다. 현재의 사회체제는 재산권을 그 기반으로 하고 있습니다. 그리고 최근의 분석에 따르자면, 개인이 재산을 보유할 수 있는 이 권리는 전적으로 힘에 의해 좌우되고 있습니다. 정복왕 윌리엄의 무장한 신사들￭은 검의 힘을 빌려서 잉글랜드 땅을 마음대로 나눠 가졌습니다. 사실, 모든 봉건영지가 다 그런 식으로 점유되었다는 것은 선생도 동의하시리라 믿습니다. 증기기관이 발명되고 산업혁명이 도래하면서 현대적인 의미에서의 자본가 계급이 출현했습니다. 이 자본가들은 이내 옛 귀족들을 제치고 올라섰습니다. 산업계의 거물들captains은 전투 지휘관들captains의 후손들을 몰아냈습니다. 오늘날의 생존 투쟁에서는 근육이 아니라 정신이 승리하고

￭ 프롤레타리아 자본주의 사회에서, 노동력 이외에는 생산 수단을 가지지 못한 노동자.
￭ 신사들(gentlemen) 여기서의 gentlemen은 일반적인 남성을 지칭하는 용어가 아니라 귀족 바로 아래에 해당하는 준 귀족계급을 이르는 용어다.

있습니다. 그러나 이러한 현상도 역시 힘을 기반으로 해서 형성된 겁니다. 이러한 변화는 질적인 변화입니다. 옛 시대의 봉건귀족들은 불과 검으로 온 세상을 짓밟 았습니다. 현대의 부자 귀족들은 세상의 경제적인 힘들을 지배하고 활용함으로써 모든 사람을 착취하고 있습니다. 근육이 아니라 뇌가 힘을 발휘하고 있어서 생존 하는 데 가장 적합한 사람들은 지적인 힘과 상업적인 힘을 가진 이들입니다.

우리 마이더스의 노예들M. of M.은 임금 노예들이 되고 싶어하지 않습니다. 그 거 대한 기업연합체들(거기서 선생은 선생의 지분을 갖고 있지요.)은 그들의 세계에 서 우리가 마땅히 차지해야 할 자리, 곧 우리의 지식인들이 우리가 차지할 권리가 있다고 규정한 자리에 올라서는 걸 가로막고 있습니다. 어째서 그럴까요? 그 이유 는 우리가 자본이 없는 사람들이기 때문입니다. 우리는 천민들입니다. 하지만 우 리는 여느 천민들과는 다릅니다. 우리는 가장 뛰어난 뇌를 갖고 있고, 또 어리석은 도덕관념이나 사회적 윤리관 따위를 갖고 있지 않습니다. 아침 일찍부터 밤늦게 까지 열심히 일하고 늘 허리띠를 졸라매고 사는 우리 같은 임금 노예들은 육십 년 이 지나도, 아니 육십 년의 스무 배나 되는 긴 세월이 지난다 해도 밀집자본의 거 대한 집합체와 성공적으로 맞설 수 있을 만한 자본을 절대로 모을 수 없을 겁니다. 그럼에도 불구하고 우리는 그 싸움의 장에 들어섰습니다. 이제 우리는 이 세상의 자본가 계급에게 도전장을 던지고 있습니다. 자본가 계급은 싸우기를 원하든 원 치 않든 간에 결국은 싸울 수밖에 없을 겁니다.

우리는 우리의 이해관계에 따라서 선생에게 2천만 달러를 요구합니다. 우리는 이 거래에서 선생이 제 역할을 할 만한 시간을 넉넉하게 드릴 정도로 선생의 입장을 충분히 배려해 드리고 있습니다. 하지만 너무 오래 지체하지는 말아 주세요. 선생 이 우리의 요구 조건에 동의하신다면 〈모닝블레이저〉지의 개인광고란에 광고의 형태로 적절한 내용을 실어 주세요. 그러면 우리는 앞에서 언급한 금액을 전달 받 을 방법을 선생에게 알려 드릴 겁니다. 10월 1일 전까지 광고를 통해서 알려 주시 는 게 좋을 겁니다. 만일 그렇게 하지 않을 때는 우리가 진지한 자세로 이런 요구 를 하고 있다는 사실을 알려 드리기 위해 바로 그 날짜에 이스트 39번가에서 한 사람을 죽일 겁니다. 노동자인 사람을. 선생도 모르고 우리도 모르는 사람을. 선생은 현대사회에서 한 힘을 대표하는 인물입니다. 우리도 역시 한 힘, 새로운 힘을 대표하는 집단입니다. 우리는 분노나 적개심 없이 전투에 임해 왔습니다. 선생도 곧 아시게 될 테지만 우리는 하나의 사업 제안을 한 데 불과합니다. 선생은 윗맷돌이고 우리는 밑맷돌입니다. 그 두 개의 맷돌이 돌아갈 때 그 노동자 목숨은 갈려 버릴 겁니다. 선생이 우리의 요구 조건을 수락하고 제 시간 내에 적절한 행동을 하신다면 그 사람의 목숨을 구할 수 있을 겁니다. 옛날에 손으로 건드리기만 하면 다 황금으로 변하는 저주를 받은 왕이 있었죠. 우리는 그 왕의 이름을 우리의 공식적인 명칭으로 선택했습니다. 우리는 경쟁자들로부터 우리를 보호하기 위해 앞으로 언제고 그 이름의 독점적 사용권을 얻을 예정입니다.

그럼 안녕히 계십시오.

마이더스의 노예들.

친애하는 존, 우리가 그런 터무니없는 편지를 그냥 가볍게 웃어넘기기만 할 수 없었던 이유에 대해서는 자네가 직접 판단해 보기 바라네. 우리로서는 그런 발상이 잘 짜인 것이라는 점을 인정할 수밖에 없었어. 하지만 그건 너무 괴이해서 진지하게 받아들이기가 힘들었다네. 혜일 씨는 학문적인 호기심에서 그걸 보관하고 싶다고 말한 뒤 그걸 서류 캐비닛 속에 집어넣었어. 그 뒤 우리는 이내 그 편지에 관한 일을 잊어버렸지. 그러고 나서 그 사건은 10월 1일 아침에 온 편지로 바로 건너뛰게 돼. 그 편지 내용은 다음과 같다네.

1899년 10월 1일, THE M. OF M. 사무국.

부자 귀족이신 에벤 헤일 귀하:

안녕하십니까. ……선생의 희생자는 최후를 맞았습니다. 한 시간 전 이스트 39번 가에서 한 노동자가 심장에 칼을 맞았습니다. 선생이 이 편지를 읽을 때쯤이면 그의 시신은 시체공시소에 누워 있을 겁니다. 거기 가서 선생이 저지른 소행을 구경해 보시기 바랍니다. 우리가 진지한 자세로 이렇게 하고 있다는 증거로 10월 14일까지 선생의 태도가 누그러지지 않을 경우 우리는 포크 로와 클레르몽 가가 만나는 길모퉁이나 그 근방에서 경찰관 한 명을 죽일 겁니다.
편안하시기를 빌며,

마이더스의 노예들.

헤일 씨는 다시 웃었다네. 당시 그분은 자신의 시카고 시 전차사업 전체의 매각 건을 두고 시카고의 한 기업연합과 협상을 하고 있었는데 이 거래의 성사 가능성이 높아 모든 관심을 그 협상에만 쏟고 있었어. 그래, 그분은 그 편지는 금방 잊어버리고 속기사에게 자신의 말을 받아쓰게 하는 일만 계속했지. 하지만 나는 무슨 이유에서인지는 몰라도 심한 불안감에 사로잡혔다네. 나는 속으로 생각했어. 만일 그 내용이 농담이 아니면 어떻게 하지. 그러면서 나도 모르게 조간신문을 집어 들었어. 그랬더니 그 기사가 나온 게 보였어. 하층계급의 별 볼일 없는 사람에 관한 얘기답게 신문 한 귀퉁이의 빤한 약 광고 바로 곁에 파묻혀 있는 여섯 줄짜리 짧은 기사가.

오늘 새벽 5시 직후, 이스트 39번가에서 피트 래스칼이라고 하는 한 노동자가 일하러 가던 도중에 신원미상의 가해자가 휘두른 칼에 심장을 찔렸다. 가해자는 그 즉시 현장에서 달아나 버렸다. 경찰은 그 살인 사건의 동기를 전혀 찾아낼 수 없었다.

내가 그 기사를 큰 소리로 읽어 주자 혜일 씨는, "말도 안 돼!"라 소리쳤어. 하지만 혜일 씨는 그 사건이 크게 마음에 걸렸는지 그날 오후 늦은 시각이 되자 자신의 어리석음을 무수히 탓하면서 내게 경찰서에 그 사건을 제보하라고 지시했지. 나는 경위의 사무실에서 비웃음을 당했지만, 그 사람들이 내가 제보한 사실을 조사할 거고, 문제의 그날 밤에는 포크 로와 클레르몽 가 일대를 철통같이 지킬 것이라 확신하면서 그곳을 떠났다네. 그 일은 그걸로 일단락되었지. 그리고 두 주가 빠르게 지나간 뒤 다음과 같은 편지가 도착했다네:

1899년 10월 15일, THE M. OF M. 사무국.

부자 귀족이신 에벤 혜일 귀하:

안녕하십니까. ……선생의 두 번째 희생자가 우리가 예고한 그 시간에 쓰러졌습니다. 우리는 서두르지 않습니다. 하지만 선생을 좀 더 압박하기 위해 이제부터 우리는 매주 한 사람씩 죽일 겁니다. 방해하려 드는 경찰로부터 우리 자신을 보호하기 위해 앞으로 우리는 선생에게 사건을 통보해 주기는 하되 일을 결행하기 직전이나 바로 그 시간에 통보해 드릴 겁니다. 선생의 건강하심을 빌면서.

마이더스의 노예들.

그러자 혜일 씨는 전과는 달리 즉각 신문을 집어 들었지. 그리고 잠시 그 기사를 찾아본 뒤 내게 이런 기사를 읽어 줬다네:

비열한 범죄

지난밤, 11구(區)에서 특별 순찰 업무를 수행하던 조셉 도나휴가 자정 무렵 머리에 총탄을 맞고 그 즉시 사망했다. 그 비극은 포크 로와 클레르몽 가가 만나는 길모퉁이, 사방이 가로등 불빛으로 환하게 밝은 지점에서 일어났다. 평화를 지키는 이들이 이렇게 대로에서 무자비한 총탄의 희생자들이 되는 걸 보면 우리 사회는 참으로 불안한 사회라는 느낌을 지울 수 없다. 이제까지 경찰 측에서는 어떤 단서도 얻지 못한 상태다.

헤일 씨가 이 기사를 읽기가 무섭게 경찰관들이 도착했어. 경위와 가장 솜씨가 뛰어난 형사 두 사람이. 우리는 그들의 얼굴에서 놀란 기색을 보고 그들이 무척이나 당황해 하고 있다는 걸 알 수 있었지. 이 사건과 관련된 사실들은 얼마 되지 않았고 아주 단순했지만 우리는 여러 각도로 거듭 검토하면서 오래 이야기 했다네. 떠날 시간이 되자 경위는 사건이 곧 해결될 것이고 그 암살자들의 정체가 드러날 거라고 자신만만하게 말했어. 한편 그는 헤일 씨와 나를 보호하기 위해 경호경관들을 붙여 주고, 헤일 씨의 집과 정원을 지속적으로 감시하는 역할을 할 경관 몇 사람을 파견하는 것이 좋겠다고 생각했지. 그러고 나서 일주일이 지난 날 오후 한 시경에 다음과 같은 전보가 날아 왔다네:

1899년 10월 21일, THE M. OF M. 사무국.

부자 귀족이신 에벤 헤일 귀하:

안녕하십니까. ……선생이 우리를 너무나 잘못 알고 있는 것에 우리로서는 유감스러운 마음을 금할 길이 없습니다. 어처구니없게도 선생은 우리가 선생의 집으로 침입해 들어가 2천만 달러를 강탈하려 하는 평범한 범죄자들이기라도 한 양 선생 자신과 자택을 무장 경호 병력으로 둘러싸셨더군요. 그런 식의 범죄는 우리의 의도와는 지극히 거리가 멀다는 점을 믿어 주면 좋겠습니다.

우리한테 선생의 목숨이 소중하다는 점은 맑은 정신으로 잠깐만 생각해 보면 금방 알 수 있는 일일 겁니다. 두려워하지 마세요. 우리는 선생을 절대로 해치지 않을 겁니다. 선생을 소중하게 대하고 선생이 어떤 피해도 받지 않도록 지켜 드리자는 것이 우리의 방침입니다. 선생의 죽음은 우리한테 전혀 득 될 게 없습니다. 만일 선생이 죽는다면 선생과 같은 처지에 있는 다른 사람들은 우리가 자기네도 곧 죽일 거라고 믿을 테니까요. 이런 점을 깊이 생각해 보시기 바랍니다. 헤일 씨. 선생이 우리가 요구한 돈을 제대로 지불하려면 가급적 돈을 아끼는 게 좋을 겁니다. 그러니 당장 경호 병력을 보내 버려 비용을 절감하시기 바랍니다.

선생이 이 전보를 받고 나서 몇 분 내에 간호사 한 사람이 브렌트우드 공원에서 목 졸려 죽을 겁니다. 그 시신은 야외 연주대 왼쪽으로 난 길가의 관목 덤불 속에서 발견될 겁니다.

그럼 편안하시기를 빌면서.

마이더스의 노예들.

헤일 씨는 그 전보를 본 즉시 경위에게 전화를 걸어 곧 일어날 살인 사건에 관해 제보했어. 경위는 실례한다고 말하고는 얼른 F 파출소에 전화해서 경찰관들을 현장으로 급파했지. 십오 분쯤 뒤 경위는 우리한테 전화를 걸어 헤일 씨가 알려준 그곳에서 시신이 발견되었는데 시신이 아직 따뜻하다고 하더군. 그날 저녁에 나온 석간신문들은 피해자의 목을 졸라 죽인 살인마에 관한 요란한 제목들로 온통 뒤덮여 있었지. 그리고 신문들은 이구동성으로 그 사건의 잔인성을 비난하고 경찰의 늑장 수사를 지적했다네. 우리는 다시 경위와 밀담을 나눴는데 경위는 우리가 알고 있는 사실들을 절대로 비밀에 부쳐달라고 신신당부했어. 그는 이런 얘기들이 외부에 알려지지 않아야 범인들을 잡을 수 있다고 말했지.

자네도 알다시피 헤일 씨는 강철 같은 의지를 지닌 분일세. 그분은 그자들에게 굴복하기를 거부했어. 하지만 아, 존, 어둠 속에 도사린 이 맹목적인 세력은 무서운, 아니 끔찍한 자들이었다네. 소름끼치게 잔혹한 자들. 우리는 그자들과 싸울 수도, 계획을 세울 수도 없고, 그저 두 손 놓고 멍하니 기다리는 것 말고는 아무것도 할 수가 없었다네. 한 주 한 주가 지나갈 때마다 마치 아침마다 해가 뜨는 것처럼 정확하게, 사람을 죽이겠다는 통고가 날아오고 아무 죄도 없는 남녀가 죽어 나가는 거야. 그럴 때마다 우리는 아무 짓도 하지 않았지만 꼭 우리 손으로 그들을 죽인 것만 같은 기분이 들었다네. 헤일 씨가 한마디만 하면 그 집단 학살극은 끝이 나겠지. 하지만 그분은 마음을 굳게 다져 먹고 기다렸다네. 주름살은 짙어지고, 입술과 눈매의 선들은 더 엄격하고 단호해졌으며, 얼굴은 빠르게 늙어갔지. 그 끔찍한 기간 동안 나 역시도 심한 고통에 시달렸다는 건 새삼 말할 필요가 없을 걸세. 매주 〈마이더스의 노예들the M.of M.〉이 보낸 편지와 전보를 받고 곧이어 신문에서 살인 소식을 접하면서 지냈으니.

그자들이 보낸 편지들을 보면 그자들이 헤일 씨한테 사업상의 적들이 꾸민 음모, 은밀한 주가 조작 등에 관해서도 제보해 줬다는 걸 알 수 있을 걸세. 〈마이더스의 노예들〉은 상업계와 금융계 내부 깊숙한 곳에 자기네 요원들을 심어 두고 있는 것 같았어. 그자들은 우리 요원들이 얻어 낼 수 없었던 귀중한 정보들을 입수해서 우리한테 알려 주곤 했어. 한번은 우리가 어떤 거래를 하는데 그자들이 결정적인 순간에 딱 맞춰 연락을 해 준 덕에 헤일 씨는 5백만 달러를 지킬 수 있었지. 또 한 번은 무정부주의■를 신봉하는 어떤 정신 나간 녀석이 헤일 씨의 목숨을 노리고 있었는데 그자들이 전보로 그 사실을 알려 준 덕분에 위험을 피할 수

■ 무정부주의(無政府主義) 일체의 정치 권력이나 공공적 강제의 필요성을 부정하고 개인의 자유를 최상의 가치로 내세우려는 사상. 프루동, 바쿠닌, 크로폿킨 등이 대표적인 사상가이다.

있었어. 우리는 녀석이 도착한 즉시 녀석을 사로잡아 경찰에게 넘겼어. 경찰이 조사해 보니 녀석은 전함 한 척을 침몰시킬 수 있을 만큼 강력한 신형 폭약을 소지하고 있었다네.

우리는 계속 버텼어. 헤일 씨는 정말 용기가 대단한 분이었지. 그분은 은밀한 정보활동비로 매주 10만 달러가량을 지불했어. 그분은 핑커톤즈를 비롯해서 수많은 사설탐정 사무소들에 도움을 요청했고, 그 외에도 수천 명을 고용해서 정보를 알아 오게 했어. 온갖 모습으로 변장한 우리 요원들이 사방에 득실거렸고, 사회의 모든 계급 속에 침투해 들어가서 탐문 활동을 벌였지. 그 요원들은 수많은 단서를 물어 왔고, 수백 명의 요주의 인물들이 감옥에 들어갔고, 수천 명의 범죄 혐의자들이 감시를 받았어. 하지만 뚜렷한 단서는 하나도 잡히지 않았어. 〈마이더스의 노예들〉은 우리한테 편지를 보낼 때마다 전달 방식을 계속 바꿨다네. 그자들이 우리한테 편지를 보낼 때마다 그걸 전달하는 역할을 맡은 사람들은 매번 체포되었지. 하지만 그때마다 그 사람들은 아무 죄 없는 사람들이라는 사실이 밝혀지곤 했어. 그 사람들에게 그런 심부름을 시킨 자들에 대한 인상착의도 제대로 밝혀지지 않았고. 그러던 중 12월 말에 우리한테 다음과 같은 메모가 날아 왔다네:

1899년 12월 31일, THE M. OF M. 사무국.

부자 귀족이신 에벤 헤일 귀하:

안녕하십니까. ……선생이 이미 잘 알고 있다고 우리가 자부해 마지 않는 우리의 방침에 따라서 우리는 경위에게 이 눈물의 골짜기에서 벗어날 수 있는 승차권을 주려

■ '눈물의 골짜기'는 성경 시편에 들어있는 구절로 여기서는 이 세상을 뜻함.

한다는 사실을 알려드리는 바입니다. 우리의 친절한 배려 덕에 그간 선생은 그 사람과 아주 친해졌죠. 그 사람은 이 시각쯤이면 자신의 사무실에 있곤 하죠. 선생이 이 편지를 읽을 때쯤이면 그 친구는 이미 마지막 숨을 몰아쉬고 있을 겁니다.

그럼 편안하시기를 바라며.

마이더스의 노예들.

나는 그 편지를 떨어뜨리고 즉각 송수화기를 집어 들었다네. 수화기에서 경위의 원기 왕성한 목소리가 흘러나오는 바람에 나는 크게 안도의 한숨을 내쉬었어. 그런데 말하는 도중 그의 목소리가 서서히 약해지더니 목구멍을 꿀럭거리면서 헐떡이는 소리로 바뀌는 거야. 이어서 그의 몸이 바닥에 쓰러지는 소리가 희미하게 들리더군. 그리고 이상한 목소리가 내게 안녕하세요, 하면서 〈마이더스의 노예들〉의 인사말을 전하고는 전화를 뚝 끊는 거야. 나는 대번에 경찰서에 전화해 빨리 경위의 방으로 가서 경위를 도와달라고 부탁했어. 나는 계속 송수화기를 들고 있었다네. 그리고 몇 분 뒤 자신이 흘린 피의 웅덩이 속에 쓰러져 있는 경위가 막 숨이 넘어가기 직전이라는 소식을 들었지. 목격자가 하나도 없고 살인자의 신원을 밝혀 줄 만한 어떤 자취도 발견되지 않았다고 하더군.

그 사건이 일어난 뒤 헤일 씨는 즉각 은밀한 내사 활동에 더욱 열을 올리는 바람에 매주 25만 달러나 되는 거액이 나갈 정도까지 이르렀다네. 헤일 씨는 기필코 범인들의 정체를 밝혀내고야 말겠다고 결심했어. 그분은 현상금 액수를 자꾸 올려 마침내 그 금액이 천만 달러를 넘어섰다네. 자네는 그분의 재산을 공정하게 평가하는 사람이니 그분이 어떤 식으로 그 재산을 모았는지 알 수 있을 걸세. 그분은 자신이 황금을 위해서가 아니라 원칙을 위해서 투쟁하고 있다고 단언했어. 그분의 행동 방침이 그분의 동기가 고상함을 입증해 준다는 점을 우리는 인정해야 해. 전국 모든 대도시의 경찰서들이 협조했고 심지어 미국 정부까지도 이 사건에 개입했다네. 그렇게 해서 이제 이 사건은 국가의 가장 중요한 문제들 중의 하나가 되었어. 국가 예비비의 일정액이 〈마이더스의 노예들〉의 정체를 밝히는 데 투입되었고, 모든 정부 요원들이 경계 태세에 들어갔지. 그런데 모든 게 다 허사였다네. 〈마이더스의 노예들〉은 여전히 자기네의 가증스러운 공작을 거침없이 추진해 나가고 있었으니까. 그자들은 자기네의 방침을 실수 없이 계속 밀어 붙이고 있었어.

헤일 씨는 마지막까지 그자들과 싸우는 동안 죄 없는 이들의 피로 붉게 물든 자신의 손에서 그 피를 씻어 낼 수가 없었어. 현행법상 헤일 씨는 분명 살인자가 아니고 그분 주위에 있는 이들 가운데서 그분에게 죄가 있다고 단죄하려는 이는 전혀 없었지만 그때까지 죽은 이들은 사실 헤일 씨 때문에 목숨을 잃은 셈이야. 내가 앞서 말한 대로 헤일 씨가 그자들의 요구를 수락한다는 한마디 말만 했다면 그 학살극은 당장 끝났을 테니까. 그러나 헤일 씨는 그런 말 하기를 거부했어. 그분은 이렇게 계속 역설했다네. 사회의 근간*이 공격을 받았고, 자신은 자신이 지키는 자리를 버리고 달아나는 겁쟁이가 아니다. 다수의 궁극적인 행복과 안녕을 위해 소수가 희생당하는 건 지극히 정당한 일이라고. 그럼에도 불구하고 그분은 그 사건의 희생자들이 흘린 피를 온통 뒤집어썼고, 점점 더 우울한 기분 속에 깊숙이 빠져들어 갔어. 나 역시 그분의 공범자라는 죄책감에 빠져들어 갔고. 아기들, 어린이들, 노약자들이 무자비하게 살해당했어. 이러한 살인은 우리가 사는 도시에만 국한되지 않고 나라 전체로 확산되어 갔다네. 2월 중순 어느 날 저녁, 우리가 서재에 앉아 있을 때 누군가가 요란하게 문을 두드리는 소리가 들렸어. 그 소리에 응답하면서 내가 나가 보니 복도 카펫 위에 다음과 같은 내용을 적은 메모지가 떨어져 있었다네:

■ 근간(根幹) 사물의 바탕이나 중심이 되는 중요한 것.

1900년 2월 15일, THE M. OF M. 사무국.

부자 귀족이신 에벤 헤일 귀하:

안녕하십니까. ……선생의 영혼은 그 영혼이 거둬들이고 있는 붉은 피의 수확물 때문에 울부짖고 있지는 않은가요? 암만해도 그간 우리는 우리 사업을 추진해 나가는 면에서 너무 추상적이지 않았나 싶습니다. 그래 이제는 구체적으로 나가고자 합니다. 애들레이드 레이들로우 양은 선량하고 재능 있는 아가씨고, 또 아름다운 아가씨이기도 합니다. 그 아가씨는 선생의 옛 친구인 레이들로우 판사의 따님이죠. 우리는 그 아가씨가 아주 어렸을 때 선생이 품에 안고 어른 적이 있다는 사실까지도 알고 있습니다. 그 아가씨는 선생 따님의 가장 가까운 친구고, 요즘도 곧잘 따님을 만나러 오곤 하죠. 선생이 이 글을 읽을 때쯤이면 그 아가씨가 따님을 만나러 오는 일도 끝장이 날 겁니다.
그럼 편안하시기를 바라며.

마이더스의 노예들.

맙소사! 우리는 그 메모가 예고하는 고약한 뜻을 곧바로 깨닫지 못해 조금 뜸을 들이고 난 다음에야 서재 문을 박차고 나갔다네! 우리는 집 안의 거실들을 살펴봤지만 레이들로우 양은 보이지 않았어. 우리는 다시 그 아가씨의 집으로 달려갔어. 현관문은 잠겨 있었어. 하지만 우리는 문짝에 몸을 힘껏 내던져 문을 부수고 들어갔다네. 레이들로우 양은 마치 오페라를 보러 가기 위해 한껏 성장*을 한 것 같은 모습을 한 채 방바닥에 쓰러져 있더군. 누군가가 카우치에 있는 베개

■ 성장(盛裝) 잘 차려 입음. 또는 그런 차림.

들로 그녀의 얼굴을 짓누르는 바람에 그녀는 숨이 막혀 죽었어. 그녀의 피부는 아직도 발그레한 기운이 그대로 어려 있었고, 몸도 여전히 유연하고 따듯했어. 이 끔찍한 사건의 나머지 이야기는 그냥 지나치도록 하세. 존, 자네도 이 사건을 보도한 신문 기사들을 분명히 기억하고 있을 걸세.

그날 밤 늦은 시각에 헤일 씨는 나를 자기 방으로 불러들였네. 그리고 모든 일 가친척이 죽는 한이 있어도 끝까지 헤일 씨 편에 서서 결코 타협하지 않겠다고 하느님 앞에서 엄숙히 맹세하게 했네.

이튿날 나는 그분의 쾌활한 모습을 보고 놀랐어. 나는 그분이 전날의 비극 때문에 큰 충격을 받았을 거라 생각했거든. 얼마 지나지 않아 나는 그 깊은 속내를 알게 되었지만. 헤일 씨는 하루 종일 명랑하고 활달한 모습을 보였어. 마침내 그 끔찍한 곤경에서 벗어날 길을 찾기라도 한 사람처럼 말일세. 그 이튿날 아침 우리는 그분이 자신의 침대에서 근심으로 찌든 얼굴에 평화로운 미소를 머금은 채 죽어 있는 걸 발견했어. 의도적인 질식사였지. 경찰과 관계 당국자들의 묵인[*] 아래 우리는 그분이 심장병으로 사망했다고 발표했어. 우리는 진실을 숨기는 것이 현명한 일이라 판단했어. 진실을 밝혀 봤자 우리한테 좋을 게 거의 없고, 또 당시로서는 달리 어떻게 할 방도가 없었으니까.

내가 헤일 씨의 방을 떠나자마자 때늦게 다음과 같은 특별한 편지가 날아왔다네:

1900년 2월 17일, THE M. OF M. 사무국.

부자 귀족이신 에벤 헤일 귀하:

안녕하십니까. ……그제 일어난 슬픈 사건의 여운이 채 가시기도 전에 이렇게 불

■ 묵인(默認) 모르는 체하고 하려는 대로 내버려 둠으로써 슬며시 인정함.

246

쑥 연락을 드리는 걸 용서해 주시기 바랍니다. 하지만 선생에게 더 없이 중요한 어떤 말을 전하고 싶어 이렇게 연락을 드립니다. 우리는 선생이 우리에게서 도피하려 할 수도 있다는 걸 염두에 두고 있습니다. 딱 한 가지 길이 있고, 선생은 이미 그 길을 찾아냈을 겁니다. 하지만 우리는 그 한 가지 길조차도 막혀 있다는 사실을 알려 드리고자 합니다. 선생은 자살할 수도 있습니다. 하지만 그래봤자 선생은 실패 속에서 그리고 자신의 실패를 인정하면서 죽는 것에 불과할 겁니다. 다음과 같은 점에 유의하시기 바랍니다: 우리는 선생이 소유한 재산의 중요한 한 부분입니다. 우리는 선생의 엄청난 재산과 함께 선생의 상속자들에게 대대로 이월될 겁니다. 우리는 선생의 상속자들을 계속 따라다닐 겁니다.

우리는 피할 수 없는 필연적인 존재들입니다. 우리는 산업적, 사회적 악의 정점입니다. 우리는 우리를 창조해 낸 사회와 맞서고 있습니다. 우리는 이 시대의 성공적인 실패작들이요, 타락한 문명이 가져다준 재앙입니다.

우리는 잘못된 사회적 선택이 빚어낸 존재들입니다. 우리는 힘에는 힘으로 맞섭니다. 오로지 강한 자들만이 살아남을 겁니다. 우리는 적자생존의 원리를 믿습니다. 선생은 선생의 임금 노예들을 짓밟음으로써 살아남았습니다. 선생의 지시를 받은 전투 지휘관들은 수십 차례에 걸친 격렬한 파업 사태의 과정에서 선생의 피고용인들을 개처럼 쏘아 죽였습니다. 그런 수단에 의지해서 선생은 살아남았습니다. 우리는 그런 결과에 불평하지 않습니다. 왜냐하면 우리는 선생과 마찬가지로 자연법■을 인정하고 그 안에서 존재하기 때문입니다. 그리고 이제 다음과 같은 의문이 일어납니다. 현재와 같은 사회 환경 아래 선생과 우리 중에서 어느 쪽이 살아남게 될까? 우리는 우리가 최적자들이라 믿습니다. 선생은 선생이 최적자라 믿으면서 사십시오. 그 궁극적인 결말은 시간과 자연법칙에 맡기도록 합시다.

편안하시기를 바라며.

마이더스의 노예들.

■ 자연법(自然法) 인간 이성을 통하여 발견한 자연적 정의 또는 자연적 질서를 사회 질서의 근본 원리로 생각하는 법.

내가 어째서 즐거움을 피하고 친구들을 멀리했는가가 아직도 궁금한가, 존? 새삼 설명할 필요가 없겠지? 이 이야기가 모든 걸 분명히 해 줄 테니까. 석 주 전에 애들레이드 레이들로우 양이 죽었네. 그때 이래 나는 희망과 두려움 속에서 죽 기다려 왔네. 어제 헤일 씨의 유언장 검인 과정이 끝나고 그 내용이 세상에 공표되었지. 오늘 나는 여기서 아주 멀리 떨어진 샌프란시스코의 금문교 공원에서 중산계급의 한 여성이 살해될 것이라는 통고를 받았네. 그리고 오늘치 신문들에는 그 잔혹한 살인 사건에 관한 상세한 속보 기사가 실려 있었네. 내가 사전에 통보 받은 내용과 일치하는 기사가.

다 쓸데없는 짓일세. 나는 불가피한 필연에 맞서 싸울 수 없어. 그간 나는 헤일 씨에게 충실했고 열심히 일해 왔네. 무슨 이유로 내 성실성이 이런 식의 보답을 받아야 하는지 나로서는 알 길이 없어. 하지만 나는 그자들과 타협하는 것으로 내가 서약한 바를 깨트릴 수 없고 헤일 씨가 내게 보여준 신뢰를 배반할 수 없어. 그러나 나는 죄 없는 이들의 피를 더 이상 뒤집어쓰지 않기로 결심했네. 나는 최근에 내가 상속받은 엄청난 재산을 애초에 그걸 받았어야 마땅할 이들에게 상속해 주라는 유언장을 작성했다네. 에벤 헤일 씨의 아들들은 성실하고 건강한 사람들이니 자기네 앞가림은 알아서 잘 해낼 거야. 자네가 이 편지를 읽기 전에 나는 죽을 걸세. 〈마이더스의 노예들〉은 전능하다 할 만큼 막강한 자들일세. 경찰은 무력하기 그지없고, 나는 그자들을 통해 다른 백만장자들도 역시 우리와 마찬가지로 거액을 강탈 당했거나 괴롭힘을 당해 왔다는 걸 알았네. 얼마나 많은 사람이 그런 처지에 놓여있는지는 나도 몰라. 어떤 이들이건 간에 일단 〈마이더스의 노예들〉의 요구에 굴복하고 나면 입을 굳게 닫고 살아야 하니까. 굴복하지 않은 이들은 지금도 여전히 무고한 이들의 피를 뒤집어쓰면서 살고 있을 거고. 그 무자비한 게임은 계속되고 있어. 연방정부는 아무것도 할 수 없어. 유럽에서도 이와 비슷한 지부조직들이 출현한 걸로 알고 있어. 사회는 그 근본부터 뒤

흔들리고 있다네. 유럽의 공국*들과 강대국들은 그들의 먹잇감이 되기에 딱 좋은 나라들이지. 거기서의 투쟁은 유산계급*과 무산계급의 투쟁이 아니라 한 계급이 다른 계급들에 맞서는 투쟁의 형태로 전개될 걸세. 그자들은 인간 진보의 수호자들인 우리를 골라서 때려눕히고 있어. 법과 질서는 그 기능을 상실하고 말았어.

관리들은 내게 이 일을 꼭 비밀에 부쳐달라고 사정했다네. 나는 그들이 요구하는 대로 해 왔지만 이제는 더 이상 그렇게 못 하겠어. 이제 이 사태는 끔찍한 결과들을 내포한, 공적으로 아주 중요한 의미를 지닌 문제가 되었으니까. 나는 이 세상을 뜨기 전에 세상 사람들에게 이 위험한 사태의 진상을 자세히 알림으로써 내 의무를 다할 걸세. 존, 자네에게 마지막으로 부탁하는데, 부디 이 편지를 세상에 널리 알려 주게. 모쪼록 두려워하지 않았으면 좋겠네. 인류의 운명이 자네의 손에 달려 있으니까. 언론사들이 이 편지를 수백만 부 찍어 내도록 하게. 그러면 그 충격의 전류가 세계 전역에서 그자들을 쓸어내 버릴 걸세. 이 세상 어디서건 간에 사람들은 다른 이들과 만날 때마다 공포와 전율에 떨면서 그자들에 관해 이야기할 걸세. 그리고 사람들이 그자들의 사악함과 위험성을 철저히 자각하고 나면 사회 전체가 들고 일어나 이 가증스러운 자들을 타도해 버릴 걸세.

이제 그만 자네와 작별을 해야겠네.

웨이드 애츨러.

『잭 런던-마이더스의 노예들』(잭 런던, 김훈 옮김, 바벨의도서관, 2009)

■ 공국(公國) 중세 유럽에서, 큰 나라로부터 '공(公)'의 칭호를 받은 군주가 다스리던 작은 나라. 현재는 리히텐슈타인 공국, 모나코 공국 따위가 있다.
■ 유산계급(有産階級) 사회에서, 지주·자본가 등 재산이 많은 사회 계급.

"마이더스의 노예들은 정의로울까?"

1. 다음 인물의 행동과 태도에 대하여 자신의 의견을 말하고 그렇게 생각한 까닭을 이야기해 봅시다.

- '마이더스의 노예들'은 에벤 헤일씨에게 노동자 한 사람의 목숨을 담보로 2천만 달러를 양도해 줄 것을 요구했다.

  의견1 : 정당하다고 생각한다.

  근거 : 마이더스의 노예들은 프롤레타리아 계층이다. 자본주의 사회 구조상 그들은 자본가보다 더 많은 자본을 가지기 어렵다. 이익이 재분배되지 않는 시스템에서 생존을 위해 강구한 자구책의 하나이다.

  의견2 : 정당하지 않다고 생각한다.

  근거 : 어떠한 경우든 사람의 생명을 담보로 사업을 제안하는 것은 있을 수 없는 일이다. 게다가 애써 모은 다른 사람의 재산권을 함부로 침해할 수 없다.

- 집단 학살극에 가까운 희생이 계속되는 가운데서도 헤일 씨는 '마이더스의 노예들'의 요구에 타협하지 않고 '마이더스의 노예들'을 색출하는 데 힘을 썼다.

  의견 :

  근거 :

- '마이더스의 노예들'은 그들의 정보력을 이용하여 헤일 씨가 처한 경제적 위기뿐만 아니라 목숨의 위협에서도 벗어나도록 도와주었다.

  의견 :

  근거 :

- 에벤 헤일 씨는 아들레이드 양의 죽음 후에 더 이상 견디지 못하고 스스로 목숨을 끊었다.

  의견 :

  근거 :

2. 다음 쟁점에 대하여 자신의 입장을 정하고 근거를 제시해 봅시다.

쟁점1 '마이더스의 노예들'이 택한 방법은 이해의 여지가 없는 극악무도한 행동이다.

입장	그렇다	아니다
근거		

쟁점2 에벤 헤일 씨가 타협하지 않고 끝까지 자신의 원칙을 지킨 것은 옳다.

입장	그렇다	아니다
근거		

'마이더스의 노예들'이 벌인 사업은 한마디로 어처구니가 없어. '경제학을 철저히 분석한 끝에 착수한' 사업, '자본 없이' 벌인 대규모의 사업이란 게 결국 아무 잘못 없는 사람들의 목숨을 담보로 부자들의 재산을 빼앗는 거잖아.

물론 애꿎은 사람들이 희생된 건 유감이야. 그런 일은 있어서는 안 되겠지. 하지만 '마이더스의 노예'들이 처음부터 '악의 씨앗'이었던 것은 아니잖아. 그들도 처음엔 아침부터 밤까지 성실하게 일만 했던 사람들이야. 그들이 왜 그렇게 극단적인 방법을 택했는지 생각해 보는 것이 중요하지 않을까?

'마이더스의 노예'들만 성실하게 일한 건 아니야. 에벤 헤일 씨도 매우 성실한 사업가이고 평판도 아주 좋은 사람이었어. 단지 돈이 많다는 이유로 부당한 요구를 받았고, 자신 때문에 다른 사람들이 죽는 모습을 보며 죄책감에 시달리다가 결국 스스로 목숨까지 끊었어. '마이더스의 노예들'은 그들의 이익을 위해 한 사람을 철저히 파괴했을 뿐이야.

에벤 헤일 씨가 성실한 사람이었던 것은 맞아. 하지만 '마이더스의 노예들'은 한 개인이 성실하게 일하느냐 아니냐가 중요하다고 보진 않았던 거야. 개인이 문제가 아니라 자본가에게 유리한 '사회 체제'가 문제라는 것이지. 또 헤일 씨는 평판이 좋은 사람이었을

지는 몰라도 철저한 자본가의 가치관을 지닌 사람이었어. '마이더스의 노예들'의 마지막 편지를 보면 헤일 씨는 파업 사태 때 폭력적인 진압을 지시했고 그 결과 많은 노동자들이 희생되었잖아. 그가 노동자들이 희생되었을 때 레이들로우 양이 목숨을 잃었을 때와 같이 충격과 슬픔을 느꼈다면 상황은 달라졌을지 몰라.

에벤 헤일 씨는 합법적인 방법으로 자신의 사업을 운영해 왔어. 노동자들이 희생된 것은 안타까운 일이지만 불법적인 파업에 대처하기 위해서 한 일이었으니 법을 어긴 것은 아니잖아. 그에 비해 '마이더스의 노예들'은 자신들의 목적을 달성하기 위해 법과 질서를 철저히 파괴했어. 살인을 대수롭지 않게 저지르고 다른 사람이 합법적으로 모은 재산을 강탈하려 했으니 무시무시한 강도들과 다를 바가 뭐야.

'마이더스의 노예들'의 시각에 따르면 노동자는 아무리 성실하게 노력해도 절대로 거대 자본과 맞설 힘을 얻지 못해. 그들은 죽도록 일만 하다가 자식들에게 가난을 대물림할 뿐이야. 그리고 자본가들은 자본주의 체제를 유지하기 위해 법이나 제도를 자신들에게 유리하게 작용하도록 만들었어. 이러한 사정을 둘러보면 에벤 헤일 씨가 '합법적'으로 사업을 했다는 것이 그리 큰 의미를 지니지는 않아. '법' 자체가 자본가들 편이니까 말야. 이 소설의 배경이 되었던 1900년대 초에는 노동자들의 권리가 지금처럼 보장되지 못하던 때야. 자신들의 권리를 주장하기 위해 파업을 하는 노동자들을 총 쏘아 죽이는 것이 '합법'이었던 시대이니 이런 상황에서 '마이더스의 노예들'은 자신들이 노예와 같은 처지에서 벗어날 길이 없다고 본 것이지. 그러니까 극단적인 방법을 선택했던 것이고. 나도 살인이나 폭력을 옹호하는 것은 아니야. 다만, 사회적 약자들이 저항 수단으로 '폭력'을 택할 수밖에 없는 상황적 측면을 고려하자는 것이지.

당시의 노동자들이 비참한 상황에 처해 있었다는 것은 잘 알겠어. 하지만 다른 방법이 없어서 살인을 택했다는 주장은 도저히 이해할 수 없어. 궁지에 내몰린 사람들이라고 해서 수단 방법을 가리지 않아도 되는 것은 아니잖아. '마이더스의 노예들'은 결국 노동자들이 인간답게 살기를 바라는 마음에서 그런 일을 저질렀을 텐데, 인간다움을 쟁취하기 위해 가장 비인간적인 살인을 저지르다니……. 그리고 그들에게 정말로 다른 방법이 없었을까? 시간이 걸리더라도, 또 힘이 들더라도 정당한 방법으로 자신들의 권리를 찾기 위해 노력했어야 한다고 생각해. 폭력으로 얻은 힘은 결국 또 다른 폭력을 불러올 뿐이야.

1. 다음은 세스 토보크먼의 『나는 왜 저항하는가』에 나오는 내용입니다. 두 편의 만화에서 드러난 세계관은 어떠한지 알아보고, 이 만화에 드러난 관점과 '마이더스의 노예들'이 세상을 바라보는 관점에 어떤 공통점이 있는지 말해 봅시다.

채무국은
이자율을 높여야만 했다.
국민은 집을 구입하거나
사업하기가 매우 힘들어졌다.

채무국은 가난한 사람들을 위한
음식 지원 프로그램을 축소해야만 했다.

채무국은 공립교육을
제한해야만 했다.

채무국은 노조를 탄압해야 했다.

국가 소유의 산업과
천연자원을 다국적
기업에게 팔아야만 했다.

그러고 나서
글로벌 기업이

값싼 노동력을 착취하기 위해
채무국으로 들어왔다.

어디서 들어본 이야기
같다고? 맞다.
구조 조정은
로널드 레이건이
1980년대
미국에서 시도한
경제정책에
기반을 두고 있다.

우리의 사회보장 프로그램은
국가 채무를 지불하기 위한 명목으로
축소되고 있다.

구조 조정은 전 세계 시민들을 분노케 했다.

깨뜨려야 할
시간이 왔다.

세계은행
IMF

2001년 4월 21일. 조지 W. 부시는 무역협상을 위해 캐나다 퀘벡으로 갈 예정이었다

그러나 당신은 초대받지 못했다 퀘벡 시내는 영주권이 없는 사람은

누구도 출입할 수 없었다.

캐나다 정부는 말하고자 하는 사람들을 막아섰다.

그때 체결된 협상의 세부사항은 비밀에 붙여졌다. 많은 국회의원들은 그 서류를 보지 못했지만, 1999년부터 통상장관은 이것을 준비하고 있었다.

F.T.A.A.가 무엇인가?

*미주자유무역지역. 34개국이 참여함.

F.T.A.A.는 NAFTA**로 알려진

기존의 조약을 확대해서 아메리카 전체를 통일하려는 것이다.

단, 쿠바는 제외하고.

**북미자유무역협정. 미국 · 캐나다 · 멕시코 3국이 1992년에 체결한 협정임.

NAFTA는 회원국이 불공정한 무역 장벽을 세우고 있다고 판단될 경우,

기업들이 회원국을 제소할 수 있게 한다.

256

『나는 왜 저항하는가』(세스 토보크먼, 김한청 옮김, 다른, 2010) 중에서

2. 다음은 존 호스퍼스의 『인간 행위의 탐구』에 나오는 내용입니다. 이 글에서 '혁명가'들을 비판하는 논리가 무엇인지 찾아보고 이를 바탕으로 '마이더스의 노예들'의 행위를 비판해 봅시다.

어느 세대이든 현재의 체제에 불만족스러워하며 그것을 바꾸려고 폭력을 행사하는 사람들이 있다. 혁명가들은 자신들의 폭력이 낳을 수 있는 결과에 대해 면밀한 계산을 할 것이다. 이루려고 하는 목적의 가치가 높기에 목적 달성에 필요한 수단으로 따르는 고통과 생명의 손실은 불가피하다는 결론에 다다를 수 있다.

그러나 누가 희생을 치러야 하는가? 이것은 혁명가들이 직면하는 가장 어려운 도덕적 문제이다. 그들은 자신들의 이념이 달성되기 전에 많은 사람들이 죽게 되리라는 것을 알고 있다. 희생자들 중에는 혁명가의 이념이나 목적에 동의하지 않는 사람도 많다. 도대체 어떤 권리로 혁명가들은 그들에게 동의하지 않는 사람들의 목숨까지 희생시킬 수 있는가? "내가 믿는 이념은 중요하기 때문에 그것을 위해서 나는 기꺼이 당신의 목숨을 희생시키고자 한다."라는 말은 행위에 관한 의심스러운 규칙이다. 혁명에 대해 동의하지도 않으면서 자신의 의지와는 다르게 끌려와 죽음을 당하는 사람을 생각해 보라. 다른 사람들이 미래에 누릴 행복을 위해서 과연 혁명과 무관한 사람의 희생이 뒷받침되어야 하는가?

칸트는 개인의 생명은 무한한 가치를 지닌다고 주장했다. 우리가 이 주장을 받아들인다면 3개월 후면 죽게 될 시한부 환자의 생명이 전 세계 어느 곳에서도 통화할 수 있도록 해주는 전화 체계보다 훨씬 더 중요하다고 생각해야 한다.

우리가 A, B 두 가지 대안 사이에서 선택해야 하는 상황에 직면했는데 A는 10명의 죽음을 초래하고 B는 20명의 죽음을 초래한다면 그리고 단 하나만 선택할 수 있다면 우리는 아마도 10명을 희생시킬 것을 선택할 것이다. 그것은 B가 A에 비해 더 나쁜 결과를 가져 오기 때문이고 주어진 상황에서는 그것이 최선의 행위이기 때문이다. 그러나 한 사람의 생명이 무한한 가치를 지녔다면

A가 B보다 최선이라고 할 수 있는가?

인간의 생명은 분명히 대단한 가치를 지니는 것이긴 하지만, 과연 무한한 가치를 지니는가? 지난 200여 년 동안 모차르트의 음악을 들음으로써 사람들이 누려왔던 즐거움의 양은 막대하다. 그런데 살아가면서 스스로에게 뿐만 아니라 주변 사람들에게 약간씩의 불행을 주는 100명의 사람들을 생각 해보라. 버튼을 눌러서 그들을 모조리 고통 없이 죽여 버리고 또 다른 모차르트를 창조할 수만 있다면 당신은 그렇게 하겠는가? 한 사람을 없애는 일과 한 사람의 천재를 만드는 일 사이에 알려진 인과관계는 없지만, 만약 그럴 수 있다 해도 칸트에 따르면 우리는 그렇게 해서는 안 된다. 인간의 생명은 협상의 대상이 아니며 당신의 생명은 당신의 동의 없이도 처분할 수 있는 다른 사람의 소유물이 아니기 때문이다.

그러나 혁명주의자들은 그렇게 생각하지 않는다. 다른 사람들의 생명을 '더 큰 선을 위해서' 희생시킬 수 있다는 논리는 불행을 야기하는 사람들을 없애고 천재를 만드는 일을 해야 한다는 논리와 다를 바 없다.

혁명가들이 다른 대안을 진지하게 숙고한다면 점진적이긴 하지만 평화적인 변혁이 그들 자신을 포함하여 모든 사람들에게 최선이라는 일반적인 결론에 도달할 것이다. 정치체제를 변화시켜 나가는데 있어 교육이나 점진적 변혁은 속도는 느리지만 고통과 죽음이라는 쓰디쓴 열매를 주지 않는다. 무력의 사용은 분명한 권리의 침해와 권리침해자에 국한해서 이루어져야 할 것이다. 만약 혁명적 활동에 대해서 이러한 제한을 전혀 두지 않게 되면 혁명가들은 다른 사람들에게 씌우던 똑같은 올가미에 자신들이 걸려들지 모른다. 만약 그들이 타인의 생명을 함부로 취급한다면 결국에는 그들의 생명도 그런 대우를 받을 것이다.

공감을 배우는 토론학교 문학

초판 1쇄 펴낸날 2010년 11월 15일
초판 9쇄 펴낸날 2016년 4월 27일

엮은이　　문학토론연구모임 숨은그림
펴낸이　　홍지연

기획　　　김주환
편집　　　김영숙 김나윤 소이언 전신애
디자인　　김은지
마케팅　　박영경
관리　　　김미영

펴낸곳　　도서출판 우리학교
등록　　　제321-2009-4호(2009년 1월 5일)
주소　　　(04085) 서울시 마포구 토정로 46 청우빌딩 6층
전화　　　02-6012-6094~6095
팩스　　　02-6012-6092
전자우편　school@woorischool.co.kr

값 13,000
ISBN 978-89-94103-12-9 44000
　　　978-89-94103-11-2 (세트)

* 잘못된 책은 바꾸어 드립니다.